環遊世界
鐵道之旅

新148選

蘇昭旭 著

超越地理的國境 打破生命的疆界

人人出版

鐵道環遊世界的夢想地圖

印度寬軌	伊比利寬軌	俄羅斯寬軌	歐洲	北非	非洲	東南亞	東亞
寬軌距 1676mm	寬軌距 1668mm	寬軌距 1524mm 1520mm	標準軌距 1435mm	標準軌距 1435mm	窄軌距 1067mm 1000mm	窄軌距 1000mm	窄軌距 1067mm

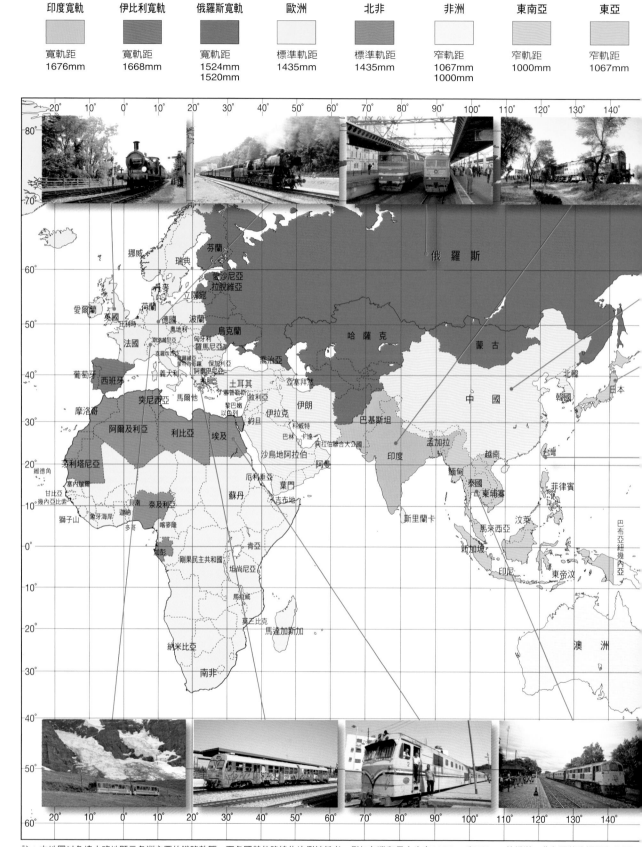

註：本地圖以色塊大略地顯示各洲主要的鐵路軌距，而各國其他路線佔比例較低者，例如台灣和日本也有1435mm和762mm的鐵道，非主要的路網不在此列。
或稀有軌距和914mm以下產業鐵道，也不在此列。以避免地圖色塊過多而模糊重點。

鐵道環遊世界　只有夢想的起點　沒有世界的終點

亞洲	愛爾蘭	澳大利亞	紐西蘭	北美	中南美	中南美	阿根廷、智利	巴西
標準軌距	寬軌距	混合軌距	窄軌距	標準軌距	窄軌距	混合軌距	混合軌距	混合軌距
1435mm	1600mm	1600mm 1435mm 1067mm	1067mm	1435mm 914mm	1067mm 1000mm 914mm	1435mm 1000mm 914mm	1676mm 1435mm 1000mm	1600mm 1000mm

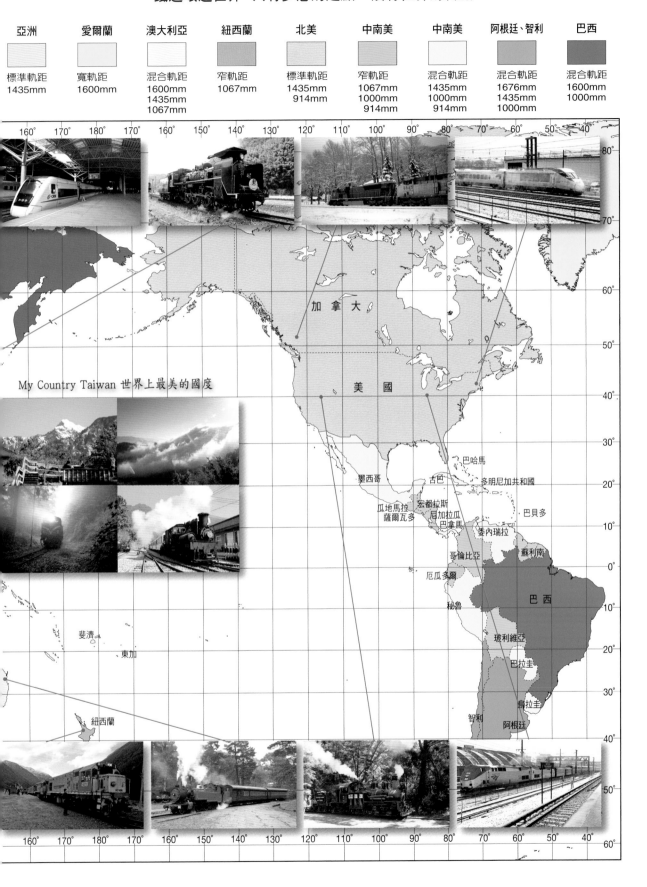

My Country Taiwan 世界上最美的國度

3

讀萬卷書不如行萬里路　建立世界鐵道的觀光資料庫

鐵道旅行，是窗景霎時的驚艷，回憶永恆的幸福。
環遊世界，那只有夢想的起點，沒有世界的終點。
鐵道智庫，非二十年風霜雨露，豈能累積的建樹。

八年前，2010年，我寫「環遊世界」鐵道之旅120選，這本書的背後有個典故。最早的緣起，是從我下決心建立全球鐵道智庫開始。

2001年擔任鐵道旅行雜誌總編輯的時代，發現台灣鐵道難以進步的原因，實在是因為鐵道國際觀的欠缺，許多錯誤政策是，是因為資訊不足，以訛傳訛。當時我走遍世界各地，收集鐵道圖書與相關資訊，多年之後，終於將鐵道工具書建置完成。如果說，我的世界鐵道與火車百科，世界捷運與輕軌百科，是鐵道智庫的「成果」；這本環遊世界鐵道之旅，就是建立全球鐵道智庫的內心「歷程」。

當年，我感到疑惑，西方人士在撰寫環遊世界鐵道旅行時，總是集中於歐美兩大洲，然而在撰寫亞洲的板塊，往往主要是談印度、泰國，即使是鐵道王國日本，只提新幹線之後，就輕輕地帶過，提到中國就好像寫得有些負面？而台灣呢，好像不存在似的，完全跳過去了？

當時，我已經發現，這是一個以西方世界看待全球的觀點問題，因為英語系國家的作家，會以英語方便去的地方為主，或以西方的歷史看問題。印度曾經是英國的殖民地，泰國的泰緬鐵路是全球知名的戰爭遺址，中國、台灣與日本就是遠東地區，選擇一個有代表性的就好。其實就跟諾貝爾文學獎的提名一樣，華文與遠東地區比較容易被忽略，因為先驅者與成功者擁有「定義權」。

於是2010年出版的《環遊世界鐵道之旅120選》，也成為全球華人作家，第一本環遊世界鐵道之旅圖書。

這八年來，感謝全球華人讀者的支持，讓這本書在全球華人圈，擁有相當程度的知名度，幾乎華人世界的圖書館，都可以找得到這本書，**若是google 世界鐵道資料庫，或鐵道環遊世界，google首頁第一則就可以找得到這本書，本書也成為華人世界的鐵道米其林指南**。八年之後，2018年，這本書重新改版，增加許多的新內容，取代若干舊的篇幅，變成了《環遊世界鐵道之旅新148選》。

本書的目的　不只是環遊世界　建立世界鐵道的觀光資料庫

這本環遊世界鐵道之旅，不是一本單純的旅遊文學與鐵道圖文書，它的內容，不但有著鐵道國際觀的完整呈現，有著文人的哲學思索，也就是所謂的讀萬卷書不如行萬里路；它的背後，還有讀書人的「著書救國」，榮耀家鄉鐵道的殷殷期盼，成了世界鐵道的考察報告建議書。我前前後後花了二十年時間環遊世界，四十八個國家的鐵道旅行，在盡量客觀的前提之下，我以自己的觀點整理出路線或主題148選，建立世界鐵道的觀光資料庫，希望能讓所有的讀者大為豐

收，彷彿親身走過一般。當然，在這148選之中，最重要的主題，就是我們的故鄉台灣：**台灣高鐵與阿里山鐵路，是這本世界鐵道米其林指南代表台灣的亮點。**

我真的很期待外國的朋友，請你們不要忽略了台灣鐵路，是國際級的水準。也期待台灣的政府在推動觀光與國際行銷時，千萬別忽視我們寶島台灣，擁有這樣的鐵道資產。世界各國的鐵道知名作家，他們對於自己國家的推薦路線，都具有強烈代表性。不止是國人要去熱愛與搭乘，而是希望能讓更多國際友人讚賞，政府與國人都有責任，做好文宣推廣國民外交，讓台灣成為國際的鐵道桃花源。

反觀我很期待台灣的政府與民間人士，利用世界鐵道的觀光資料庫，好好去體會另外的主題與路線，思索別人成功的優點。當你親身走過世界各國所引以為傲的鐵道路線，也做了許多客觀的比較，你會發現台灣的鐵道觀光資源，真的沒有比國外差。最大的差別，只是在於現有的法律與行政體系，鐵道觀光與文化資產的位階南法突破，創意無法訴諸制度去實現，誠如我書中所直言：「創意是行銷的觸媒，官僚是創意的殺手」。如果我們無法從鐵道國際視野中醒思改善，台灣鐵路的國際地位，無法擺脫被邊緣化的命運。

本書的內容　以鐵道為主軸　開拓人生視野才是真諦

過去二十年，我在大學教了很多學期的鐵道觀光，學生的問題給了我不少的啟發：旅行不就是吃喝玩樂嗎，還有什麼學問可言？為什麼環遊世界的主角都是女生比較多，如果不是當導遊或旅行業，男生是否就不可能？要一次玩到底才算環遊世界嗎？喜歡旅行與維持工作是不是可以兼顧？在解決這些問題的同時，也讓我編寫本書時加入這個章節，淺談旅行學，開拓人生視野才是真諦，把許多似是而非的問題交代清楚。

因此，我把它定位成比較大眾化閱讀的書籍，「神遊」與「親訪」兩相宜的旅遊工具書。為了要幫助有興趣的讀者去圓夢，所以每個單元還特地寫了一個Access「圓夢之路」。對於比較專門的鐵道工具性資料，包含車輛、年代、軌距、路線等，我設計一個Link「延伸閱讀」，去索引過去這些工具書，以減少這些資訊的重複，把更多的空間挪出來，放入更多感動的美景，以求圖文並茂的呈現。希望這是一本可以輕鬆「閱卷旅行」，可供「翻頁神遊」的旅行好書。

誠然，現代的旅行家呈現兩極化的趨勢；不是強調花費有多省，就是過度地豪華消費主義，以購物與美食天堂為訴求，甚至完全是以拍照為聖旨；很少人是以平衡之見，以心靈的需求去探索來環遊世界。然而，本書談體驗、談服務、

談景觀，以鐵道為針線，把各個景點當珍珠串成一條項鍊；談風景、談心情 談領悟，不談吃喝玩樂；不是美食之旅，不是購物之旅，更非豪華列車之旅。我相信只有在非逸樂，求心淨的情況下，才會有真實健康的鐵道旅程。

當然，我必須承認，了解火車的人看世界是一個面貌，不了解火車的人看世界是另一個面貌，後者與前者最大的差別，在於火車讓環遊世界，裝上了夢想的羽翼，以人文與風景欣賞的角度，循著鐵道與歷史的軌跡恣意飛翔。這也就是本篇序的開頭，我所説強調的，鐵道旅行，窗景霎時的驚艷，回憶永恆的幸福。

環遊世界 只有夢想的起點 沒有世界的終點

彩色圖片多是本書的特色之一，大約有一千三百餘張。尤其這本書的圖片取材，前後歷經多年，所以最後在編寫的過程中，回顧與挑選這些相片，總是意猶未盡，難以取捨，彷彿讓我墜入時光隧道中，自己又再度旅行了一次。卻也感覺世界之大，還沒有去過的地方還很多，受限於個人經驗，這是必然的限制，盡可能客觀與突破。因此只能説，環遊世界只有夢想的起點，沒有世界的終點，環遊世界其實永無止境。

世界何其大，書頁何其少，豈能一語道盡？人生最精采的演出，必然是忘情；生命最燦爛的成果，必定是堅持。同樣一件事有人做得到，有人做不到，關鍵在「堅持」；唯有放下所有的干擾因素，勇往直前，才可能做出最輝煌的成果。記得2006年去搭青藏鐵路時，順道從拉薩、日喀則、拉孜，進入珠峰保護區，一路攻到聖母峰基地營去，因為雲層變得很快，最後終於看到聖母峰時，那是一種無可言喻的喜悦。「當你下定決心要完成某件事，全世界都會默默地幫助你」，「皇天不負苦心人」，走過這段路，我格外能感受這兩句話的真諦。

當我寫完這本書，問我有任何感想，只有兩個字「感謝」。感謝所有在這一路上幫助我的人，有朋友，有親人，也有旅途中僅相識一天的外國朋友，實在太多太多了，無法逐一列舉，讓我真誠地説聲謝謝你們！甚至我要感謝，偷走我的護照、相機、錢包與行李的人，因為這些不幸的發生，冥冥之中注定，將我帶向一個生命意外的旅程。過去二十年，在建立鐵道智庫的過程中，感謝所有不看好我，而阻撓羞辱謾罵的人；驀然回首，那些看不起你的人，那是上蒼對你嚴格的試煉，是幫助你的貴人，苦難原來是要證明，究竟你對自己的使命有多麼地堅持，對工作有多麼地熱愛！如果你願意一再跌倒之後又站了起來，對於幸福與健康的犧牲，心無所懼，往往最大的幸運，就藏身在最後的一次痛苦背後。

我想，寫完這本書最大的收穫，既不是火車，也不是美景，而是領略人生的智慧，看待人性的那份透徹、慈悲與寬容。

我説夢想、勇氣、知識、膽識、決心，是環遊世界的五大要素，相同的道理，不正是人生能夠成就一番大事，脱穎而出的五大要素？

我想不論環遊世界再多國家，都只是踏出一點淺薄的步履而已，我懷抱著「己立立人，己達達人」的心，圖文給您夢想，也告訴您圓夢之路，幫助您美夢成真，願您人生有夢，築夢踏實，惜取當下，更當即時。

願普天之下有志之士，終可成圓夢之人。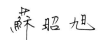

2018 年蘇昭旭的著作成果與繁體中文鐵道工具書體系的規劃

主題	分類	立足台灣 鑑往而知來	放眼天下 建立國際觀
鐵道車輛與基礎科學	高速鐵路 1435mm	台灣鐵路火車百科 1999 版 2009 版 2014 版	高速鐵路新時代 世界高速鐵路百科
	捷運鐵路 1435mm		現代軌道運輸（絕版） 世界捷運與輕軌圖鑑 世界捷運與輕軌百科
	傳統鐵路 1067mm		中國鐵道火車百科 I II III 世界鐵路與火車圖鑑 世界鐵路與火車百科
	輕便鐵道 762mm 以下	台灣輕便鐵道 小火車	全球輕便鐵道大觀與 東線輕便鐵道之再生 （政府出版品）
	山岳鐵道 762mm	阿里山森林鐵道 1912-1999（車輛篇） 阿里山森林鐵路 百年車輛史 （政府出版品）	羅東林鐵 蒸情記憶 阿里山森林鐵道與 世界遺產鐵路巡禮 （政府出版品）
鐵道文化與觀光資源	阿里山 森林鐵路	阿里山森林鐵道 1912-1999（景觀篇） 阿里山森林鐵路傳奇 阿里山森林鐵路 百年紀實 （政府出版品）	世界山岳鐵道 （美亞澳篇） 世界山岳鐵道 （歐洲篇） 阿里山森林鐵路的故事 阿里山森林鐵路與 百大山岳鐵道 （政府出版品）
	台灣鐵路 的路線	台灣鐵路環島風情 （西部幹線篇） （東線支線篇） （特殊支線篇） 台灣鐵道經典之旅 （地方鐵路篇） （環島鐵路篇）	日本鐵道經典之旅 160 選 環遊世界鐵道之旅 120 選 環遊世界鐵道之旅 新 148 選 中國鐵道經典之旅 （計畫）
	台灣鐵路 的車站	台灣鐵路車站圖誌 台灣鐵路車站大觀	世界的火車站 （計畫）
保存鐵道與文化資產	鐵道歷史 與文化	台鐵憶舊四十年 （絕版）	世界的保存鐵道 （計畫）
	蒸汽火車 與歷史	台灣鐵路蒸汽火車 台灣蒸汽火車百科	世界的蒸汽火車 （計畫）
	鐵道博物館 規劃	老火車再現風華 （絕版） 台灣的鐵道博物館 （計畫）	世界的鐵道博物館 （計畫）

環遊世界鐵道之旅新148選
The Grand Tour of 148 Train Rides around the World

西歐 West Europe　荷蘭 比利時 盧森堡

南歐 South Europe　義大利 西班牙

東歐 East Europe　匈牙利 斯洛伐克 捷克 波蘭

東南歐 Southeastern Europe　阿爾巴尼亞 馬其頓 保加利亞 羅馬尼亞 賽爾維亞 土耳其 希臘

北歐 North Europe　丹麥 瑞典 挪威 芬蘭

東北歐 Northeast Europe　俄羅斯與波羅的海三小國

美洲 America　美國 加拿大

大洋洲 Oceania　澳大利亞 紐西蘭

非洲 Africa　埃及 Egypt

環遊世界的意義　超越地理的國境

開拓人生視野才是真諦

淺談旅行學

什麼是旅行Travel？
站在個人的角度就是去遊玩Play，站在國家社的會角度就是觀光Tourism。
一般人總是這麼想，而且認為不論是去玩或是觀光，都是天底下最簡單的事。
因為只要你玩得高興就好，國家可以賺到觀光客的錢就好，
旅行有學問？需要學習？有它的深度內涵，絕大多數人真的沒想過。

旅行的定義　狹義與廣義

其實，旅行這個名詞，經常被錯用與曲解的，旅行與遊玩、觀光是不同的。
狹義的旅行，是指透過身體的移動，以獲得心靈與生活上的收穫，
所以旅行未必要出門，或是出國，即使沒有交通工具也可以，
透過健行、爬山、騎單車，運動的過程也可以被視為一種旅行。

不過，有些國外學者認為，身體的移動，並非旅行的必要條件，
因此廣義的旅行，是指透過視野的轉變，以獲得心靈與生活上的收穫，
只要改變心靈上與精神上的環境，因此透過閱讀、網路、影音等媒體，
促使心境上的成長，屬於神遊之旅，所以「書卷神遊」也是一種旅行。
不過，這些屬於抽象與理論層次的內容，不在此處討論的範圍，
然而，不論狹義或廣義，開拓人生視野才是真諦，是旅行不變的道理。

旅行的功能　視野大開　讀萬卷書不如行萬里路

旅行絕不等同於遊玩或觀光，更未必要購物或享樂，那是「旅遊」而非旅行。
有很多旅行經常是很刻苦的，包含騎單車環島、去登山、去各地蒐集資訊，
當你是為了完成某種任務，在經費有限的情況下，不辭千里走訪世界各地，
那是一種玄奘取經的心情，唯有目標逐步地達成，才能稍稍告慰疲憊之身。
我自己的著書過程；從世界高鐵到世界山岳鐵道；從世界捷運到世界鐵道，
要用最少的錢，完成最多最齊全的工具書，十二年要完成二十四本書；
那種假期有限，預算更有限；要任務達成，與時間賽跑，更是搏命的歷程。
絕不是拿公務預算出差觀光，或是一般觀光客輕鬆旅行所能比擬的；
那是超越巔峰，也是超越自己，在任務完成之前，任何的享樂都毫無意義。

雖然時下有許多人，出國旅行真的就是為了遊玩，所以稱為出國「旅遊」，
然而，有很多人出國旅行，並不止是單純遊玩或觀光，是為了充電與紀錄，
而攝影可以說是旅行所不可或缺的工具，紀錄你所發現的新視野，
不分年齡、種族與性別，只是站的角度不同，思考角度也不同。
因此，遊玩或觀光，只能說是在旅行核心目標之下的「附屬」目的，
讓自己的人生，短暫脫離工作機器的角色，重新充電，拓展生命新視野。
因此，我們給旅行下一個「功能性」的定義：
旅行的過程，可以拓展生命的視野，獲得充電的生命能量，
當旅行結束，可以提昇生活的意志，觀察的智慧更加透徹，
也就是讀萬卷書不如行萬里路的道理。

旅行的方式與分類

如果將旅行鎖定在旅遊與觀光的層次去討論，那麼旅行依據它的活動性質，
基本上可以分成國內旅行或國外旅行；團體旅行、自助旅行或半自助旅行。
國內旅行的範圍僅限於國內，一般而言費用較省，
國外旅行就是辦護照與簽證出國去，費用比較高；
如果旅客從頭到尾都是跟團集體旅行，稱之為團體旅行，風險較少，
反之旅客從頭到尾自訂行程個別旅行，稱之為自助旅行，風險較高。
不過，現在有愈來愈多團體，會包含一天的自由行，成為彈性的新趨勢，
讓旅客自己搭乘地下鐵，自行在市區或特定地點觀光，以巴黎最為常見，
或是旅客在參團時，事先告知脫團的時間地點，可以自行去完成個別的旅程，
甚至散客集合成團體人數，但是行程是自由行，以我們稱之為「半自助旅行」。

半自助旅行可以兼具團體旅行費用較低，自助旅行自由度高的優點，
我自己在歐洲與日本以外的地區自助行，採取這種方式的次數很多。

↑攝影可說是旅行所不可或缺的工具，不分年齡、種族與性別，只是站的角度不同，思考角度也不同。

屏除不正確的旅行觀念　避免誤踏錯誤的陷阱

出國旅遊是否得花很多錢，答案是未必，不過如何省錢處處是學問。
很多旅遊高手知道如何找便宜機票、廉價旅館、Railpass、一日券等等，
因此，出國旅遊其實很簡單，也可以很省錢，卻也並非全貌，有其風險。
有些年輕的同學，喜歡隨性就出發，計畫與知識都不足，其實這是潛藏風險的。
因為旅行不能忽略安全與生活品質，也絕非可以任意寄宿陌生人的家裡，
所以，時下有很多數網路爆紅的個案，用很少的金錢，走過多少個國家，
這些故事可以來激發夢想，但是實務上並不可取，因為隨機的經驗不能複製，
妥善的規劃，但是可保留適度地彈性，不享受但得兼顧安全，這樣才是正途。
健康安全擺第一，每次都平安回家，才會有充滿夢想的下一次。

關於旅行，許多人渴望浪漫，但是想像多於實際，未必會發生。
浪漫的女子，渴望異國的豔遇，餐桌上任意接受陌生人的邀約，甚至隨意寄宿，
其實非常危險，更何況是做出一些大膽刺激的行為，讓自己陷身風險而不自知。
好奇的男子，渴望異國的尋歡，以為肯花錢就可以滿足一切，一樣幼稚地可以，
因為，多數外國人不了解當地的風俗文化，很容易就誤觸禁忌出事，得不償失，
更何況這類型尋歡刺激的旅行，絕對是既傷財又傷身，實不足取。
此外，出國旅遊，許多人渴望美食與購物，認為那是必要的享受，
所以刷卡花錢失去節制，回國為卡債所苦，旅行是美夢，回國變噩夢。
大筆刷卡先思量，小心駛得萬年船，雖是老生常談，卻是不變的道理。

↑關於旅行，許多人渴望浪漫，但是想像多於實際。
（易北河畔的德勒斯登）

↑許多人旅遊渴望美食與購物，認為那是必要的享受。
（德國豬腳與德國啤酒）

環遊世界並非遊玩　而是人生的學習與挑戰

我想寫這本書，絕非鼓勵出國旅行，或是美化環遊世界，而是有其教育意義的。
西方國家自十九世紀以來，即有安排青年人「壯遊」Grand Tour之傳統，
許多歐洲貴族子女必須上船，隨著商船船隊環遊世界，獲取見識方能掌權。
因為環遊世界並非單純遊玩，而是人生的學習與挑戰，以彌補教育的不足。
以下引述昔日中華環遊世界協會成立時，創會陳美筑會長發人深省的宗旨：

歐美近幾年來，興起所謂的「間隔年」Gap Year，成為一種新的風潮，
年輕人從離開學校到進入社會的間隔，利用一年時間到世界各地旅行兼打工，
學習見識人生，進而探索人生的方向，讓歐美年輕人可以跨出認識世界的第一步。
反觀亞洲與華文圈的年輕人，成長過程升學壓力加上競爭壓力，
許多學生自學校畢業後立即就業，茫茫然找不到方向，平均失業期長達5個月；
即使初期順利就業，多年之後也有很高比例面臨志趣不合，人生失去目標的困境，
反觀退休族群，雖然有錢有閒，但是年事已高只圖旅行舒適，失去勇氣與體力。
中華環遊世界協會的成立，希望營造積極的社會環境，鼓勵各年齡的旅行者，
透過長時間具有世界觀的深度旅行，完成環遊世界的夢想，
從中培養與世界的互動能力，探索自我，找到人生的價值。
這個時代的旅行者要思考的，是為何而旅行，而非盲目地遊玩，
旅行中有什麼樣不同的思考與創意觀點，激發生命，誠如愛因斯坦的名言：
「想像力比知識更重要。因為知識是有限的，而想像力卻包含了整個宇宙。」
要做一個懂得思考的「旅行者」，而不是單純消費的「觀光客」，
從中建立「均衡，全面」的世界觀，這是環遊世界協會要推動的旅行理念。

環遊世界之後，您會發現，最遠的旅行者，行李最少，
最大的課題，是學習自制，學習珍惜當下，學習放下；
最大的收穫，不是購物多，而是學習謙卑，知足惜福。
世界上不論多麼有錢有勢，都無權力傲慢，漠視他人。
走過愈多的國家，更會發現自己的不足，我只是踏出這一點淺薄的勇氣，
真正的環遊世界，那將是遙遙長路，漫無止境。

環遊世界的五大要素

夢想・勇氣・知識・膽識・決心

若問我為何決定「環遊世界」，我只是想更加透視自己，了解生命。

我只能說，環遊世界只是薄薄的一環，繞過地球，因為世界何其大！

再怎樣的遠行之路，都只是拉出地球上細的一條線，穿越世界，何其淺薄！

我大約在四十三歲左右，利用鐵道完成環遊世界37國的計畫。

如何去完成環遊世界，有哪些條件是最重要的？

許多人以為環遊世界第一個要素是金錢，第二個是時間，有錢有閒，其實不然。

其實社會上有錢人何其多，但是未必願意撥出時間去完成這樣的夢想，

我個人認為環遊世界，需要夢想、勇氣、知識、膽識、決心，五大要素。

「夢想」是聚焦生命的能量

也是踏出現實生活藩籬的第一步，沒有夢想，就沒有心中的藍圖，

也沒有跨越障礙的那種遠景，不論再如何地有錢有閒，也完成不了。

你會懂得更加努力去賺錢，捨棄一切生活的奢侈與享樂，屏除誘惑，

戒菸戒酒戒賭戒名牌，禁一切聲色禁網路遊戲，更加善用時間工作，

只為了取得探索大世界，追求生命桃花源的基本「入場券」而已。

「勇氣」是夢想實現的意志

探索實體世界，有許多風險與挑戰，沒有錯誤重來的機會，

許多年輕朋友將許多探索的勇氣，花費在虛擬世界的網路遊戲中，

卻缺乏對實體世界探索的勇氣，這真的是十分可惜的事；

有很多感動值得去真實體驗，如果心中缺乏勇氣，當然夢想無法實現。

「知識」是化夢想為行動的一把鑰匙

那是解決問題的工具，所以需要看書，上網查資料，甚至去上課，聽演講，

尤其是鐵道旅行，需要非常充分的鐵道與地理常識，還有適當的語言能力，

如何利用Railpass創造經濟實惠的旅行，這是一個很大的學問，

如果準備不周，在旅行過程中，小則浪費時間金錢，大則遭遇不可測的風險。

「膽識」是解決困難的試金石

旅行不論是在規劃中或是在旅程中，一定會遭遇到許多困難，

每一個旅程障礙的背後，都隱藏著一段生命精采，就看你敢不敢跨越？

尤其是追尋屬於自己的「桃花源」，往往是去一些多數旅行團不去的地方，

膽識是沉著、智慧加上意志，它可以豐富你危機處理與臨機應變的能力。

「決心」是通往夢想國度的終極門票

一切相關的資訊都已經蒐集好了，就只欠訂票計劃與準備出發。

這份決心會強化夢想聚焦的能量，讓生活更有目標，工作更有效率去「儲蓄」。

你會認真在百忙之中，挪出自己的「假期」，把自己的工作與責任都交代完善，

因此，金錢與時間都不是根本問題，所以這兩項並不列在五大要素裡面。

最後，旅行應該要沒有後顧之憂，才能夠真正追求心靈的圓滿，

帶家人出門必須照顧他們的個別需求，單獨行動也得跟家人事前溝通良好，

然後帶著一顆追尋夢想的心，快樂啟航。

妥善規劃夢想 分段計畫旅行 要比一次走完來得實際

現代科技發達，其實搭飛機環遊世界只要兩三天，

大概飛個兩三趟的洲際航線，就可以輕易地完成，

但是這樣從空中飛過陌生的陸地，只駐足兩三個大城市，這樣意義不大。

有人規劃很長的假期，長達三十天至六十天，一次玩個夠，這也不太好。

一來一般有正常工作的人，不太可能挪出這麼長的假期，除非已經退休，

即使是利用工作轉換的銜接時間，也容易造成個人財力與生活的困擾；

二來長期的旅行，到最後竟然只是為玩而玩，拖著疲憊的身體把行程走完，

↑這樣的歐洲美景，真的令人目眩神馳，激發你的夢想，
奧地利至義大利的 Brenner Pass。

其實心靈已經乾枯，失去旅行對人生充電的成長機能，完全失去意義。
我個人認為，逐步構建環遊世界之夢，「分段旅行」是比較可行的方式。

聚焦的旅行　無法跳脫心理的依賴

為自己貼一張世界地圖，一個環遊世界的「夢想地圖」。
為自己擬訂十年或短期、中期、長期的計畫；一年出去一次到兩次旅行就好，
有計畫而且不疾不徐地在世界地圖上，將所到的足跡處釘上「圖釘」。
當圖釘逐漸從不同區域的匯集，經年累月，慢慢擴散開來，
你會發現自己的偏好，你會一直重複去，想要更深入集中於某些區域，
如此聚集的不是一條線，而是各別的區塊，這是「聚焦的旅行」。
這樣的旅行也很好，會讓你非常深入地了解一國的文化，成為該國的專家，
例如日本與中國，成為台灣旅客最愛去也最容易去的國度，
不過，也因為過度的熟悉，產生無法跳脫的心理依賴。
尤其是鐵道旅行，會密集地集中在日本與歐洲，這兩處地點對我而言即是。
例如奧地利至義大利的Brenner Pass，瑞士冰河列車翻山越嶺的精采畫面，
尤其是歐洲鐵道美景，真的是教人目眩神馳，讓生命的思緒就此駐足，
不禁沈浸在自己所找到桃花源裡，不願再跳脫出去多做嘗試。

↑鐵道旅行帶你遠離塵囂，擁抱大自然浩瀚無垠的心靈感動，讓生命的思緒就此駐足。

打破安全感的圍籬　才能環遊世界

此時你會去思考與反省旅行對自己的意義，在偏好與計畫之間做出取捨，
如果你願意跳脫這份熟悉，嘗試去打破安全感的圍籬，再次去嘗試探索，
漸漸地你會累積出許多點，慢慢地拉出一條線，終於可以繞上地球一圈，
便可以初步達成環遊世界，畫出自己的「生命禮物大地圖」。
那種長期的計畫，反省與更替，經年累月，終於如願以償的「成就感」，
絕對不是一般世俗的功成名就，或是單純的吃喝玩樂，所以可以取代的。
到底要累積多少個國家或地點繞過地球？才算是環遊世界，沒有人規定，
由你自己決定，因為，這是自我超越，超越自我。
很多人愛出國旅行，但是環遊世界者卻很少，關鍵的因素就在「自我超越」，
當然，這樣的自我超越，說來簡單，其實並不容易，
你必須要克服某些心理障礙，忍受孤獨與恐懼，猶如出國留學一般，
然而，人生如果沒有那種「鬧中取靜」的靜默與意志，很難成就大事。
夢想、勇氣、知識、膽識、決心，是環遊世界的五大要素，
相同的道理，不正是人生能夠成就一番大事，脫穎而出的五大要素？

↑鐵道旅行的樂趣，在於不必自己開車，可以專注於當下，用心捕捉美景。

只要願意妥善規劃　您也可以做得到

在環遊世界的過程中，我發現臺灣人的旅行，似乎有兩極化的跡象，
比較長時間的旅程，幾乎是退休人士團或老人團，好像只有退休才能去國？
不然就是學生族或留學生，還沒有固地的工作，所以可以放心地去玩？
其實只要妥善規劃，中產階級與社會菁英，維持正常工作，亦可以圓夢，
或許國外的社會福利好，我認識不少外國的旅人，都是一年一趟充電之旅，
而且帶著伴侶或配偶，以及小孩子，搭著火車去世界各地旅行，
這也是鐵道旅行的幸福，不必自己開車，可以專注於當下，用心捕捉美景。
以我自己而言，必須維持正常工作教書、寫書、演講，寒暑假才有長時間，
大概這樣得約花上十二年的時間，從32歲到43歲，我才完成鐵道環遊世界，
只要您願意妥善規劃，您也可以做得到。

↑給自己一張世界地圖，去過的地方加上圖釘，成為自己的「生命禮物大地圖」。其實，環遊世界並非「一蹴可幾」，能夠『循序漸進』反而更好。

　　即使如此，我實地走訪四十八個國家的鐵道之旅，依然有太多意猶未盡之處，
中東、南非、中南美洲，是我足跡尚未踏上的版圖，有很多下一階段的夢想，
而有許多美麗的國家，我還想一去再去，日本、中國、德瑞奧等都值得再去，
下一步是探訪更深入？還是走訪更多國家60或80國？那是機運，也是緣分。
原來環遊世界，只有夢想的起點，沒有世界的終點，
人生的環遊世界之夢，其實永無止境。

→老夫老婦結伴去旅行，搭火車看白朗峰冰河，分享美好的鐵道窗景。才不過隔幾年而已，冰河竟然後退這麼多，真的是地球暖化啊！(法國)

旅行 聚焦生命的能量 打破生命的疆界

因為人生有夢，所以旅行會聚焦生命的能量，屏除雜念與雜事，
工作會更有效率，生活會更有目標，然而這一切，並非只是要存錢去旅行而已。
一般的旅行，只是打破地理的疆界，有錢辦事就好；
深度的旅行，則是打破生命的疆界，需要深沉思考。

我們的地球，可以分成有形與無形的兩個世界，存在著不同的疆界藩籬，
「有形」的世界，是空間與地理的地圖，用交通工具可以「抵達」，
「無形」的世界，是社會與人性的版圖，用心與智慧才能「理解」。
人的疆界與藩籬，不止是地理、種族還有身分地位，
人的優越與偏見，是最深的疆界，也是最高的藩籬。
雖然空間很大，現在的交通工具很發達，打破有形的疆界，其實不難。
但是社會很小，只要有既得利益維護者，打破無形的疆界，確實很難。

相不相信，人雖貴為萬物之靈，卻是一種很容易麻木與忘本的動物。
總會把許多幸福當成「理所當然」，不懂得知福惜福，揮霍成性，
也會把許多錯誤習慣「積非成是」，不知道反省檢討，自以為是。
但是「醬缸理論」告訴我們：大家都是這樣，所以就沒有什麼錯，
誰說真心話，誰就是麻煩製造者，大家都是維護既得利益，有什麼不對？
於是，社會在對立，環境在哭泣，只有兩種情形會讓人有所警覺：
一種是負面的能量累積到某種程度，社會爆發反彈的力量，或自然命運的反撲。
另一種情況是透過某一事件，人短暫跳脫既有的環境，打破生命的疆界而警覺。
出國旅行，經常會有後者意想不到的收穫。

反省幸福不是「理所當然」 正向的生命學習態度
有沒有發現，許多人回國之後，總會談起許多「國情不同」的新鮮事，
這些國外新鮮事，有很多是反省「理所當然」與「積非成是」的好題材。
例如搭乘青藏鐵路會發發氧氣管，未曾到青康藏高原，不知道空氣的可貴，
例如搭火車去埃及騎駱駝得帶水，沒去過撒哈拉沙漠，不知道飲水的珍貴，
例如搭火車看白朗峰冰河，才不過隔幾年地球暖化，冰河竟然後退這麼多！
台灣的食物與飲料，既好吃又便宜，回國之後，才知道我們多麼有口福，
若反向思考，我們的餐飲業者的勞務價值不被重視，才造成其所得偏低。
現今在台灣，醫師、律師、教授、政治人物是當前台灣社會的高所得族群，
但是在國外，這些只是勞工的一個階層而已，不會利益與好處過度集中。
在歐洲遇見種族歧視，遇到吉普賽人偷竊，甚至白天當街打劫，
這些體驗，會讓您更珍惜台灣這塊土地，至少還可以安居樂業。
反省幸福不是「理所當然」，是一種正向的生命學習態度，
讓我們更懂得珍惜感謝，知福惜福。

打破「積非成是」的制度　別當既得利益維護者

不同工作領域的人，因為專業領域不同，會看見不同的「積非成是」。
以我自己當大學老師來說，在台灣就是努力拿到博士，往升等教授之路走，
老師要拼命投稿SSCI或SCI以求升等，要拼命接國科會計畫賺取研究經費，
位階愈高權力愈大，可以當審查委員，可以接很多案子並從中撈到好處。
老師是否用心準備教案，是否認真教學，對學生奉獻付出，遊戲規則並不關心，
可是生活在台灣，學術體系決定了「遊戲規則」，他們說這是世界潮流只好相信。
當德國與日本的教授告訴你，他們的學術體系，不在乎要投SSCI或SCI，
那是台灣站在美國立場的學術思維，只會扼殺多少重要社會議題遭到漠視。
學術的本質應該要解決問題，而非將簡單問題複雜化，以投稿作為前提。
好的學者要關心社會，當社會的良知，好的老師更要用心教學，關心學生學習，
原來地理的疆界，創造了社會的藩籬，我們被「假的世界潮流」所蒙蔽欺騙，
那是既得利益者所創造的遊戲規則，對他們有利，卻對社會留下重大後遺症。
就以鐵道研究領域來說，台灣鐵道問題有很多，例如阿里山鐵路的國際地位，
台灣鐵道的問題能否改進解決，不能以SSCI或SCI是否接受，做為論斷標準。
因此，反省「理所當然」打破「積非成是」，是一個嚴肅的課題，更是一種領悟。
如果沒有出國見識，您無法戳破既得利益者的謊言，讓自己的良知獲得救贖。

↑打破「積非成是」的制度，別當既得利益的維護者；台灣阿里山鐵路的國際地位，需要你我發揮社會良知去關心。

我們台灣的教育太過「功利主義」，教學生要功成名就，卻非貢獻世人，
要當醫師、律師、教授、從政或是考公職，是從自利的角度出發去奮鬥，
這些職務背後的社會意涵卻被忽略，只是想賺錢、卡位，升官再撈一筆。
這樣保障穩定一生，卻是在醬缸裡面沉淪，對於公義是非，麻木不仁。
縱使這樣成功卡位，只是給你一個安全保障的工作，蓋了屋宇的人生，
縱然風雨無法侵襲，從此人生也不識「晴雨」，安逸順利，而非精采。

↑獨自旅行，是將自己投入一種未知，你不知道下一刻將發生什麼事？(西班牙)

旅行不止是探索大世界，更是發現新自己

當您打破地理的疆界，就能遠行千里；打破生命的疆界，更能透視人性；
遠行千里的目的不是為了美景與美食，而是透視人性，打破生命的疆界。
環遊世界之後，你會發現真正的旅行者，在於追尋一種豁達的智慧，
「遠行」是對於分離態度的學習，在分離中學習放下、釋然與祝福，
「送行」本身即是一種智慧，讓我們對於利益看清，悲歡離合也看淡。
您會有一種慈悲的胸懷，樂於分享，不會心胸狹窄或愛爭名奪利，
因為開闊的人生視野在逐步成形，「遠見」在不知不覺中默默成長。
您會學習做「社會良知」與「地球公民」，寧可放棄手中的現實利益，
也要勇於依據良知去做事，不願成為被人背後唾罵的既得利益維護者。
寧選不利，不利只是一時；不選不義，不義污名一生。

↑遠行是一種對於分離態度的學習，在分離中學習放下、釋然、祝福；正如送行本身即是一種智慧，教你將悲歡離合也看淡。(匈牙利)

在擺脫社會成見束縛，獨行千里的同時，您也會變得勇氣可嘉，
獨自去旅行，是將自己投入一種未知，考驗自己的人間生命力，
你不知道下一刻，將發生什麼事？
你會碰到新困難，或遇見新朋友？
不論你英文多麼會考試，TOEIC多高分，海外獨自一個人走，考驗就真實上演！
學歷與分數只是形式制度上的保障，脫離了形式，就面對真實的殘酷，
走的國家不夠多，真的不知道自己的語言能力好不好，危機處理好不好，
多少生命的潛能就此激發，那是一個未知的世界，屬於自己的潛在世界。

所以，環遊世界的重點，不在"環遊"本身，而在於"探索"世界，
透視「有形」的世界與「無形」的世界，打破「生命」的疆界。
因為，環遊世界的真正目的，不止是探索大世界，更是發現新自己。
The goal of traveling around the world is not only discovering the globe but digging yourself where is unknowable.

知足惜福　最是幸福　尋找自己生命的桃花源

↑世界上最美的風景，是生命中的每一刻感動，可以跟所愛與知己分享；美景與感動因分享而更美，憂傷與風險因分擔而減半。（瑞士布里恩茲湖畔）

↑尋找自己生命的桃花源，感動就在當下。小孩子都懂，憑欄窗外擁抱感動的世界，反而是大人自己迷失了。（德國德勒斯登的蒸汽火車之旅）

旅行可以拓展您的生命視野，
可以獲得充電的生命能量，
遠行千里是為了打破生命的疆界，
你的視界將決定你的世界，
只要專注地尋訪屬於自己的桃花源，
感動就在當下。
其實這個道理小孩子都懂，
小孩子搭火車憑欄窗外，
擁抱感動的世界，
反而是大人自己迷失了，失去了赤子之心。
也許您雖然搭乘的不是什麼豪華的快車，
也沒有高級的享受，
然而，世界的美景卻無貧富之分，
只給有心人感受，不是嗎？

你的生命的桃花源　你的感動新視界

我個人誠心的建議，旅行者應該為自己的旅行，尋找一個「核心價值」，
注意一定得超脫於現實利益，是在吃喝玩樂之外，因為慾望刺激是無常的。
至於購物與狂歡，享樂與刺激，往往是最快沉澱的知覺，不是恆久的動機，
當然後者不可能完全屏除在外，只不過它不是最大的重點，很快就消磨殆盡。
我見過許多用一生逐步圓夢的世界旅行者，都有自己的蒐集品項，
也就是尋找自己生命中的一片「藍海」，是一種恆久累積的喜悅。
多數旅人喜歡照相攝影，記錄自己的人生旅程，有人喜歡找博物館或藝術品，
有人愛買書，有人收藏明信片，有人尋找某些動物植物，林林總總，不一而足。
這種核心價值，我把它稱為「自己的桃花源」，超越現實的感動祕境。
世界各國的登山者都愛挑戰高海拔與困難地形，鐵道迷都愛拍火車與美景，
美女、美食與華屋之於他們，幾乎都不為所動，這就是屬於他們的桃花源，
當一張自我超越創新紀錄的作品完成，當下吶喊、歡呼、流淚者比比皆是。
而我自己旅行的目的，就是為了建立台灣最完整的鐵道智庫體系，
包含蒐集圖書與文件，專門紀錄世界各國的火車鐵道與捷運系統，
以及世界各國的交通、鐵道博物館，充實我的出版資料庫與交通科學博物館。
因此，旅行令人樂此不疲的原因，是看見自己的「耕耘的園地」日益茁壯，
而不是沉溺於吃喝玩樂，那種刺激是無法長久累積的。

分享的天地　是絕美的風景　知足惜福　最是幸福

雖然，鐵道的著述立說，為我自己的人生的奔波找到價值，
然而，我卻歷經旅程中深刻的孤單，人身安全的侵襲與折磨，
面對人間美景，卻不得分享的落寞。因此，也讓我的人生價值有所領悟，
原來世界上最美麗的風景，不在瑞士或日本，高山或海濱，或任何遙遠的國度，
是在於生命中的每一刻感動，可以跟知己與所愛的人分享；
美景與感動因分享而更美，憂傷與風險因分擔而減半，
奉勸天下有緣人，應珍惜生命與健康，
每一刻可以相聚的時光，是多麼該學習知福惜福！
原來人生最大的財富，並非物質的擁有，而是心靈的豐收，
人生的幸福，不是用權力、金錢去構築富貴城堡，
富貴會令人滿足，但是更會令人空虛。
人生真正的幸福，是找到你熱愛生命的方式，投入它而且感受它。
即使生命有起伏，生活有情緒，這些得失變化都不足以動搖對人生的樂趣，
還有人生最大的成就，絕非高居其位，大權在握，而是有愛可以付出和分享。

我自己生命的桃花源　旅行與人生的探索

當飛機起飛，飛往異國，機上熟睡，醒來時到訪一個新天地，
飛機的旅程成了輪迴之門，遨遊於白雲，到另一個世界重生，
回國時搭機，透過輪迴之門，一覺醒來，又返回到現實世界。
在另一個國度裡，雖然語言、貨幣、風景皆不同，恍若隔世，
然而，自己的思考、習慣、能力與作為絲毫不改，緊緊相隨，
每次出國，都經歷一段短暫的輪迴之旅，您將發現，原來…
人生是長途的旅行，旅行是短暫的人生。

許多人生的問題，會在旅行的思索中找到答案。
旅行，是人面對人生的寫照，也是一面鏡子，
例如一個無法在旅行中用心看世界，不能割捨過度慾望的人，
在真實人生中，亦然無法割捨太多雜念與俗世牽掛，
擁有愈多，煩惱愈多，都得學習放下，與珍惜當下。
只不過短暫的旅行，在結束時一切歸零，而人生呢？功過卻不停地累積…
因此，旅行中真誠的自我「觀照」，是「成長」的桃花源，
打破生命的疆界，改變你的視野，也將改變你的命運。
因為，你的視界將決定你的世界。The world yourself is subject to your sight.

全球鐵道觀光產業 鐵道躍居觀光的主角

除了道路、水路與航線之外，鐵道原本是人類文明的交通網路，
只要您掌握時刻表與基本的旅行須知，還有足夠的勇氣，
火車，幾乎可以帶您到世界上大多數的角落。
鐵道旅行是自由的羽翼，一張車票，讓您隨處飄落在夢想的國度，
鐵道旅行並非無聊的旅行過程，也可以帶給人們感動。
鐵道旅行的車窗美景，霧時的驚艷，是回憶中永恆的幸福，
可以專注於當下，用心捕捉美景，去探索夢想的桃花源，
這也是鐵道旅行的樂趣，在於不必自己開車，既環保又安全。

放眼全球最適合鐵道自助行的地區，全世界就屬日本與中西歐地區，
使用Railpass十分優惠，而且路網非常地發達，最適合鐵道自助旅行。
其他國家例如美洲，澳洲，非洲等地，都是鐵道不如公路發達之處。
就不是那麼方便鐵道自助行，這些地點可以跟團，或是搭配搭汽車旅行為妥。
還有，鐵道不該只是交通工具，或只是無聊的旅行過程而已，
當今全球鐵道觀光產業蓬勃發展，鐵道已經躍居觀光的主角，
尤其是保存鐵道已經蔚為流行，蒸汽機車不再是落伍，反而是目光焦點。
火車、鐵道、車站、窗景、典故，都可以成為鐵道的旅遊主題，
換言之，鐵道之美，非在終點，盡在過程。

走遍世界各地，多數的旅行者都是心胸開闊者，很樂意跟別人分享經驗，
以我自己來說，我都是準備我的畫作明信片，作為認識當地朋友的紀念品。
知足惜福，最是幸福，鐵道無國界，天涯若彼鄰，
能夠分享美好的感動世界，又是何等幸福之事？
因此給大家一個旅行建議。
多數人只懂得搭火車旅行，但是相機想要捕捉鐵道的美景，確實比較困難。
如果您想要拍下當地的鐵道名景，不妨可以在當地買些明信片或圖書，
挑選出一些地標性的名景之後，拿去向商家或車站，向當地人詢問，
請問是要在哪一站下車，下車之後怎麼走，就知道該怎麼去了。
尤其是在日本與歐洲英德瑞奧等國，多半都會得到對方很親切的答覆，
不過語言能力、時間掌控、步行體力與個人膽識，會是個很大的考驗。
建議大家可以嘗試，別輕易放棄，這本書有很多美景都是這樣誕生的呢！

↑或許這個畫面有些誇張，鐵道觀光的魅力，連現場執法的警察都無法擋。鐵道躍居全球觀光的主角，這是個重要趨勢，政府不可再忽視。(台灣的遊輪式列車)

↑我都是準備我的畫作明信片，作為認識當地朋友的紀念品。

←保存鐵道蔚為流行，蒸汽機車不再是落伍，反而是目光焦點。(澳洲的藍山)

最後不要忘了…

如果有一天，你能夠完成自己的旅行大夢，
不論出國幾次，最重要的一件事，一定要學習「感恩」！
因為每個夢想完成的背後，
都有上天默默的祝福，以及有緣人的成全，
誠然要靠自己的努力、財力與毅力去成就，
但是能否成功完全是另一回事，
如果沒有時機與環境的配合，
不論出國留學或環遊世界，一樣都不能如願。
天底下有多少懷抱夢想的人，就因為時機與環境的不允許，
而被壓在社會底層不得翻身，甚至連維持生活都有問題。
所以每一個如願圓夢的人，千萬不能自豪，更不能炫耀或驕傲，
記得要將旅行的智慧與能量，謙卑地分享給所有等待圓夢的人，
普天之下圓夢之人，不分貧富貴賤，
只要不畏艱難，有為者亦若是。
更要挺身幫助每一個懷抱夢想的人，
鼓勵他們：相信自己，努力一定做得到！

超越速度的極限 從磁浮列車到和諧號

↑來自瀋陽的和諧號動車組 CRH5A，即將進入北京站。

2007年1月5日，台灣高鐵700T從板橋到左營通車，當台灣引以自豪之際，
2007年1月28日，中國高速鐵路CRH2A，也開始在上海南京杭州等地運行，
創下海峽兩岸同年同月，同時啟用高速鐵路的歷史紀錄，
其實台灣700T與中國CRH2A都是川崎重工的技術輸出，新幹線成了大贏家。
但是，當時因為政治局勢詭譎封閉，因此大多數台灣民眾並不知道這個消息，
只是三年之前，2007年，中國高鐵只不過「從無到有」，
短短三年之後，2010年，中國高鐵竟成了「世界第一」。
2008年8月1日，中國京津城際線以CRH3C和CRH2C運行，時速350公里，
往後中國高鐵以營運時速350公里為標準，新的高速鐵路，一條條陸續通車，
2009年12月9日，武廣高鐵以兩組CRH併結16輛，創下394.2公里世界記錄，
2009年12月26日，世界里程最長的武廣高鐵，平均時速341公里為世界第一。
2009年底中國高鐵里程已是世界第一，鐵路里程8.6萬公里，暫居世界第二，
2018年八縱八橫的高鐵，高鐵里程2萬餘公里，鐵路里程高達14萬餘公里。
中國高鐵的里程幾乎與整個大歐洲相同，已經佔世界高鐵的二分之一強。

↑來自杭州的和諧號動車組 CRH1A，
停靠在上海南站。

↑上海的磁浮最高時速431公里，
位居全球商用磁浮列車速度世界第一。

←上海的磁浮列車，未來
將從浦東機場延伸到虹橋
機場，甚至可能到杭州。

↑上海的磁浮列車頭等艙，
速度與服務都是全球頂尖。

←德國高鐵ICE3，慕尼黑車站（比較CRH3C）

↑中國高鐵引進ICE3的技術移轉，和諧號動車組CRH3C，高速駛出北京南站。

早在2003年，上海浦東磁浮列車使用Transrapid07，試驗速度達到431公里，
如今不論是鋼輪式或是懸浮式，從CRH380系列到最新的復興號，
中國高鐵營運速度都是世界第一，營運里程也是世界第一，
中國高鐵的競爭力並非速度而已，而是相較於全球高鐵，票價實在是超低價。
2005年我出版的新書「高速鐵路新時代」，當時確實是台灣的新時代，
五年之後中國高鐵急起直追，傲視群雄，超越日本和歐洲，
高速鐵路甚至可以海外輸出，竟成了中國的新時代。

曾經是全球經濟奇蹟的台灣，我們總是在「以管窺天」的封閉世界中引以自豪，
我們不知道這個世界的真實變化，以及忽略對岸的競爭力與科技實力。
這本環遊世界鐵道之旅，不止是一本遊記，
也是柔性的全球鐵道「考察報告」，
獻給期待進步與努力台灣的人民；沒有真相，就沒有真正的進步與反省；
讓我們用知識與遠見去呼籲政府，面對真相，以蒼生為念誠實解決問題，
真切地說聲：「台灣，加油！」

↑日本新幹線E2系-1000番代，八戶站。（比較CRH2A）

↑中國高鐵引進E2系的技術移轉，和諧號動車組CRH2A，上海 站。

2018年世界高速鐵路與磁浮列車最高速度紀錄表

	高速鐵路 (鋼輪鋼軌式) High Speed Rail	磁浮列車 (懸浮式) Maglev
試驗速度 Test speed	2007.4.3 法國TGV POS東歐線 TGV-V150 574.8 km/h	2015.4.21 日本山梨磁浮試驗線 L0系 603km/h
營運速度 Commercial speed	2008.8.1 開始 中國北京上海廣等高鐵 CRH380系列 350 km/h	2002.12.31 開始 中國上海浦東磁浮列車 Transrapid 07 431km/h

Access 圓夢之路

到中國北京、天津、武漢、上海、廣州等都市，搭乘CRH親身體驗。

Link 延伸閱讀

世界捷運與輕軌百科，磁浮列車Maglev單元。
世界高速鐵路百科。
中國鐵道火車百科II。

↑中國的和諧號動車組CRH2A頭等艙，內裝與新幹線幾乎沒有兩樣。

京張鐵路與萬里長城 詹天佑的故事

↑京張鐵路一百年時我來到了昔日故地，這是中國2008年最新的推拉式柴油動車組，和諧長城號通過居庸關長城的雪景。

長久以來，台灣的鐵道有著科技崇拜的速度迷思，
對於高速鐵路頗有偏好，但是對於高山鐵路就興趣缺缺，
台灣高鐵是BOT案，阿里山鐵路是OT案，然而其命運卻南轅北轍，
2008年8月在北京，中國的京張鐵路與高速鐵路的同步提升，值得深思。

1904年，滿清政府要興建連接北京與關外的京張鐵路，
計畫之初英國與俄國都想派工程師爭取主導權，最後中國決定自己興建，
滿清政府指派留美歸國的詹天佑擔任總工程師，兼任京張鐵路局總辦。
這條路線最困難的一段，是從南口至八達嶺長城一帶的「關溝段」，
不僅地勢險峻，坡度亦大，英國與俄國都認為得開鑿長隧道，其難度很高，
加上中國過去並無興建山岳鐵路的經驗，所以列強並不看好，
當時甚至有建造這條鐵路的中國工程師，恐怕還沒有出世的譏諷之說。
然而詹天佑從他親身勘察的三條選線中，選擇出建造成本最低的一條，
在1905年9月4日開工，只花四年時間，1909年8月11日完工，
外國工程師真的萬萬沒想到，詹天佑竟然會設計以Z字形路線爬升，
京張鐵路成功地克服了八達嶺的險峻坡度，解決開鑿長隧道的難題。

↑和諧長城號在北京北站月台上待發。

↑和諧長城號的客車內裝，
座椅寬大而且上方有液晶螢幕電視。

↑青龍橋車站裡的詹天佑銅像與其墳墓。

↑青龍橋車站奠基於光緒年間，迄今已經超過百年。

↑和諧長城號行駛時的窗景。

京包線與京張鐵路路線圖

↑京張鐵路在居庸關長城的風景，鐵道雪景好不浪漫！

將近百年之後，2008年8月北京奧運時，京張鐵路與長城成為觀光勝地，
中國推出最新的推拉式柴油動車組，和諧長城號往返於長城和北京北站。
同一時間也是CRH和諧號動車組，京津高速鐵路啟用，兩者並無偏廢。
詹天佑希望中國的鐵道能躍居國際，真的是等了一百年才終於圓夢！
京張鐵路完成的前後，剛好是二十世紀建築山岳鐵道，最終的鼎盛時期，
1909年恰好是日本九州的肥薩線完工同車，1912年台灣阿里山鐵路完工。
中國京張鐵路、台灣阿里山鐵路、日本肥薩線，三者都保有Z字形路段，
而京張鐵路興建之初，中國也引進Shay蒸汽機車，與阿里山鐵路不謀而合。
換言之，京張鐵路的施工技法，與當時的鐵道國際水準同步，
然而不同的是，當時是出自中國工程師的構想，這是相當難得的成就。
今日百年之後再回首，中國的京張鐵路與台灣阿里山鐵路相似處很多，
兩者皆是海峽兩岸第一條山岳鐵道，不但是同一時期完工，
同時唯一保有Z字形路段，和使用Shay蒸汽機車，是歷史上難得的巧合。
我期盼有朝一日，這兩條鐵路應締結姐妹鐵道，同時登錄世界文化遺產。

↑萬里長城是中國最經典的觀光勝地。

↑京張鐵路的路線風光，燕山山脈一帶好似國畫。

海峽兩岸第一條登山鐵路 京張鐵路與台灣阿里山鐵路差異比較表

路線	京張鐵路	阿里山鐵路
開工年	1905年	初次1906年 (正式1910年)
營運時間	1909年10月	1912年12月
監造者	詹天佑 (留學美國 土木工程)	河合鈰太郎 (留學美國 森林學)
使用機車	Shay Garratt Mallet	Shay
路線特徵	之字形路線 (青龍橋東、西站)	之字形路線 (第一、二分道)
穿越山脈	燕山山脈	阿里山山脈
軌距	1435mm	762mm
主線長度	201 km	71.9 km
最大坡度	33.7 ‰	66.7 ‰ (現今62.5 ‰)

Access 圓夢之路　從北京北站搭乘和諧長城號前往八達嶺站，中間就會
經過青龍橋車站，體驗火車之字形折返，建議可以到
八達嶺的詹天佑紀念館參訪，收穫良多。

Link 延伸閱讀　世界山岳鐵道，美亞澳篇，中國京張鐵路單元。

世界鐵路最高點 青藏鐵路　世界第一高峰 聖母峰

↑登上海拔5200公尺的珠峰基地營，可以看到世界第一高海拔8848公尺的聖母峰，是全球多少旅人的夢想。這裡一般汽車無法到達，要租吉普車或獸力車才能成行。

2006年7月1日世界最高的青藏鐵路通車了，
這是一條創造八項世界第一紀錄的鐵道，全球矚目。
世界鐵路最高點從南美洲的安地斯山，正式移轉到中國的青藏高原，
世界鐵路海拔最高點，唐古拉山口 5072公尺，多麼地動人心魄。

列車自海拔2828公尺的格爾木出發，一路上鐵路不停地爬高，
皚皚白雪的玉珠峰，與七月盛夏依然潔白的冰河，教車上遊客驚喜連連。
五道梁至楚瑪爾河一帶，是藏羚羊遷徙的必經之地。
列車行駛在清水河特大橋上，橋下是野生動物通道，
從車窗外發現奔跑中的藏羚羊，總會引起車內一陣騷動和歡呼。
當列車通過可可西里，經過五道梁，海拔愈來愈高，旅客紛紛拿起氧氣罩呼吸。
所謂「來到五道梁，哭爹又喊娘」，正是指高山症的適應問題。
緊接著火車穿過世界最高的鐵路隧道「風火山隧道」，海拔4905公尺，
列車開始下降駛抵沱沱河站，沱沱河是長江的古老正源，有「長江源」石碑。
這裡是三江源自然保護區，長江、黃河、瀾滄江，中國的代表性大河由此地發源。

火車再次出發，駛過雁石坪、通天河上游，往世界鐵道的最高點挑戰。
此時海拔愈來愈高，車上旅客昏睡者眾，拿起氧氣罩呼吸的痛苦表情愈來愈多，
只剩少數有心人仍緊盯著火車上的LCD顯示幕，觀測海拔高度，
終於突破五千公尺，仍一直爬升，聚精會神地在期待，驀然火車通過唐古拉山口，
最高點海拔5072公尺，世界鐵路海拔最高點，車上旅客雀躍歡呼！
火車來到三角形造型的唐古拉站，海拔5068公尺，為世界海拔最高的火車站。
所謂「來到唐古拉，伸手把天抓」，正是因為海拔太高，高山症的教人難以招架。

↑青藏鐵路列車行駛於拉薩附近的風景。

↑蘭州到拉薩的列車駛入格爾木的風光。

↑佔地廣闊巍峨的拉薩車站。

↑左上：西藏的地標建築也是旅遊勝地，布達拉宮。右上：清晨從加烏拉山口遠眺聖母峰，雪白珠峰穿雲而出，令人振奮！
左下：布達拉宮裡面度誠跪拜的藏胞。右下：青藏鐵路的地標之一，堪稱橋樑藝術極品的拉薩河大橋。

經過漫長的旅程，火車又開始爬升，第三個翻越的關卡，念青唐古拉山脈。
念青唐古拉山高海拔7162公尺，是藏北、藏南的分水嶺，
火車來到海拔4306公尺的羊八井站，看到的白騰騰的雲霧，羊八井地熱溫泉，
這時南方白雪皚皚的喜瑪拉雅山，從車窗清晰可見，
火車穿越青藏鐵路的藝術極品「拉薩河大橋」，以及穿過最後的柳梧隧道，
列車駛進海拔3641公尺的拉薩火車站，為青藏鐵路之旅，畫下完美的句點。
接下來布達拉宮、雅魯藏布江、日喀則，都已經在不遠處。
前往海拔5200公尺的珠峰基地營，目睹世界第一高的聖母峰，
是全球多少旅人的夢想，
如何勇敢地圓夢，
就看您的體力與意志力了！

←火車來世界鐵路最高點，客車廂的LED顯示器出現海拔5065米。

↑列車行駛於高原上，旅客使用氧氣管的供氧的畫面。

←青藏鐵路列車上發給旅客的DRY氧氣管。

青藏鐵路締造的八項世界第一紀錄：

[針對高原鐵路]

1.世界最長的高原鐵路：西寧至拉薩，全線總里程1956公里。

2.世界海拔最高的高原鐵路：唐古拉山口，海拔最高5072公尺。

3.世界海拔最高的火車站：唐古拉山火車站，海拔5068公尺。

[針對高原凍土]

4.世界海拔最高的凍土隧道：風火山隧道，海拔4905公尺，全長1338公尺。

5.世界最長的高原凍土隧道：崑崙山隧道，海拔4648公尺，全長1686公尺。

6.世界最長的高原凍土鐵路大橋：可可西里的清水河特大橋，全長11.703公里。

7.世界穿越凍土里程最長的高原鐵路：穿越多年凍土層550公里。

8.世界高原凍土鐵路的最高時速：凍土地段時速100公里，非凍土地段120公里。

Access 圓夢之路 搭機前往北京可搭青藏鐵路，需要兩天時間，或是直接飛到青海的西寧，從格爾木搭車前往西藏，只需要一天時間，記得要先辦好入藏證明，搭火車也得交健康申報書。從西藏經日喀則要去聖母峰基地營，不適合單獨自助行，除了得衡量體力與健康狀況，建議找好旅行社，包租四輪傳動吉普車，至少需要三天時間。

Link 延伸閱讀 世界山岳鐵道，美亞澳篇，中國青藏鐵路單元。

從西安到烏魯木齊 中國絲路鐵道之旅

1435mm

↑火車飛奔，黃沙蕩蕩，奔馳於河西走廊的中國現代絲路鐵道列車。

絲綢之路，是一個歷史與地理的名詞，浪漫卻遙不可及，
在1980年代，您可曾收藏過喜多郎的絲綢之路錄音帶嗎？
在那遙遠的民歌年代，也是台灣社會鍾情於中國史地的年代，
可曾聽過民歌施孝榮的中華之愛，蔡琴的出塞曲嗎？
可曾嚮往黃沙蕩蕩的沙漠，春風不過玉門關，邊疆的絲路風情嗎？
可曾想過昭君出塞的離別，思念卻不能回頭，那一段出塞旅途嗎？
千百年後，景物依舊，只是駱駝商隊，換成了汽車公路與高速鐵路，
搭乘高鐵，聽著民歌，閱讀古書，高速奔馳於古代的絲綢之路，
原來旅行，穿越時空，也可讓心靈這麼樣地澎湃與悠揚！

↑進入柳園南站的新絲路女子動車組，CRH5G高鐵列車。

漢代漢武帝遣使西域，由長安出發，經河西走廊與天山南北路，
穿越中亞及至歐洲，陸路貿易通道更加繁榮，在十九世紀末，
德國地理學家Ferdinand von Richthofen命名為「絲綢之路(SILK ROAD)」。
當時的人們將馬匹、駱駝等動物，作為主要的運輸工具，
在綿延上萬公里的貿易長廊上，激盪出璀璨的文明火花，
絲綢之路也留下了如敦煌石窟，世界文化遺產的藝術瑰寶。
2014年12月26日蘭新高鐵通車了，全長1787公里，從西安到烏魯木齊，
中國現代絲路鐵道列車啟動，時速250公里，原本千里之遙，如今一日可還，
火車穿越河西走廊，武威，張掖，酒泉，敦煌，體驗現代鐵道新絲路的風貌。

↑絲路動車組，CRH5G高鐵列車的內裝。

↑新絲路女子動車組的標誌，餐車內裝與服務員。

| Access 圓夢之路 | 搭機飛往西安或烏魯木齊，搭乘火車前往各車站親身體驗。 |
| Link 延伸閱讀 | 世界鐵道與火車百科，中國單元。
世界捷運與輕軌百科，北京單元。 |

↑絲路名勝之一嘉峪關，雄關之上視野絕頂。

↑駱駝行走沙漠中的絲綢之路，鳴沙山。

↑西安是古絲路的起點，這是西安古城長樂門。

↑從西安到烏魯木齊的絲路鐵道地圖。(雄獅旅遊，本書作者擔任達人帶路)

↑絲路所見的祈連山雪景。

↑絲路名勝之一，丹霞地貌，張掖國家地質公園。

↑絲路名勝之一，敦煌的莫高窟，世界文化遺產。

台灣的國際知名度 從台灣高鐵到阿里山森林鐵路

↑阿里山森林鐵路穿越古老磚造隧道，十字路車站附近。

阿里山森林鐵路是台灣產業鐵道開發的歷史縮影，
也是二十世紀初人類沿襲十九世紀產業鐵道技術的重要史蹟。
尤其是阿里山鐵路，包含世界登山鐵道五大工法的其中四項，
以獨立山的螺旋線與塔山前方的之字形路段，最為膾炙人口。
尤其1998年奧地利的 Semmeringbahn，以及1999年起印度三條登山鐵道，
2008年瑞士的 Abulabahn 與義大利的 Berninabahn，成功登錄世界遺產後，
當今聯合國教科文組織的鐵道世界遺產，六條全部都是登山鐵道。
世界登山鐵道五大工法獲得重視，原來看似平凡的螺旋線與之字形路段，
卻足以驗證阿里山鐵路，是一條偉大的登山鐵路。
然而，阿里山鐵路過去卻為政府所漠視，甚至在2008年輕率的民營化，
遭到不負責任的民間業者任意糟蹋，2010年這個BOT&OT案宣佈破局。
反觀高鐵雖然是BOT案，卻坐擁許多行政資源，2007年台灣高鐵正式通車，
同時是日本新幹線首次海外輸出的代表作，贏得極高的國際評價與知名度。

如今，台灣高鐵與阿里山鐵路是台灣最具國際知名度的鐵路；
外國人來到台灣，兩條鐵路都有其不同的「高」處風景。
搭乘台灣高鐵是高速鐵路，因其速度之快而得「高速」體驗；
搭乘阿里山森林鐵路是登山鐵路，因其海拔之高而得「高山」美景。
事實上，高速度與高海拔都是很重要的體驗，兩者不可偏廢，
政府不該只看到高速鐵路的「速度價值」，而忽略了高山鐵路的「文化價值」。
由此可知，台灣的鐵道角色其實是兩者兼備，擁有兩種資源，卻不知自我定位。
過去台灣以為鐵路只有運輸服務導向，卻忽略鐵路還有文化產業導向，
對於鐵道的定位只有前者，沒有後者，錯失許多觀光產業發展的機會。
交通部該重新檢討鐵道的組織架構與過時的鐵路法，才能跟上世界潮流。

↑阿里山森林鐵路沿途所見的雲瀑，
美得如夢似幻一般。

↑塔塔加鞍部這裡曾經是阿里山鐵路海拔最高點，
可以望見台灣的玉山，東南亞第一高峰。

↑台灣阿里山的 Shay 蒸汽機車，是全球少數Shay
的動態保存地。

↑ 2007年1月台灣高鐵正式通車，成為外國人來台灣必來搭乘的新體驗。

↑ 2009年已經修復完成的眠月線隧道，是台灣最有歐洲氣息的登山鐵道。

↑ 眠月線是阿里山鐵路最早的支線，1915年誕生，卻因1999年大地震而中斷。

台灣高鐵與阿里山森林鐵路服務面向比較表

台灣的知名鐵路	高速鐵路	阿里山森林鐵路
服務面向	運輸服務導向	文化產業導向
旅客的焦點	重視速度、運量、班次	重視歷史、古蹟、風土人情
營運者重點	快速將旅客送達目的地	服務精緻　非在終點　盡在過程
計價方式	運輸里程與速度	運輸里程　服務創意　景觀的特殊性
車站特色	便利　舒適	懷舊　古蹟
車輛特色	新穎　快速	觀光列車　蒸汽火車
吸引客源方式	擴大服務路網與運能	提高觀光知名度　登錄世界遺產

> **Access 圓夢之路**　熱愛台灣這塊土地，搭乘阿里山鐵路與台灣高鐵親身體驗。
>
> **Link 延伸閱讀**　世界高速鐵路百科，阿里山森林鐵路傳奇。
> 世界鐵道與火車百科，鐵道的運輸服務與角色單元。

↑ 台灣高鐵的建築藝術極品，高鐵新竹站。

日本的蒸汽火車 汽笛一聲引燃鄉愁

1067mm

↑ JR西日本的蒸汽機車C571，與台鐵CT270型相同。

台灣曾經經歷1895-1945年日本五十年的統治，奠定鐵道現代化的基礎，
因此過去台灣鐵道的蒸汽機車，基本上是以日系火車所建立的規模車隊，
在1983年全數報廢之後，1998年台鐵才開始復活蒸汽機車，
包含當今的CK101、CK124、CT273、DT668，都是日本製的蒸汽機車。
因此，日本的蒸汽火車，對台灣的民眾而言有很深的情感，
不論是在電影、電視上出現或是動態運行，總是汽笛一聲，引燃鄉愁。
日本有關台鐵型式蒸汽機車，目前動態保存運行共有十部如下：
1. C12型蒸汽機車：C1266、C12164，是台鐵CK120型(CK124)。
2. C57型蒸汽機車：C571、C57180，是台鐵CT270型(CT273)。
3. D51型蒸汽機車：D51498、D51200，是台鐵DT650型(DT668)。
4. 8620型蒸汽機車：8630、58654，是台鐵CT150型。
5. 日本工業大學的2109號蒸汽機車，是台鐵CK80型。
6. 博物館明治村12號蒸汽機車，是台灣日治時期的9號機關車。

↑ 日本真岡鐵道的C1266，是台鐵
CK120型(CK124)的日本版。

我問我的學生，為什麼喜歡往日本跑，搭火車旅行，卻未必在台灣搭火車？
他們說日本鐵道之旅，感覺很體貼，每個細節都很周到，覺得"貼心入微"。
因此每每看到台灣許多旅客，每逢日本有蒸汽火車運行，總是"蜂湧而至"，
不禁令人感嘆，如果我們能善待台灣現存的蒸汽機車讓他復活，該有多好！
民國99年至100年，台灣鐵道又聞氣笛聲響，進入蒸汽機車復活的多元時代。
日本的C12型、C57型與D51型，與台灣的CK124、CT273與DT668是同型車，
1945年戰後迄今，相隔如此多年，這些同型車兄弟便分隔兩地不再相見，
如果可以推動國際合作締結「姐妹車」，吸引更多日本觀光客來台灣旅行，
這將是台灣與日本鐵道史上共同的一頁， 分享煤煙中相同的鄉愁滋味。

(以上相關資訊，參閱作者2018年著「台灣蒸汽火車百科」)

↑ 運行於台鐵平溪線的CK124蒸汽機
車，是日本C12型的台灣版。

↑日本名古屋的博物館明治村12號，
與台鐵9號機關車十分接近。

↑JR東日本的蒸汽機車D51498與台鐵DT650型相同。

↑JR九州的蒸汽機車58654，是台鐵CT150型。

↑台鐵復活的CK101與CK124，都是日本製的火車。
（台灣彰化扇形機車庫）

↑日本京都梅小路的蒸氣機關車館，是台灣鐵道博物
館期待許久的夢想。

↑日本工業大學的2109號蒸汽機車，與台鐵CK80型
相同。

日本的新幹線 世界高速鐵路的誕生之地

1435mm

↑日本的新幹線，是世界高速鐵路的誕生之地，圖為東海道新幹線基地。

1964年10月1日，日本東海道新幹線，東京至新大阪之間通車，
當時以最高營運時速210公里，成為全球第一個高速鐵路系統。
日本新幹線的誕生，締造的營運佳績與成功經驗，
不但扭轉了全球鐵路運輸，走向夕陽產業的命運，
更為地球創造一個交通工具新品牌：「高速鐵路」，成為陸上新王者。
由於日本鐵路的原有路線，為窄軌距為1067公厘，稱為在來線，
所以鐵路高速化的方法，便是選擇標準軌距1435公厘，做為客運專用幹線，
有別於舊有路線的「在來線」，故名曰「新幹線」。
而日本新幹線與在來線，就是高速鐵路與傳統鐵路，有著很大的速度落差。
因此許多日本車站鐵路共構時，一高架與一地面的車站分層文化。
這種車站文化深深影響日本人的生活，例如在東京大宮的鐵道博物館，
也可以看到這樣的火車模型，教人一望就知道這是日本的鐵道。
包含新幹線的編組併結與拆解，竟也成為日本人月台聚首拍照關注的焦點。

↑西元1964年最早誕生的0系電車，
如今成了台灣高鐵的建築限界測量車。

時至今日，新幹線已經成為高速鐵路的代名詞，創造了極至的科學成就。
1964年最早的0系電車，如今也輸出到台灣，成了台灣高鐵的建築限界測量車。
截至2018年，新幹線的營運路網有11條，新幹線的車種更開發出20餘種以上，
最大運量如E4系雙編組運行，單一車次可運載1634人，令其他大國望其項背。

↑2008年0系電車的最後營運時光，在JR西日本以
Kodama運行。

新幹線不只是日本城際鐵路運輸路網的骨幹，也連帶刺激歐洲高鐵1981年法國TGV，與1991年德國ICE的誕生，
改寫全球鐵道新版圖，新幹線在日本為人類的交通文明，寫下燦爛的一頁。
對台灣民眾而言，隨著2007年新幹線700T的登陸，日本新幹線從遙遠的陌生，變成生活的熟悉，
那種無可取代的親切感，更是新幹線輸出對台灣最大的改變。

↑日本新幹線與在來線，就是高速鐵路與傳統鐵路，有著很大的速度落差。成為許多日本車站鐵路共構時，一高架與一地面的車站分層文化。

↑上越新幹線沿途的美麗風景。

↑新幹線的編組併結與拆解，竟也成為日本人月台聚首拍照關注的焦點之一。

↑東北新幹線的E1系(最後排)與E4系(最前排)，E1系是全球最早的全雙層高鐵電車。E4系是全世界運量最大的高鐵電車，單一車次可運載1634人。

↑這種車站文化深深影響日本人的生活，在東京大宮的鐵道博物館，也可以看到這樣的火車模型，教人一望就知道這是日本的鐵道。

↑日本新幹線變成台灣人生活熟悉的一部分，圖為日本N700型新幹線的內裝，和台灣700T相似。

Access 圓夢之路　建議使用JR Pass，搭火車親身體驗。

Link 延伸閱讀　日本鐵道經典之旅160選，各大主題區塊與附錄單元。

韓國的鐵道之旅 法國TGV的異鄉新舞台

1435mm

Access 圓夢之路　搭機到韓國從首爾車站或是釜山車站,即可輕鬆體驗KTX。現在不必搭機遠赴歐洲,
在首爾可以搭到法國TGV,在北京可以搭到德國ICE,便宜新選擇!

Link 延伸閱讀　世界鐵道與火車百科,韓國單元。
世界高速鐵路百科,韓國高鐵KTX,西班牙高鐵AVE單元。

↑2004年通車的韓國高鐵KTX,其系統技術來自法國
的TGV-R,列車前端的流線形像是鯊魚鼻一般。

韓國高鐵稱為 KTX(Korea Train Express),是亞洲繼日本之後第二個高鐵。
KTX是以法國的TGV-R的車輛技術為藍本,法國與韓國技術合作,
由韓法兩國的 Rotem 與 Alston 公司合資製造,最高營運時速300公里,
相較於法國的「鴨嘴獸」TGV Eurostar,與TGV-PSE的「鐵甲武士」,
韓國高鐵KTX的外型的確流暢許多,像是鯊魚鼻一般兇猛銳利!
KTX成為繼西班牙AVE之後,法國高鐵TGV的技術第二個完整輸出的國家。
KTX的高速路網為人字形,以漢城(首爾)為起點,2004年5月1日正式通車,
初期漢城至釜山約2小時40分。2010年高速新線通車縮短至1小時56分。
由於韓國既有路線為標準軌,他的高鐵經驗,比較接近歐洲的漸近高速模式,
不需要像台灣與日本,必須蓋一條全新有別於傳統路線的「高速新線」,
2004年通車之時,僅33% 是高速新線,然後逐步提高「高速新線」的比例,
也就是「先穿衣再改新衣」,可以減低初期龐大的土建成本壓力,
從這裡可以看出十九世紀時,一個國家原先選用的軌距,對百年之後的影響。

↑相較於原版的法國TGV,前方的「鴨嘴獸」
Eurostar與後方的「鐵甲武士」TGV-PSE,韓國高鐵
KTX的外型的確流暢許多。

2004年漢城車站也在KTX通車之後,重新啟用新的車站建築,
搭乘KTX必須從高架候車室驗票通關,並搭乘電扶梯往下到月台上車,
整個跨站式車站挑高的感覺,酷似西班牙馬德里的查馬丁車站。
所以在這裡也可以找到西班牙高鐵的影子,不過最大的不同,
在於KTX沒有西班牙森嚴的航空安檢程序,搭乘KTX多一份輕鬆自在。
因此台灣想要搭法國TGV的朋友,不必搭機遠赴歐洲,到韓國便宜又輕鬆可得,
韓國電影屍速列車Train to Busan,即是以KTX為故事舞台,從首爾出發。
首爾的月台,您也可以搭到非高鐵的次級列車,例如新村號、無窮花號等等,
由於韓國的現有路線為標準軌距,行車的速度可以到150-160公里。
包含韓國漢城的捷運電車裡面,可以找到台鐵通勤電車EMU500-600型的味道。

↑韓國高鐵KTX的車廂
位置圖,含車頭在內共
有20節車廂。

↑配合2004年韓國高鐵
KTX通車,而啟用的新首
爾車站。有20節車廂。

→韓國漢城的捷
運電車1號線,
可以找到台鐵通
勤電車EMU500-
600型的味道。

跨越北緯38度線的海岸　韓國正東津的海岸鐵道之旅

1435mm

↑左上：韓國無窮花號列車，到達正東津火車站。右上：正東津站號稱韓國離海最近的火車站，月台旁邊即是沙灘。
左下：正東津火車站的月台，可以觀賞大海。右下：正東津火車站的外觀。

眾所周知，北緯38度線的板門店，是南北韓的交界處，戒備森嚴，
而北緯38度線的海岸，又是一個什麼樣的風景呢？
火車沿著北緯38度線旁邊前進，從江陵站搭火車到正東津站，
車窗外的海岸，分佈著蛇籠與鐵絲網，防止敵人偷渡上岸。
這是一個充滿神秘色彩，卻又不失浪漫的旅遊地點。
您可以搭乘韓國的無窮花號列車，從江陵站到達正東津站。

正東津站號稱韓國離海最近的火車站，月台旁邊即是沙灘，
這裡有所謂的海洋列車，就是以正東津海岸的觀光為主題，
在正東津火車站的月台，可以近距離觀賞大海的風光。
最值得一看的是，北緯38度線附近的海岸江陵統一公園，
保存有韓國海軍的驅逐艦，美國Gearing（DD-916），
類似台灣的陽字號驅逐艦，如今最後保存DDG-925。
還有韓國海軍展示擄獲的北韓小型潛艇，北韓艦上的人員選擇自盡，
但是北韓小型潛艇被保留下來，
今日變成了博物館供民眾參觀，
訴說著那一頁頁南北韓衝突的血淚滄桑。

↑保存於的正東津海岸，北緯38度線附近，韓國海軍ROKS Jeong Buk，接收美國USS Gearing class驅逐艦，Everett F. Larson（DD-916）。

↑海岸江陵統一公園，韓國海軍展示擄獲的北韓小型潛艇，已經變成博物館。

Access 圓夢之路　搭乘無窮花號或海洋列車，從江陵站到正東津站即可。

Link 延伸閱讀　世界鐵道與火車百科。

→火車沿著北緯38度線旁邊前進，車外的海岸，分佈著蛇籠與鐵絲網。

從烏蘭巴托到西伯利亞 外蒙古的大戈壁鐵道之旅

1520mm

↑2TE116型牽引西伯利亞鐵路列車，正在大草原快意奔馳。

您聽過蒙古的Gobi戈壁嗎？它代表沙漠、礫石荒原的乾旱之地，
今日的大戈壁，包括阿爾泰山脈以東南、大興安嶺以西、
蒙古草原以南、青藏高原以東北、華北平原以西北的乾旱地區。
如今戈壁這個區域，也是蒙古鐵路所經過的地方，一望無垠，
您若是從二連浩特搭火車到蒙古烏蘭巴托，便可親眼目睹！
而蒙古素有藍天之國的美譽，處處是藍天白雲好風光。

隨著1949年新中國的建立，1961年完成的蒙古縱貫鐵路連結中俄，
從中蒙邊境的扎門烏德，經首都烏蘭巴托，到俄羅斯西伯利亞的烏蘭烏德，
您可以看見蒙古的柴油火車牽引長長的列車，在大草原快意奔馳！
蒙古國火車有著俄羅斯的血統，使用跟俄羅斯一樣的軌距，1520mm軌距，
所以西伯利亞鐵路國際列車，可以從烏蘭巴托穿越西伯利亞開往莫斯科，
沿途車窗外可見馬群的風光，外蒙古的草原風景。
蒙古除了壯麗的大戈壁沙漠，特日勒吉國家公園，
還有成吉思汗的雕像，以及一顆顆白色的蒙古包，
都是不能錯過的旅遊景點。

↑蒙古國特有的居住文化，蒙古包。

↑蒙古國使用跟俄羅斯一樣的軌距，1520mm軌距的L型蒸汽機車，烏蘭巴托火車站。

←烏蘭巴托是外蒙古（蒙古國）的首都，這是烏蘭巴托火車站的外觀。

Access 圓夢之路　從中國二連浩特搭火車到蒙古烏蘭巴托，從烏蘭巴托搭開往莫斯科的火車。

Link 延伸閱讀　世界鐵道與火車百科。中國鐵道火車百科。

↑外蒙古的鐵道之旅，車窗外可見一望無垠大戈壁以及馬群的風光。

↑2M62型火車頭奔馳於大戈壁，藍天白雲好風光。

↑西伯利亞鐵路國際列車，烏蘭巴托開往莫斯科的列車牌。

↑蒙古國境內的火車有著俄羅斯的血統，2TE116UM型柴電機車，1520mm軌距。

↑從烏蘭巴托開往莫斯科的列車，餐車的木雕裝飾，美輪美奐。

↑蒙古特日勒吉國家公園。

↑外蒙古的草原風景。

↑從烏蘭巴托開往莫斯科的列車，客車的兩人臥鋪，簡單舒適。

泰國 走過二次大戰桂河大橋的歷史回顧

↑行駛於泰緬鐵路的泰國火車。

以西方世界的眼光，在南亞這個區塊最有名的鐵道，
莫過於泰緬鐵路的桂河大橋，這是一條以戰俘的血淚築成的鐵路。
因為桂河大橋不僅是泰緬鐵路悲慘故事的縮影，也是電影「桂河大橋」的故事，
這部電影曾獲得奧斯卡金像獎，電影主題曲「口哨進行曲」更是膾炙人口。
1942年6月底，由日軍指揮英國、美國、荷蘭、澳大利亞等戰俘6萬多名，
並徵召亞洲地區27萬名軍伕，總數達34萬左右的苦力，
同時由緬甸及泰國往邊界施工，投入艱苦的鐵路鋪設工程。
由於工作環境惡劣，苦力們不堪負荷，最後造成死亡人數高達8萬6千多人。
這條鐵路修築工程，平均每修築一公里鐵路，竟要付出207.4條人命的代價，
所以，西方國家還給它取名為死亡鐵道 The Railway of Death，
西方世界的文獻，更以一根枕木一條命 A Life for every sleeper 來形容它。
電影 The Railway Man 心靈勇者的故事，就是死亡鐵道的真實故事，
如今過去的死亡鐵道，遺留的木棧橋與戰俘挖掘的山壁，依然歷歷在目。

當年這條1943年8月完成的泰緬鐵路，已經重新加以整修，變成觀光鐵路，
許多舊路基已經不用，原本全長415公里，今日僅保留304公里的泰國段。
如今，每天火車從曼谷西方的 Nong Pla Duk 行駛至緬甸邊境的Nam Tok，
若逢重要節慶觀光盛典，會有蒸汽火車SRT824、SRT850以及C5615、C5617運行，
其中 Kanchanaburi 是參觀戰爭博物館的重點站，下一站即「桂河大橋」。
火車在通過桂河大橋之後，才能通往邊境的 Nam Tok。
原本在1943年2月3日首建完成的桂河大橋 Bridge on the River Kwai，
是一座大型的木造橋樑，在二次大戰時遭盟軍轟炸而摧毀，
原址在今日的鋼樑橋下游約300多公尺處，可惜今日已經完全找不到遺址。
今日觀光客所看見的桂河大橋是鋼樑橋，是戰後重建完成的，
中間兩個矩形的橋孔還曾經被沖斷重修，和兩端圓形橋孔不同，

↑曼谷的火車站，中央的圓拱造型，
頗有歐式車站的風格。

↑曼谷的火車站的月台風光。

↑曼谷車站裡面的日本製不鏽鋼柴油客車。

↑泰國的火車正通過桂河大橋。

←泰緬鐵路行經死亡鐵道一帶的木棧橋。

↓從死亡鐵道上回頭展望，經過的木棧橋與水上人家。

桂河大橋附近的戰爭博物館、盟軍公墓，並有兩部蒸汽火車頭的陳列。
其中C56型是日本在大戰前，為路線標準較差，而設計的輕量化蒸汽火車。
大戰期間被運往東南亞作為運輸工具，也就是非常珍貴的C56型「米軌」版，
目前泰國復活兩部C56，分別是C5617(SL715)和C5615(SL713)，
今日在 Kanchanaburi 這裡保存一部C5623，曼谷車站保存一部C5682。
日本還將泰緬鐵路蒸汽火車C5631，運回東京的靖國神社陳列，
而C5644還被奇蹟般的復活，今日還在日本大井川鐵路行駛呢！

Access 圓夢之路

搭飛機前往泰國曼谷，從曼谷西方的Nong Pla Duk車站，搭乘開往泰緬鐵路的Kanchanaburi的火車即可，建議至緬甸邊境的Nam Tok，即可觀賞死亡鐵道的風光。

Link 延伸閱讀

世界山岳鐵道，美亞澳篇，泰國泰緬鐵路單元。

↑C5623，停放在Kanchanaburi車站。　↑C5682，停放在曼谷車站。　↑陳列在日本靖國神社的C5631。　↑動態保存於日本大井川鐵道 C5644

馬來西亞 從新加坡到吉隆坡的國際線列車

1000mm

↑從新加坡到吉隆坡的國際線夜快車，由馬來西亞的柴電機車KTM牽引，這是 Woodlands Train Checkpoints 火車入出境檢查站。

鐵道是老百姓最基本的長程「移動權利」，這不是口號，而是普世價值。
儘管飛機與汽車逐漸發達，雖然有錢人很多，可以開車或搭飛機旅行，
但是對於收入不豐的多數基層民眾而言，這是最便宜的交通工具。
因此許多國家長途的夜臥客車，幾乎都維持在一個平價的水準，
包含中國、印度、東南亞、東歐諸國、南美與非洲等地，確實如此。
這也無怪乎每逢佳節返鄉，他們的火車站，竟然會擁擠成那個樣子！

許多人誤以為新加坡只有捷運沒有火車，其實不然，
以前新加坡有一個丹戎巴葛 Tanjong Pagar 火車站，
但是行駛的火車卻是馬來西亞所經營的。
從新加坡到吉隆坡的國際線列車，單程僅需38元新加坡幣或馬來西亞幣。
這幾乎可以說是全亞洲，最為平價的跨國「寢台列車」之旅。
怪事就在新加坡幣或馬來西亞幣的匯率差很大，可是票價竟然相同！
從吉隆坡往新加坡的車票，票價比較便宜，
票價以馬來西亞幣值計算便宜很多，反映物價水平，以2007年旅行為例，
白天的特快車，從吉隆坡開往新加坡，頭等艙只需要35元馬來西亞幣，
三排座的豪華座椅，舒適程度實在難以與它便宜的價格連想在一起。
從新加坡可以搭火車到馬來西亞的吉隆坡，繼續往北進入泰國境內抵達曼谷，
這條觀光路線就是知名的亞洲版的東方快車E&O。
不過，馬來西亞每天都有一般的火車，包含城際列車與夜間臥鋪列車，
火車進入新加坡，都得在邊境站新山停車，下車辦理入境手續。
從車站的海關出入境，不是要登機出國，而是要搭火車跨越國境，
「陸地火車出境」在歐洲很常見，在亞洲還真的是一種非常特別的體驗呢！
（2011年以後，丹戎巴葛站取消，新加坡改成兀蘭Woodlands火車站出入境）

↑國際線夜快車的臥鋪內裝，
小孩子不睡覺仍然好奇地玩耍。

↑這張馬來西亞的鐵路公司的海報，訴說著這樣的
旅行意境，搭火車越過長河，晨光召喚下從新加坡
即可進入馬來西亞。

↑新加坡到吉隆坡的國際線夜臥快車，車廂外部標示
了起訖的城市名稱。

吉隆坡的中央火車站，非常具有宗教氣息的建築古蹟。

↑丹戎巴葛車站的內部空間，宛若教堂一般的肅雅與莊嚴。

↑不要懷疑，這樣的海關出入境不是要登機出國，而是要搭火車跨越國境。

↑火車停靠車站，回教婦女在月台上等車的風景。

↑馬來西亞長程火車的頭等艙，舒適程度實在難以與它便宜的價格連想在一起。

↑新加坡通往馬來西亞的丹戎巴葛(Tanjong Pagar)火車站。

↓馬來西亞長程火車的餐車內裝，提供泡麵與飲料，有趣的是還有國旗做裝飾。

↑這條路線上也運行著亞洲版的東方快車 Eastern & Oriental Express。(曾翔 攝)

Access 圓夢之路

搭飛機到新加坡，換搭捷運MRT到兀蘭火車站，即可通往馬來西亞，票價以新加坡幣計算。不過建議可搭機到吉隆坡，搭機場快線到吉隆坡中央火車站，從吉隆坡往新加坡的火車票，票價以馬來西亞幣值計算便宜很多。

Link 延伸閱讀

世界鐵道與火車百科，馬來西亞單元。
世界捷運與輕軌百科，新加坡單元。

越南 越戰傷痕 戰爭博物館 胡志明市的車站與鐵道

1000mm

↑越南的鐵道景觀，中南半島的1000mm軌距，動力全部是柴油火車。

越南，一個1960年代因戰爭而聞名全球的國度，
昔日越南俄製141型蒸汽機車，今日已經退休放在外面，慢慢地也在改朝換代，
鐵道採用中南半島的1000mm軌距，動力全部是柴油火車，鐵道設施不太發達，
不禁令人想起1960年代，當時還是美援時代，柴電機車為主的台灣風景。
越南戰爭博物館外面，陳列許多美軍遺留下來的飛機，
戰爭博物館裡面有很多越戰的相片，還有各式各樣的武器，槍枝砲彈應有盡有。
戰爭博物館裡面最為駭人聽聞的是畸形嬰兒的「標本」，
泡在福馬琳盒供人觀賞，因為越戰時期，美軍為了使樹木落葉，
大量施放橙劑Agent Orange的結果，讓越南產生數目極多的畸形兒，
這些畸形兒長大了，成為下半身萎縮的奇特生物。
雖然子彈是殺人不眨眼的，但是兵籍名牌是戰死官兵的遺物，
在這裡竟全成了販售紀念商品，何其諷刺？

人類從歷史上學到的教訓，就是人類從未從歷史上學到教訓，
不能從殺戮中醒思無知，何以從科技中掘見慈悲？
戰爭的歷史輪迴，並非科技決定勝負，而是思維遠見是否能夠超越權力，
權力導致傲慢，傲慢產生無知，無知以致失敗，屢試不爽。
只是，戰爭的競爭誘因發展運輸工具，讓交通科技突飛猛進，
二次大戰飛機主導了戰場，艦砲的海權時代結束，戰後的世界民航也大放異彩！
以上這些話，是我的交通科技博物館的四樓，戰爭與交通文明廳的牆上題字。
也是我對越南戰爭博物館的最深感受，我想如果真有世界末日，
文明的盡頭，非環境之變，科技之絕；
而是人性的沉淪，世界已無回頭之地。

↑越南的D19E柴電機車，
牽引長途客車從胡志明市到河內。

↑從胡志明到河內的長途客車車廂，
越南跟印度一樣，火車也有鐵窗文化。

↑一般越南的傳統客車，特別注意它加裝了鐵窗。

今日已經退休的越南法製141型蒸汽機車。

↑越南的三輪車風光，是當地交通的特有文化。

↑西貢(胡志明市)火車站，按法語發音 Gare (車站) Sai Gon (西貢)就對了。

↑越南市區雜亂的電線依舊，肯德基爺爺在偷笑，新舊的文化仍在衝突。

↑戰爭博物館外面放許多美軍遺留下來的飛機。

↑子彈是殺人不眨眼的，兵籍名牌是戰死的遺物，在這裡全成了販售紀念商品。

←這是戰爭博物館裡面極為醒目的一幅畫，因為美軍大量施放橙劑Agent Orange的結果，讓越南產生為數極多的畸形兒。

58.Le van Hung, 23 tuổi, ở xã Đông Thịnh, huyện Đông Sơn, tỉnh Thanh Hoá.
Le Van Hung, 23 yeas old, from Dong Thinh Commune, Dong Son District, Thanh Hoa Province

↑這些畸形兒長大了，成為下半身萎縮上半身是人的奇特生物。(戰爭博物館圖片)

Access 圓夢之路　搭火車或飛機到胡志明市，再搭三輪車或Taxi到市區的戰爭博物館。

Link 延伸閱讀　世界鐵道與火車百科，越南單元。

印尼 從雅加達到日惹 爪哇島鐵道之旅

↑ 從雅加達開往日惹的印尼火車,1067mm軌距。

印尼原名為印度尼西亞共和國,位處亞洲與澳州的航路要衝,
曾經受荷蘭統治三四百年之久,二次大戰曾遭日軍佔領,1949年獨立建國。
印尼由五大島嶼三十多個島群所構成,主要位於蘇門答臘與爪哇兩大島,
第二次世界大戰期間,印尼被日本所統治,軌距修改成1067mm,沿襲迄今,
鐵道總里程將近八千公里,鐵道路網集中於爪哇島,以雅加達地區為重點。
由於軌距與日本相同,所以雅加達這裡有許多日本的二手電車,
淘汰後被賣到這裡營運第二春,成為雅加達地區的通勤鐵路的主力,
印尼最具代表性的鐵道之旅,就是從雅加達到日惹的鐵道之旅。

印尼最有名的登山鐵道,同樣是位於爪哇島上的 Ambarawa Railway,
Ambarawa Railway原本創業於1873年,經過時代的變革,如今變成保存鐵道,
Ambarawa Railway Museum鐵道博物館,1976年10月6日正式開館。
如今Ambarawa這款特殊的齒軌蒸汽火車動態保存,跟阿里山鐵路很類似,
平地路段在前方牽引,登山路段蒸汽火車從列車的後方推進上山。
旅客可以從保存的路線Ambarawa-Bedono,在Jambu與Bedono兩站之間,
體驗最大坡度65 ‰,齒軌蒸汽機車登山的無窮魅力。

↑ 印尼最高級的空調火車廂,Executive class的內裝。

↑ 在印尼的火車上,當地居民母子的真情互動。

←印尼CC201型柴電機車,與台鐵R150型結構類似,雅加達Jatinagara車站。

Access 圓夢之路

搭飛到雅加達,然後從雅加達搭火車到日惹,如果方便的話,不要選擇夜臥火車或直達車,可以在中途大城市停留與過夜,體驗印尼當地的鐵道之旅。

Link 延伸閱讀

世界鐵道與火車百科。

↑印尼Ambarawa火車站，D300型柴油機車，
像豬鼻一般的火車。

印尼的萬隆Bandung火車站，
以及站外600mm軌距蒸汽小火車。

↑印尼Ambarawa Railway Museum，B2502齒輪式蒸
汽機車。

↑印尼的機車族群眾多，火車通過平交道，機車族
可見一斑。

↑印尼雅加達有不少日本的二手電車，這是來自日本的205系電車。

↑印尼人走鐵道習以為常，婦女抱小孩，行走於鐵道上。

認識慈悲與喜捨　德里 捷普 阿格拉金三角的鐵道

1676mm

↑印度的火車中途停靠的景觀。

火車也有鐵窗文化？不要懷疑，這是真的。
隔離的鐵窗，竟是鐵道之窗，其實越南、印度以及非洲都有。
既害怕旅客從車窗亂丟東西或逃票跳車，那是對人性的防堵，
也怕有人擲石塊攻擊與中途攀附爬進去，那是對人民的不信任，
這種奇特的情形，在一般鐵道文明國家，是難以想像的。

在我的印度火車自助之旅之前，我來到甘地遇刺之紀念地，
因為我想起甘地，在領導印度獨立革命前，一段與火車有關的故事。
他在南非買頭等車票被英國人趕下車；回到印度看見印度人擠在三等車廂，
而高貴的英國人獨占寬闊的高級車廂，還斥喝印度人滾回三等車廂去……
甘地他雖然從英國學成歸國，進過上流社會，仍不免打抱不平，
印度人竟遭到歧視與侮辱，英國人傲慢依舊！
甘地心中燃起了正義的火苗，後來發起非暴力與不合作運動，
卻在印度獨立成功之傾，1948年1月30日下午五點多，
因宗教問題命喪印度人的槍下，令人鼻酸！
他明知可能面對死亡威脅，卻依然對理念堅持，
這樣的胸懷，在當今現實勢利的社會裡，成為感動人心的一股清流。
或許從印度電影「貧民百萬富翁」當中，大家可以體會那種社會階級隔閡，
只有奇蹟或慈悲，保護人性中那股良善，才能撼動牢不可破的既得利益者。

六十多年過去了，我來到印度搭火車，從捷普到德里七個小時的火車之旅，
我搭普通車廂，只緣為一賭眾生相，270公里的旅程，卻只要95盧比，
折合新台幣不過八十多元，廣大的印度人貧窮依舊，
我不禁想起甘地，他一百多年前的心情。

↑印度普通車的內景，鐵道基礎建設依然落後，百姓卻安貧樂道。

↑火車也有「鐵窗」文化，旅客望向鐵窗；窗外是一個怎樣的世界？

↑德里甘地遇刺之紀念地。

↑左上：鐵窗外是印度的寬軌鐵道，還有貧民窟的帳篷。右上：台鐵現在仍使用印度的普通車，這是印度的寬軌版普通車，只是多了鐵窗文化。
左下：印度百姓習慣跳車，而且行走軌道中央。右下：印度百姓喜歡逃票中途跳下車，直接跳下石礫堆裡，十分危險，但是習以為常。

即使是德里到加爾各答，那是鐵路電氣化的幹線，鐵道旁垃圾堆積如山，
我無法想像，在二十一世紀，世界上還有如此貧窮、落後、髒亂的角落，
有這麼多百姓在寒天裡，躲在車站，睡在地板，
甚至用毯子裹住身體，佔據車廂的位置，
人在垃圾堆裡，與狗和牛隻一起翻撿食物，以髒水與垃圾維生。
鐵道旁一眼望去，盡是貧民窟、帳篷、與髒亂的垃圾堆，
很多火車站沒有月台，百姓中途跳下車直接跳下石礫堆裡，行走在軌道中央，
雖然身為全球最寬軌，火車速度也在一百公里左右，
卻是一路按喇叭，幾無停歇，
無法想像基礎建設如此落後的國家，卻也是金磚四國，世界上首富所居之地，
貧富懸殊之大，令人咋舌！
連我的火車票，座位號碼也是打錯字，列車長竟也表示無所謂，隨便找位子坐，
列車誤點成常態，一切亂無章法……搭火車要隨機應變，自謀出路，
不過，當我與多數貧民擠在車廂內相處，他們雖然貧窮卻也和善，
他們只是沒看過數位相機，好奇想看看，你拍了些什麼？
我終於明白，佛陀在印度，希望眾生"離苦得樂"的慈悲胸懷，
「貧賤習佛易，富貴學道難。」
我相信生活在台灣，大家都該懂得知福惜福！

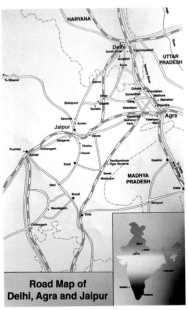

Road Map of Delhi, Agra and Jaipur

↑德里 捷普 阿格拉金三角的鐵道地圖。

Access 圓夢之路　搭飛機飛往印度首都德里，規劃火車之旅以前，可先查閱印度國鐵的網頁；雖然外國人在印度搭火車，有專門的購票窗口，可以克服語言問題。但是由於印度飲食和衛生等當地文化問題，建議旅人集合適當人數，辦團體行為佳。

Link 延伸閱讀　台灣鐵路火車百科，無空調通勤客車單元。
世界鐵道與火車百科，印度單元。世界捷運與輕軌百科，德里單元。

↑外國人在印度搭火車，有專門的購票窗口，可以克服語言問題。

43

↑印度街道到處都有牛隻橫行，佔據馬路或是安全島，卻是見怪不怪。

↑當單車、三輪機車、高級轎車並行於馬路上，印度的貧富差距，不言可喻。

↑即使是德里到加爾各答，鐵路電氣化的幹線，鐵道旁垃圾堆積如山。

↑印度鐵道的景象，軌距是全球最寬的1676mm。

↑德里真實的街景，貧苦的眾生相。

↑印度是全球最寬的軌道體系1676mm軌距，德里的車站與月台。

↑印度德里Delhi火車站，像一座磚紅色的城堡。

↑印度阿格拉Agra最知名的觀光勝地，
泰姬瑪哈陵是世界遺產。

↑阿格拉紅堡Agra Fort也是世界遺產。

↑印度火車通過亞穆拉河 Yamuna River，棕色的花樑橋，好似大安溪鐵橋。

↑阿格拉的 Rajaki Mandi 火車站，注意到連火車頭駕駛室都有鐵窗防護，令人不禁要問，欄杆如此密，火車司機看得清楚嗎？

↑晨光召喚下，印度的普通車通過阿格拉的Fatehpur Sikri車站。

印度 DHR大吉嶺喜馬拉雅鐵道　1999年世界文化遺產

610mm

↑誕生於十九世紀末，迄今仍然在使用的DHR Toy Train古董蒸汽火車，軌距為610 mm。

現今2018年，全球共有六條鐵道世界遺產，全部是登山鐵路，無一例外。
第一條是1998年奧地利 Semmeringbahn，率先拔得頭籌，他是標準軌距，
全世界最早克服地形障礙的山岳鐵道，登錄UNESCO世界文化遺產，當之無愧。
1999年印度 Darjeeling Himalayan Railway 隨之挺進登錄，軌距610mm，
有U-Turn、之字形、螺旋路線、登山蒸汽機車，世界登山鐵道五大工法佔四項，
2005年印度 Nilgiri Mountain Railway再次叩關成功，軌距1000mm。
這條是齒軌的登山鐵道rack rail，剛好補足世界登山鐵道五大工法中第五項。
2008年印度 Kalka Shimla Railway又再加一個進來，軌距762mm。
後來這三條合併登錄為印度登山鐵道 Indian Mountain Railway。
2008年的瑞士 Rhaetian Railway in the Albula與義大利 Bernina bahn同時登錄，
由此可見，登山鐵路在國際上所受到的重視與文化資產價值。
這六條鐵道世界遺產，印度竟然就佔了三條之多，令人囑目，
如果加上2004年 Chhatrapati Shivaji Terminus 孟買洽拉巴帝西瓦吉火車站。
這棟出現在奧斯卡金像獎「貧民百萬富翁」電影的車站建築物，
印度真的不折不扣拿下四項，成了當今鐵道類世界遺產的最大贏家。

大吉嶺乃是世界上著名的紅茶產地，東印度時期為了運送紅茶製品下山，
DHR從New Jalpaiguri，Siliguri一直到大吉嶺Darjeeling，1881年通車。
大吉嶺喜馬拉雅鐵路主線長達88公里，從New Jalpaiguri 海拔只有114公尺，
一直爬昇到海拔2,076公尺的大吉嶺。途中的最高點Ghum 2258公尺，
途中可眺望世界第三高峰，Kanchenjunga(金城章嘉峰)，高海拔8,603公尺。
在印度鐵路的文宣上還寫著「The railway on the roof of the world」，
當時為亞洲的登山鐵路中，為最窄小的610mm軌距，最古老的路線，
以四種登山鐵道工法，成就大吉嶺喜瑪拉雅鐵路最耀眼的紀錄。

↑Toy Train蒸汽火車，是印度DHR大吉嶺喜馬拉雅鐵道的保存核心價值之一，DHR起點Siligurri車站。

↑印度大吉嶺喜馬拉雅鐵道DHR的路線圖。

Access 圓夢之路

大吉嶺鐵路的登山起點New Jalpaiguri離首都德里很遠，一般人會選擇搭夜臥火車到加爾各答，再換車至New Jalpaiguri。另外一個選擇，可以從德里先搭飛機到Bagdogra，再轉車到Siliguri station，換搭大吉嶺喜瑪雅鐵路。

Link 延伸閱讀

世界鐵道與火車百科，印度單元。
台灣輕便鐵道小火車，阿里山鐵路單元。

↑大吉嶺鐵路DHR的之字形路線，可以看到鐵路上下兩層的高度落差。

←大吉嶺鐵路 DHR之字形折返點，必須透過人工切換軌道，這一點與台灣的阿里山鐵路相同。

↓大吉嶺鐵路DHR Kurseong的車庫，與台灣的阿里山鐵路奮起湖地位相當。

阿里山鐵路與世界遺產鐵道所使用的工法比較表

鐵路名稱	Horseshoe curve & U-turn	Loop & Spiral	Rack rail	Switch back	Special Engine	軌距 (mm)
義大利伯連納與瑞士阿布拉線 (2008年登錄世界遺產)		◎	◎			1000
印度 Kalka Shimla Railway (2008年登錄世界遺產)	◎					762
印度 Nilgiri Mountain Railway (2005年登錄世界遺產)	◎		◎		◎	1000
印度 Darjeeling Himalayan Railway (1999年登錄世界遺產)	◎	◎		◎	◎	610
奧地利Semmeringbahn (1998年登錄世界遺產)	◎					1435
台灣阿里山鐵路	◎	◎		◎	◎	762

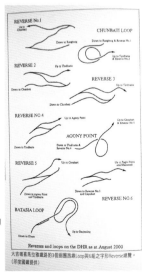

→印度大吉嶺馬拉雅鐵道DHR的
之字形路線與迴圈路線統計圖。

印度 NMR登山鐵道 2005年世界文化遺產

1000mm

↑印度的NMR登山鐵道，登山蒸汽火車穿越素掘的岩石隧道口，通過橋樑的美景，軌距為1000 mm。

印度尼吉里登山鐵道Nilgiri Mountain Railway(NMR)，則是位於印度的南部，
西高止山的附近，也是英國殖民時代的經濟建設，為了運送農產品而鋪設。
從Mettupalaiyam-Ooty，攀登海拔2600公尺的Nilgiri Hill of Tamil Nadu。
因為海拔兩千多公尺的Nilgiri尼吉里山，俗稱所謂的印度「藍山」，
Nilgiri Mountain Railway在1908年10月15日通車，全長僅僅46公里，
有16座隧道，約需時3小時50分。拜齒軌技術之賜，最大坡度達千分之83.3，
海拔最高點Lavedale可達2345.1m，幾乎與阿里山的眠月線高度相當。
Nilgiri Mountain Railway的火車，從海拔325.8m的登山鐵道的起點，
Mettupalayam車站出發，都是以齒軌的蒸汽火車，在列車後端推進上山，
它上下兩排的汽缸與驅動機構，上排驅動齒輪，下排驅動火車的動輪，
這樣奇特的機械組合，正是蒸汽火車它的奧妙與韻律之所在。

火車從列車後方推進，一路上隧道、石造拱橋與鋼梁橋交錯，
穿越如詩如幻的森林，美妙鐵道風光令人目不暇給，山岳景觀非常地壯麗。
火車來到海拔1711m Coonoor 站，必須更換柴油火車頭，以較低坡度繼續爬山，
火車攀越鐵路最高點，最後來到海拔2203.1m的Udagamandalam終點站。
於是在2005年，印度Nilgiri Mountain Railway再次在世界遺產上叩關成功，
讓齒軌(rack rail)的登山鐵道，剛好補足世界登山鐵道五大工法中第五項，
也讓奇特的登山蒸汽機車保存議題，獲得世人的重視。

↑印度NMR蒸汽火車掛在列車後方，以推動車廂前進，後推模式與台灣的阿里山鐵路相同。

↑印度NMR蒸汽火車上下兩排的汽缸與驅動機構，上排驅動齒輪，下排驅動火車的動輪。

Access 圓夢之路
Mettupalayam離首都德里很遠，可以先搭飛機到孟買，然後轉機到孔巴托，再轉車到Mettupalayam station換搭尼吉里登山鐵道。

Link 延伸閱讀
世界鐵道與火車百科。
台灣輕便鐵道小火車。

→印度的NMR登山鐵道，車站有猴子等動物光臨。

印度 KSR 登山鐵道 2008年世界文化遺產

762mm

↑ 印度 KSR的登山火車，行駛於森林之中，軌距為762mm，與台灣的阿里山鐵路相同。

寇卡西姆拉鐵路Kalka Shimla Railway（KSR），
位於首都德里的西北方，離德里約只有兩小時的車程，
也是英國殖民時代的經濟建設，一條往巴基斯坦方向的窄軌鐵路，
不過並非為了運送農產品，而是為了連接避暑勝地Shimla。
KSR路線位於靠近喜馬拉雅山下的喜馬偕爾省，1903年11月9日通車。
它採用跟台灣舊東線鐵路與阿里山鐵路完全相同的規格，762mm軌距鐵路，
火車從海拔656公尺的寇卡Kalka，到海拔2076公尺高的西姆拉Shimla車站，
有107座隧道，最大坡度千分之30，坡度比阿里山鐵路千分之60.25要小一半。

雖然，它沒有什麼特殊的工法，只有很多U-Turn而已，
是一條看似平凡的鐵路。它卻有一項傲視全球的世界紀錄，
世界最長的762mm軌距鐵路，長達96.54km，
2008年Kalka Shimla Railway被UNESCO登錄為世界文化遺產。
今日KSR特別保存的Railcar自走客車，也保存Arch Gallery拱廊形式的橋樑，
Kalka Shimla Railway登錄世界遺產鐵路的特色，共有864座橋樑之多呢！

↑ 印度 KSR又彎又陡的登山鐵道，火車即將進站，臂木式號誌機下擺，顯示平安。

↑ 印度 KSR的登山火車，通過Arch Gallery拱廊形式的橋樑No.541號，是Kalka Shimla Railway的文化景觀重點。

> **BOX 亞洲第一長的762mm軌距「登山鐵道」**
>
> 如果1978年阿里山森林鐵路，當時台灣未拆除阿里山至塔塔加20公里東埔線路段，全長92.7公里，則亞洲第二長的762mm軌距「登山鐵道」，則非阿里山鐵路莫屬。如果再加上眠月線等其他支線，阿里山鐵路將是全世界最長的762mm軌距鐵路，只可惜當時的官員沒有遠見，阿里山鐵路被漠視糟蹋掉。對於台灣登錄世界遺產，少了一個強而有力的利基，把世界最長的762mm軌距鐵路，白白送給了印度的Kalka Shimla Railway。

↑ 印度 KSR特別保存的Railcar鐵路自走客車。

阿拉伯聯合大公國 杜拜的城市鐵道之旅

1435mm

↑從世界最高的杜拜阿爾發塔觀景台，看杜拜的市區風光。一台捷運電車正穿越市區的高架道路，真的是建在沙漠中的城市。

對許多人而言，都認為阿拉伯聯合大公國是一個奢華的旅遊國度，
其實，搭阿聯酋航空到阿拉伯聯合大公國，遊覽杜拜並沒有想像中的昂貴。
世界最高的建築物杜拜阿爾發塔，杜拜帆船酒店，更是不能不去的旅遊勝地。
誠然，杜拜真的是建在沙漠中的城市，波斯灣的荷莫茲海峽旁的大都會，
您可以搭乘Dobai Metro杜拜的捷運電車，遊覽杜拜阿爾發塔與帆船酒店。

杜拜的捷運車站，猶如鯨魚張口，造型非常地漂亮！
杜拜的捷運電車，是以海洋主題的淺藍色系，行駛於沙漠地區的高架橋。
捷運電車是全自動駕駛ATO，列車的兩端不設駕駛室，成就觀景的絕佳視野。
杜拜阿爾發塔Burj Khalifa，高度為828公尺（2,717英尺），
樓層總數169層，是世界最高的建築物，也在電影不可能的任務中出現。
杜拜帆船酒店Burj Al Arab，原名為阿拉伯塔，或又稱卓美亞帆船飯店，
酒店中空挑高，空間金碧輝煌，曾是世界上最高的飯店建築，還有直升機停機坪，
至於帆船酒店號稱世界唯一的七星級酒店，實在是溢美之詞。
套房每晚的費用從1,000至15,000美元，為六星級的豪華飯店，果真要價不斐。
「阿蒙塔哈」屋頂餐廳，離波斯灣海面有200米高，可以看到杜拜的全景。

↑杜拜的捷運車站，猶如鯨魚張口，造型非常地漂亮。

↑Dobai Metro杜拜的捷運電車，來到杜拜的國際機場車站。

↑杜拜的捷運電車，以海洋主題的淺藍色系，行駛於沙漠地區的高架橋。

Access 圓夢之路

您可以搭阿聯酋航空A380到阿拉伯聯合大公國，搭杜拜的捷運電車遊覽杜拜。

Link 延伸閱讀

世界鐵道與火車百科。
世界捷運與輕軌百科。

↑杜拜帆船酒店，又稱阿拉伯塔或卓美亞帆船飯店，為六星級的豪華飯店，曾是世界上最高的飯店建築。

↑帆船酒店的內部接待人員，衣著也金碧輝煌。

↓杜拜阿爾發塔Burj Khalifa，高度為828公尺，樓層總數169層，是世界最高的建築物。

↑帆船酒店的大廳空間金碧輝煌，可見其房間入口，套房每晚的費用從1,000至15,000美元。

↑杜拜搭船之旅，可以遊波斯灣的荷莫茲海峽。

讓高牆倒下吧 柏林圍牆 布蘭登堡大門

1435mm

↑德國的地標，柏林的代表性名勝，布蘭登堡大門，屬於新古典主義風格建築，地處東西柏林的交界處，也是分隔東西柏林的代表地點。

如果說法國的地標，就是巴黎的凱旋門與鐵塔，
那麼德國的地標，就是首都柏林的布蘭登堡大門Brandenburger Tor。
布蘭登堡大門，是位於德國首都柏林的新古典主義風格建築，
1788年至1791年間由普魯士國王腓特烈·威廉二世下令建造，
以紀念普魯士王國，在七年戰爭取得勝利。
布蘭登堡大門歷經數百年，見證許多場歷史戰役，
最後一次是二次大戰，1945年希特勒投降，布蘭登堡大門還被砲彈打壞。
1961年8月13日柏林圍牆開始建造，柏林圍牆從西側廣場將布蘭登堡門圍住，
布蘭登堡大門因為地處東西柏林的交界處，成為分隔東西柏林的代表地點。
1987年6月12日，美國總統雷根在布蘭登堡大門發表演說，讓高牆倒下吧！
1989年11月9日，柏林圍牆倒塌，1990年10月3日，東西德終於統一。
從讓高牆倒下猶如骨牌效應，摧枯拉朽，共黨鐵幕瓦解，東歐各國解放，
柏林圍牆見證了德國近半個世紀的分裂，與華沙公約組織的對抗年代，
如今布蘭登堡大門重建，獲得了新生，柏林圍牆拆除，只剩一排欄杆而已。

↑柏林地鐵U-bahn，停靠在柏林圍牆站。

↑柏林圍牆見證了德國近半個世紀的分裂，如今倒塌拆除之後，只剩輕軌電車後面那排欄杆。

←1989年11月9日柏林圍牆倒塌，民眾站上圍牆的歷史新聞畫面。(維基百科)

Access 圓夢之路 搭乘柏林地鐵U-bahn，來到柏林圍牆站。車站這裡也是一個博物館，可以找到許多不同時期的歷史老照片，當然，不可錯過的，就是美國總統雷根在布蘭登堡大門發表演說Tear down this wall讓高牆倒下的演說全文：General Secretary Gorbachev, if you seek peace, if you seek prosperity for the Soviet Union and Eastern Europe, if you seek liberalization：Come here to this gate！Mr. Gorbachev, open this gate！Mr. Gorbachev, tear down this wall！

Link 延伸閱讀 世界捷運與輕軌百科。

從科隆到巴塞爾縱貫德國 ICE3高鐵之旅

1435mm

↑行經德國科隆大教堂前的德國高鐵ICE3。

如果您要去歐洲搭高鐵，不知道到底搭法國TGV好還是德國ICE好？
建議一定要搭乘一段ICE，而且鄭重推薦最好的德國高鐵ICE3。
ICE3是德國在2000年6月漢諾威萬國博覽會，德國推出的革命性高鐵，
新一代的ICE3高鐵列車，採用猶如飛機艙一般圓弧洗鍊的外型，
ICE3捨棄原有ICE1、ICE2的動力集中式，改用新幹線的EMU方式，
因此ICE3與ICET同樣是EMU電聯車，所以內裝也頗有相似之處。
ICE3在列車兩端的Cockpit Lounge，您可以坐在火車駕駛室後面的房間，
隔著玻璃欣賞司機駕駛室前端的風景，這是最為舒適的感受。
ICE3在客艙方面，青一色高級藍灰色的皮椅，二等車設有兒童專用遊戲區；
在客艙服務方面，有電腦網路化的座椅訂位顯示器，十分地科技質感，
ICE3列車還有車長室與資訊室，可以在列車行進間查詢火車時刻。
不過在餐車改成 Bord Bristro 簡餐車，空間較小的簡餐咖啡吧，
整體質感與科技感臻於極致，不愧是當今德國高鐵的流線型列車。

↑德國ICE3的精緻內裝，真皮座椅與液晶螢幕娛樂
設施。

近幾年德國ICE3正快速地向海外輸出，
包含西班牙高鐵的AVE S103，新一代的中國高鐵的CRH3，
以及俄羅斯高鐵 Velaro RUS 寬軌版都是。
中國版的ICE3更高達時速350公里，以CRH3C之名縱橫於中國，
ICE3成為領先全球，營運時速最快的王者。

↑科隆大教堂也是知名的世界遺產，其入口就在科
隆車站的外面。

Access 圓夢之路 搭飛機到德國法蘭克福國際機場，從機場可搭ICE3高鐵往北抵達從科隆，這是時速
330公里的路段，再從科隆往南一路到巴塞爾，可以縱貫德國西部的旅程。

Link 延伸閱讀 世界高速鐵路百科，德國ICE單元。
世界鐵道與火車百科，德國單元。

→這是遊客喜歡拍照的角度，火車通過萊茵河
大鐵橋。教堂、河川、鐵橋都盡收眼底。

從法蘭克福到德勒斯登橫貫德國 ICET高鐵之旅

1435mm

↑法蘭克福國際機場內，ICET正緩緩進站，猶如「蠶寶寶」一般的逗趣表情。

2007年當台灣出現第一款傾斜列車，從花蓮到台北只要兩小時，震驚全台灣！
終於見識到太魯閣號傾斜列車的威力！現有的窄軌路線也能高速化。
於是國人開始注意到，日本的原版車九州海鷗號885系。
其實，2000年日本885系的設計理念，源自1999年德國高鐵推出的ICET，
ICET的T為德文Trieb-wagen，即是傾斜列車之意，
速度雖然最高只有230公里，但是在不必另建新線的前提下，
可以讓車體傾斜8度，提高彎道速度30％，大幅提高ICE在舊線行車的速度，
使得整體運輸績效大幅提升，從2000年5月28日起開始營運。
ICET感覺上就是ICE3的縮小版，或者是傾斜列車版，
猶如「蠶寶寶」的可愛的逗趣表情，引人注目！

↑德國高鐵ICET行駛於鄉間的車窗風景。

ICET在座艙內裝方面沿襲ICE3，為原木色系的裝潢，高級藍灰色的皮椅，
還有電腦網路化的座椅訂位顯示器，整體質感與科技感十足。
ICET列車的兩端Cockpit Lounge，也就是駕駛室後面的房間，
可以隔著玻璃欣賞機駕駛室前端的風景，與日本九州海鷗號885系是一樣的。
不過傾斜列車的技術關鍵，日本與德國還是有所不同，除了限制角度較大，
德國ICET為避免傾斜角度的誤差，傾斜式轉向架沒有使用空氣彈簧，
而日本與台灣的傾斜列車則大膽使用空氣彈簧，所以行駛起來更加舒適！
德國高鐵ICET這款車的外型，間接影響日本九州海鷗號885系的設計，
讓日本的水戶岡銳志，創造了成為亞洲窄軌版的ICET傾斜列車呢！

過去ICET的運行路線，以行駛舊有路線，未能高速化的幹線為主；
包含法蘭克福銜接紐倫堡，舊東德大城、德勒斯登、萊比錫、柏林等地，

↑真皮座椅與寬大的商務折疊桌，
ICET與ICE3的質感相同，不同凡響。

Access 圓夢之路

搭飛機到德國法蘭克福國際機場，從機場可搭
ICET，橫貫德國前往德勒斯登。

Link 延伸閱讀

世界高速鐵路百科，德國ICE單元。
世界鐵道與火車百科，德國單元。

↑頭等艙前方隔著大玻璃，可以展望駕駛座的視野，這點德國高鐵ICET與日本九州海鷗號885系是一樣的。

↑德國高鐵ICET過彎傾斜的姿態。這款車的外型，也間接影響日本九州海鷗號885系的設計，成為亞洲窄軌版的ICET傾斜列車。

↑傾斜列車的技術關鍵，傾斜式轉向架。為避免傾斜角度的誤差，德國ICET沒有使用空氣彈簧。

↑這段旅程中經過萊比錫Leipzig車站，可以來趟BR52的蒸汽火車之旅。

ICET的國際路線則通往、慕尼黑、蘇黎世，往南可通往瑞士阿爾卑斯山區。
尤其是法蘭克福經萊比錫至德勒斯登這條路線，旅程最為經典！
你會有機會越過昔日東西德的邊境，感受從西方進入鐵幕世界窗景的差異，
一時之間你會發現西方文明世界的時光，一下子倒退了三十幾年。
這段ICET的旅程中經過萊比錫Leipzig車站，可以來趟BR52的蒸汽火車之旅，
終點德勒斯登這個古城最大的賣點，還有許多750mm的窄軌蒸汽火車，
原來昔日東德的世界裡，蒸汽火車與臂木式號誌，依然還在運作呢！

↑德勒斯登這個古城最大的賣點，就是有許多750mm的窄軌蒸汽火車。

從法蘭克福到慕尼黑經典路線　ICE1高鐵之旅

1435mm

↑德國ICE1是1991年最早的德國高鐵，這是它動力集中式Push-Pull的電力車頭。

您如果從來沒搭乘過德國高鐵，來到歐洲做第一次嘗試，
如果時間足夠，建議您一定要搭一段德國ICE1高鐵之旅。
1991年誕生的ICE，內裝豪華、寬敞，簡直到金碧輝煌，令人讚歎的程度，
如頭等艙內的深色皮椅、TFTLCD液晶電視，教人瞠目咋舌。
車廂內上方的鏡面式速度資訊顯示，餐車猶如大飯店般的富麗堂皇，
如果不認真看窗外，不知不覺進入夢鄉，渾然不覺自己在搭乘高鐵疾速飛馳！
而ICE1的列車中間設有「挑高型」餐車，這是搭乘這款高鐵車輛必看的重點，
將西餐廳與咖啡酒吧前後分隔，分別提供服務，宛如移動中的大飯店，
後來的ICE2、ICE3、ICET都把這一節挑高型餐車刪除，更顯得珍貴不已。
對許多外國遊客而言，光看到ICE1的Bord Restaurant餐車內裝都傻了眼！
張口驚訝之間，已經忘了它窗外飛馳的速度了。

其實，日本和德國都是世界頂尖的精密工業科技大國，
兩國民族性也都具有嚴重的「完美」「挑剔」的性格，
所以對於高鐵品質的要求，自然也反映在新幹線和ICE的設計上。
因此ICE1的座椅，比照當時航空界當紅新機種B747-400的內裝，
車廂之間以光纖網路作資訊連結，座椅後方裝有液晶螢幕TFT-LCD，
提供視訊服務，這是全球鐵路第一遭，今日新幹線與TGV尚無此服務。
座椅依人體工學設計，頭枕上印有ICE LOGO，可依旅客身高自由調整高度；
尤其ICE車廂內比TGV寬敞許多，在車內隔間採用自動玻璃門，
設有私人包廂，並加入許多前衛的室內設計，令人耳目一新！

↑德國ICE1寬大的車廂，
親子無憂無慮的享受高鐵旅程。

↑這是餐車 Bord Restaurant 的餐廳熟食區，
ICE1把輕食與熟食兩種區域分開。

↑ICE1的頭等艙，座椅間距十分寬大。

↑寬大舒適的挑高型餐車 Bord Restaurant，可以說是ICE1的最大賣點。這是咖啡等輕食類餐廳。 ↑慕尼黑的地標建築之一，馬莉恩大教堂。

↑雖然慕尼黑的火車站非常地大，但是卻少了古典車站建築，因為毀於二次世界大戰的轟炸，黃昏時步行於車站天橋，是一番不同的視野。

↑這是法蘭克福的中央車站。許多德國大型車站外觀沒有站名，只有用德文 Hauptbahnhof 表達中央車站。

↑慕尼黑的馬莉恩廣場。

從法蘭克福的中央車站搭車出發之前，可先來一趟法蘭克福市區之旅，
包含法蘭克福的地標建築之一，舊市政廳與羅馬廣場，以及LRT電車，
許多德國大型車站外觀沒有站名，只有用德文 Hauptbahnhof 表達中央車站。
從法蘭克福到慕尼黑的旅程，ICE1會經過曼哈姆到司徒加這段高速新線，
這也是1991年德國高鐵剛通車時，第一代的高速新線，時速可達250公里。
旅程最後的終點來到慕尼黑車站，雖然慕尼黑的火車站非常地大，
但是卻少了古典車站建築，因為原有的車站毀於二次世界大戰後期的轟炸，
黃昏時步行於車站天橋，看車站裡的火車進進出出，更是一番不同的視野。
而馬莉恩大教堂與馬莉恩廣場 Marineplatz，是遊覽慕尼黑不可錯過的景點。

↑來一趟法蘭克福市區之旅，法蘭克福的地標建築之一，舊市政廳。

↑法蘭克福的羅馬廣場，現代都會區最後的德國古建築群。

Access 圓夢之路　搭飛機到德國法蘭克福國際機場，從機場搭乘部分ICE1班次可達慕尼黑。不過建議先到法蘭克福中央車站，通往慕尼黑的ICE1的班次比較多。

Link 延伸閱讀　世界高速鐵路百科，德國ICE單元。
世界鐵道與火車百科，德國單元。

黑森林的螺旋線 50型蒸汽火車的不朽傳奇

↑黑森林的螺旋線鐵道，海拔471公尺的 Weizen 站，即將出發的50型蒸汽火車。

黑森林 Schwarzwald 位於德國的西南邊，與瑞士和法國接壤的地方。
而穿越古老黑森林山區的 Sauschwänzlebahn，1890年5月20日通車，
更是一條標準軌距，最具傳奇色彩的德國登山鐵道。
這條路線其實是一條「保存鐵道」，它曾經是穿越黑森林的幹線，
後來兩邊的替代路線完成，它才轉為觀光用途的保存鐵道。
Schwarzwald 只有集中於夏秋兩季才開放，而且以BR50型的蒸汽火車行駛，
吸引許多全世界愛好蒸汽火車的觀光客，前來一親芳澤。

↑黑森林的螺旋線登山鐵道地圖。

這條路線迷人的地方，
除了沿途有一個螺旋隧道，
長達1700公尺以外，
還有3個一百八十度大彎馬蹄形彎U-turn
或稱 Horseshoe curve，對標準軌的 Sauschwänzlebahn 而言，
如此路線曲曲折折，他的難度更高！
火車從海拔702公尺的 Immendingen，往南到海拔471公尺的 Waldshut。
它的路線才不過25公里，就要下降231公尺，穿越6座隧道與許多石拱橋，
當蒸汽火車通過鐵橋的那一刻，大家都是頭手伸出來拍照，
蒸汽火車還刻意把速度放慢，就怕您不小心錯過了美景！
火車通過馬蹄形彎 U-turn/Horseshoe curve，竟可以預見鐵道「來時路」，
前面的鐵橋，很快地火車就會通過那裡，成為大家的話題。
這就是螺旋線的體驗，全線有許多地點，可以看見下層路線，方才走過的鐵道，
鐵橋之下，更是個美呆的德國童話世界！

←50型蒸汽火車正鑽出最長的螺旋線隧道，長達1700公尺。

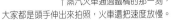
↑蒸汽火車通過鐵橋的那一刻，
大家都是頭手伸出來拍照，火車還把速度放慢。

←這是火車通過馬蹄形彎
U-turn/Horseshoe curve，預
見來時路，很快地我乘坐
的火車就會通過前面的鐵
橋，橋下是個美呆的德國
童話世界！

↑海拔702公尺的 Blumberg 車站。

↑到達終點火車得倒拉著回去，一位德國父親牽著
依依不捨的小女兒，我們拍照去吧。

只不過當我沉浸在德國的登山鐵道螺旋線之中，快樂之中卻有一絲哀愁，
這些螺旋線的體驗與趣味，與阿里山森林鐵路完全相同！
試問旁邊的外國友人，你可知道台灣的阿里山也有如此複雜的螺旋線？ NO！
歐洲地區幾乎沒有人知道阿里山森林鐵路，更不知有獨立山螺旋線⋯
這樣的感覺雖然美好，只是讓我更想家，
真心的希望，台灣的阿里山森林鐵路，能夠有受到國際重視的一天。

Access 圓夢之路　建議前一晚可以住在德國的南部城市，次日清晨搭火車到沙夫豪森車站，從沙夫豪
森車站前面，有公車前往Blumberg車站約半個多小時。Sauschwänzlebahn蒸汽火車班
次不多，先查詢好時刻表為佳。

Link 延伸閱讀　世界山岳鐵道，歐洲篇，德國單元。
世界鐵道與火車百科，登山鐵道單元。

↑蒸汽火車鑽入隧道的瞬間，赫然發現隧道上方寫
著1890年，這是時光隧道嗎？

悠遊萊茵河畔的鐵道美景　萊茵河畔的Brohltalbahn

↑ 在 Koblenz 搭船，悠遊萊茵河，似乎成了造訪德國必去的行程。

德國萊茵河畔是德國觀光路線的首選，尤其是萊茵河的遊船之旅，
從 Koblenz 到 Mainz，搭 KD(Klön-Düsseldorfer)的遊船悠遊萊茵河，
去看傳說中女妖之地 Loreley 羅蕾萊之岩，幾乎成了造訪德國必去的行程。
傳說中羅蕾萊這位金髮的女妖，用她美妙的歌聲，就在高聳的岩壁上高歌，
讓許多水手聞聲為之忘情，結果觸礁沉入水中，與女妖作伴，
這樣的浪漫傳說，也成為德國海涅的詩，與經典的德國民謠。

↑ 搭船悠遊萊茵河，Koblenz 河岸附近的美景。

這一段萊茵河風景，搭火車看船也美，搭船看火車也美，
德國火車從 Koblenz 到 Klön 沿著萊茵河畔行駛的風光，
沿途鐵道的風景依山傍水，也讓觀光客印象深刻，
旅客在遊船上，就可以看見沿著山岳與萊茵河邊行駛的IC城際快車。
不過，就在萊茵河畔的Brohl站旁邊，還有一條保存鐵道 Vulkan-Express，
它原本是1901年通車的Eifel山岳的伐木產業鐵道，一米軌距，長約17.5公里，
1961年一度關閉，後來在1977年重獲營運，以「保存鐵道」的角色再生，
其中 Oberzissen 至 Engeln 曾高達50‰的坡度使用齒軌，如今已經不用。
為了提昇它的觀光人氣，在1990年還使用來自波蘭 Poland 0-8-0 的蒸汽火車，
不過現在多數以柴油客車來運行，蒸汽火車只限假日或暑期特定時日運行。
小火車從 Brohl 至最高點 Engeln 海拔400公尺，穿越森林、隧道與石拱橋，
一路登高望遠，沿途還可欣賞美麗的萊茵河谷風光。
在 Brohltalbahn 這裡，我看到來自瑞士與波蘭的小火車，
只要是一米軌距的火車廂，都可以在此齊聚一堂。
雖然它是過去的森林鐵道，今日卻能在百年之後生存下來，重獲新生，
不禁令我想到位於羅東的竹林車站，儲木池畔的羅東森林鐵路，
會不會有那麼一天，羅東森林鐵道的火車能夠再次行駛於蘭陽溪畔？

↑ 這裏有許多歷史悠久的小火車車廂。

Access 圓夢之路

從法蘭克福搭RE區間快車前往 Koblenz，沿途可欣賞萊茵河鐵道的風光，走出Koblenz 車站往河邊方向，即可來到萊茵河遊船的登船口，即可去看女妖之地羅蕾萊之岩。要前往 Brohltalbahn 搭蒸汽火車，必須再換車前往 Brohl 站。

↑萊茵河畔左右兩側都有鐵道，遊船的過程中可以看到火車穿梭其中。

↑遊船沿途可以觀賞許多山嶺與古城，尤其以羅雷萊女妖的故事最為動人。

↑萊茵河遊船的重要據點科布倫茲，這是科布倫茲火車站 Koblenz Hbf。

↑萊茵河畔 Koblenz 一帶的美麗風光。

↑萊茵河畔的 Brohltalbahn，米軌的登山小火車。

↑萊茵河遊船在Koblenz的登船口。

↑這張Logo說明這條鐵路已經超過百年歷史，Brohltalbahn 1901-2001。

巴伐利亞的美景大道 楚格峰登山鐵道 Zugspitzbahn

↑ 登山中的楚格峰登山鐵道電車 Zugspitzbahn。

每個國家都有自己的鐵路最高點，那是一種國力象徵與榮耀，
您聽過楚格峰登山鐵路嗎？它的終點2588m是當今德國鐵路的最高點。
楚格峰登山鐵路 Bayerische Zugspitzbahn 位於德國南部，
從海拔710m的加米許爬升至2588m的 Sonn-Alpin山頂，
1929年通車時業已電氣化完成，是德國境內最後完成的一條登山鐵路。
Bayerische Zugspitzbahn 為登山用窄軌1000 mm鐵路，
登山電車前方有藍白相間的菱格，您會想到BMW轎車，沒錯！
那是巴伐利亞邦旗的專有圖飾，可以把它當成BMW版的登山火車。
登山電車自加米許出發，Garmisch-Partenkirchen為1936年奧林匹克舉辦所在地，
鐵道沿線盡是翠綠，妝點著小黃花，宛若人間天堂教人心動。
Garmisch 到 Grainau 是坡度較小的平地段，火車時速約70公里，速度很快。
當火車過了海拔750公尺的 Grainau 之後，便進入齒軌路段。
在海拔一千公尺的Eibsee站，您需要換月台對面的登山火車上山，
這條鐵路最大坡度達千分之250，採用利根巴哈式齒軌 Riggenbach type，
火車以時速20公里爬昇，往山下望去遠山湖景視野遼闊，風景殊勝！
尤其深藍色的艾柏湖 Eibsee 就在右邊窗下，
猶如一面綠地上的藍鏡，風景美叫人捨不得閉眼！
最後火車到達山頂終點 Sonn-Alpin，海拔2588m的地下車站，不見天日，
走出站外廣場海拔2600m 卻是寒風襲來，一片冰天雪地，
建議您可搭登山纜車上去，觀賞海拔2964公尺的德國第一高峰楚格峰。

↑ 巴伐利亞的美景大道，天空白雲的後面，
那裡就是德國第一高峰楚格峰，海拔2964公尺。

↑ 鐵道沿線盡是翠綠，妝點著小黃花，
宛若人間天堂教人心動。

↑ 楚格峰登山鐵道的終點站在隧道內，海拔2600公尺。

> **Access 圓夢之路** 建議前一晚可住宿慕尼黑，清晨搭RE到 Garmisch-Partenkirchen 即可。走出車站到後
> 站方向約50公尺，即可找到 Bayerische Zugspitzbahn 的登山車站。
>
> **Link 延伸閱讀** 世界山岳鐵道，歐洲篇，德國單元。

愛戀德勒斯登 窄軌的蒸汽火車天堂

750mm

↑二月的冬雪未融，德勒斯登的蒸汽火車噴煙啟航，這樣的畫面好似耶誕卡一般。

我對德勒斯登最早的印象，是來自於明信片與日文歐洲旅遊書的介紹，
我想怎麼會有那麼多蒸汽火車，圍繞一個東歐都市，他的名字是 Dresden。
更有趣的是全部是窄軌750mm，尤其是德國高鐵ICET也來到了這裡，
竟然1435mm與750mm可以共存，他們是如何能夠存活到二十一世紀的？
於是我懷抱著一顆求知與忐忑的心，來到了一個英語完全不通的東德鄉下。
當我來到一個幾乎沒有外國觀光客的地方，甚至連亞洲臉孔都幾乎沒有，
頓時成了全車旅客的注目焦點，好似一隻無辜的動物，誤闖了別的動物的地盤。
還好遇到了一群好心人幫忙，不但幫我順利找到了重要資料，還幫忙翻譯，
而且讓我在冰天雪地中找到安身之處，多年之後，那份感激始終無法忘懷！

在德勒斯登週邊山區的750mm鐵道，還有許多蒸汽火車依舊在運行。
稱為薩克森窄軌鐵道Saxony schmalspurbahn，至少有四條鐵路在營運。
因為在過去鐵幕的時代，由於鄉下經濟貧窮，鐵路沒有電氣化也沒有柴油化，
蒸汽火車與古老車廂，這些是他們上下班通勤的交通工具，維繫迄今。
這些火車絕大多數起源於十九世紀，如今已經超過百年，卻依然老當益壯。
在東西德統一以後，德國鐵路公司認為這非常有地方特色，所以並不急於淘汰，
尤其那些蒸汽火車，這裡是世界上少數保存窄軌蒸汽火車的新樂園。
只不過德國將窄軌的路線「重軌化」，用大的五動輪機車去牽引以提高運能，
在這裡我看到德國對待輕便鐵道的國家政策，有一個合理的配套措施，
鐵道不會單純以速度作為科技取向，還有文化產業導向的保存政策。

↑德勒斯登的經典建築，Dresden Zwinger。

↑由於是水櫃式蒸汽機車，所以火車回程時是反向逆行。

↑百年的磚造車庫前遍地積雪，
蒸汽火車一啟動，溫暖的煙，佈滿了寒冷的天。

> **Access 圓夢之路** 搭德國高鐵ICE從法蘭克福到德勒斯登，建議住宿兩三天，您得搭S-Bahn通勤客車加以
> 銜接，附近共有四條登山的窄軌蒸汽火車，可以慢慢體驗。Zittauer Schmalspurbahn 位
> 居捷克邊境比較遠，建議住 Zittau 比較好。Lößnitztalbahn 為東德DR鐵路，在2003年
> 時為德鐵DB經營，Eurailpass 是可以使用的。

> **Link 延伸閱讀** 世界山岳鐵道，歐洲篇，德國單元。台灣輕便鐵道小火車。

天地為之動容　布洛肯登山鐵道HSB Harzer Schmalspur Bahnen

↑布洛肯登山鐵道HSB Harzer Schmalspur Bahnen，冬季時依然運行，使得這條鐵路遠近馳名！

雪地中的汽笛聲，一個光是聽就很嘹喨的名詞，
山是白的，樹是白的，大地披上了白衣，鐵道堆雪，滿滿是白，
火車的煙，更是幻化萬千的絲縷，煙囪將一陣陣亮白與灰白，噴發舞向天際！
其實，歐洲的冬季幾乎是不開蒸汽火車的，一來因為觀光客少，
二來冬季雪地鐵軌容易打滑，需要許多輔助設備才能安全行駛。
而HSB與德勒斯登的蒸汽火車全年無休，在歐洲是個相當的特例。
位於舊東西德邊境的 Harzer Schmalspur Bahnen，起源於1887年，
這條鐵路在1945年二次大戰結束後，因為東西德的分裂而告中斷，
然而隨著1990年東西德的統一，這條鐵路又重新修復營運。
它的位置其實就在「童話大道」上，哥廷根 Gottingen 的東邊而已，
有趣的是，鐵路登上 Harz 山岳的北德最高峰 Brocken山，海拔1142公尺，
這裏是德國女巫的故鄉，也是歌德浮士德女巫之夜的所在地。
曾是個險要的軍事據點，上面的電波塔是前蘇聯華沙公約組織的基地，
而終點 Nordhausen 的長隧道，是二次大戰德國V1與V2飛彈的製造基地。
HSB是採用BR99型米軌的蒸汽火車，五動輪的結構給人十足精密之感，
就靠德國精密的造車工藝，登山鐵路不打滑，冰天雪地都不怕！
完全沒有齒軌的幫助，竟可一次拉上七節客車，克服海拔941公尺落差，
快速直奔山頂，那種窗外飛逝的速度，會讓您非常震撼與感動！
HSB的蒸汽火車從北邊起點 Wernigerode 啟航，海拔234公尺。
尤其是東歐暴風雪來得又快又急，一路上連平交道都被大雪淹沒，
往往不到三分鐘，天地間一片雪白，蒸汽火車在雪地中奮力疾行，
蒸汽火車欷欷地白煙往上衝，彷彿他滿腔熱忱，對寒冷大地宣戰，
氣笛之聲瞬間嘶吼，大聲吶喊：我不怕！

DAS STRECKENNETZ DER HARZER SCHMALSPURBAHNEN

↑布洛肯登山鐵道的地圖。

↑冬季時森林雪地的火車之煙，十分難得！

↑蒸汽火車不怕車輪打滑，急促噴煙奮力地登山中！

↑德國窄軌BR99型蒸汽火車，在夏季運行於布洛肯登山鐵道的身影，奮力噴煙與穿越森林的風景。

↑蒸汽火車簌簌地白煙上衝，彷彿滿腔熱忱，對寒冷大地宣戰，氣笛之聲瞬間吶喊，我不怕！

↑冬季時火車來到山頂，能見度很差，一整列長長的火車，竟然只看到前兩節而已。

↑蒸汽火車的煙可以回收至車廂內，作為暖氣使用，宛如三溫暖的蒸汽烤箱。

而蒸汽火車的煙可以回收至車廂內，作為暖氣使用，車廂內雖然不再寒冷，
卻也頓時一片霧氣茫茫，車廂宛如三溫暖的「蒸汽烤箱」。
火車來到 Drei Annen Hohne 車站，海拔540公尺，從這裡轉車通往 Brocken山，
一處又一處的大坡度，蒸汽火車毫不客氣地往山頂衝，
嗚嗚汽笛向山林怒吼！雪地的蒸汽火車煤煙飛灑向天空，最後轉一個 Spiral，
來到海拔1125公尺最高點的 Brocken 山頂車站，大雪紛飛白茫茫一片。
天空的白煙是溫暖，地上的白雪是寒冷，一同畫出「冷熱交織」的雪白天地，
小朋友下火車之後第一件事，就是準備滑雪，因為搭乘這條鐵路的遊客，
連自製的雪橇都準備好了，開始享受雪地之旅呢！

↑小朋友下火車之後，便準備開始滑雪！ ↓火車
來到山頂，右側這個電波塔是布洛肯山的最高點。

Access 圓夢之路　建議前一晚可以住在漢諾威，清晨搭乘快車南下抵達 Wernigerode 即可搭HSB。
由於東德物價不高，HSB的鐵道票價並不貴，值得花上幾天深度探索。基本上HSB的鐵
道是個路網，上山至最高點後，必須回到 Drei Annen Hohne 車站，您可以選擇原路回
去 Wernigerode，或是一路南下至 Nordhausen Nord 縱貫全程，改天再從 Gernrode 至
Eisfelder Talmühle，才算全程走完。而往 Nordhausen Nord 的火車是正向牽引的，回
Wernigerode 的蒸汽火車是倒拉行駛的，如果想拍照的旅客請注意火車的方向。

Link 延伸閱讀　世界山岳鐵道，歐洲篇，德國單元。世界鐵道與火車百科，德國單元。

羅曼蒂克大道　新天鵝堡與福森

↑德國最經典的夢幻建築，位於福森的「新天鵝堡」。

德國南邊有一條精彩的觀光風景線，稱為「羅曼蒂克大道」。
從德國中部的伍茲堡 Wurzburg，往南經過羅騰堡 Rothenburg，
然後經過奧古斯堡 Augsburg，終點來到南端的福森 Fussen「新天鵝堡」。
這是中古時代的貿易要道，許多日耳曼的封建諸侯在這條路上修築古堡，
今日成為德國鐵道旅行，最為浪漫的古堡路線之旅。
而德國南邊有「羅曼蒂克大道」，德國北邊有「童話大道」，
從哈瑙 Hanau 往北經哥廷根 Gottingen 到不萊梅 Bremen，剛好相映成趣。

↑羅曼蒂克大道的火車之旅，窗外的美景令人凝視。

羅曼蒂克大道的每一個都市都有火車可抵達，卻都是非電氣化的鄉村路線，
來來往往的火車，多半是以柴油客車為主，連車站都有些古老，
這樣的古樸之風，恰好與古堡的石坂路與古建築群，景色連成一氣。
而羅騰堡 Rothenburg 簡直像是置身羅曼蒂克的童話世界，不像在二十一世紀。
不過這當中德國最經典的夢幻建築，位於福森的新天鵝堡 Neuschwanstein，
這座古堡的造型，也是當今迪士尼睡美人城堡的靈感來源。
該座古堡建於1869-1889年間，當時的巴伐利亞國王路易二世所建，
他是一個醉心於夢想與藝術的國王，1886年去世時城堡竟尚未完工而遺憾不已，
不論是親身排隊參觀，或仰望新天鵝堡，都不禁令人聯想起這段傳奇故事。

↑羅曼蒂克大道的童話城市，羅騰堡 Rothenburg。

如果想要拍新天鵝堡的全景，必須花上半個多小時走到後面的山，
從瀑布上面那座瑪麗橋 The Mary's Bridge 拍照才能如願。
尤其，德國南部福森一帶的鄉間美景，地理接近瑞士，感覺更像瑞士，
參觀完天鵝堡回到平地之後，可以從福森這個角度，遠觀賞新天鵝堡，
白色的城堡就位於半山腰，雪白的山景，更增添城堡的夢幻色彩。

Access 圓夢之路　可以搭德國的火車，一路從南邊的福森，遊覽至北邊的羅騰堡。

Link 延伸閱讀　世界山岳鐵道，歐洲篇，德國單元。

↑悠遊於羅曼蒂克大道的火車。

↑德國南部福森一帶的鄉間美景，地理接近瑞士，感覺更像瑞士。

↑這是仰望新天鵝堡的角度，不禁令人聯想路易二世的傳奇故事。

↑從福森這個角度觀賞新天鵝堡，白色的城堡就位於半山腰，雪白的山景更添城堡的夢幻色彩。

想要拍新天鵝堡的全景，必須走到後面這座山，瀑布上面那座瑪麗橋才能如願。

1882年的鐵道壯烈史詩 貫穿阿爾卑斯山 聖歌達的螺旋線傳奇

1435mm

↑聖歌達線 Gotthard Bahn 的瑞士電力機車二重連 Double heading，方能穿越阿爾卑斯山。

在十九世紀飛機尚未發明之際，汽車也未普及，鐵道是人類交通的動脈，當時構建登山鐵道，是國力的象徵，創造鐵道海拔高度，是國力的紀錄，人類利用螺旋線 Spiral/Loop line，作為克服地心引力與天爭高的工程利器。或許螺旋線在全球鐵道並非少數，但是標準軌體系的螺旋線就真的很少，因為大多數的螺旋線會採用窄軌體系，以獲得較小曲線半徑與較大坡度，聖歌達線是瑞士國鐵的標準軌，那麼大的一座山，火車就這樣繞圈圈爬上去，連續四個 Loop 翻越阿爾卑斯山，速度竟高達時速120公里，火車毫不喘息，以台灣的在地觀點，就是用台灣高鐵的軌距，去蓋阿里山鐵路那樣地工程浩大！Gotthard bahn 在1872年哥達隧道開工，總工程師 Louis Favre 曾寄望八年打通，卻在1879年 Favre 病逝於 Göschenen，遺願就是希望成為通過哥達隧道的第一人，後來1882年哥達隧道終於完工，Airolo 車站就立有死亡的177名工人紀念碑。

↑火車穿越1882年的哥達隧道 Gotthard Tunnel。

火車離開美麗的 Flüelen 湖濱車站後，以最大坡度26‰的高難度爬山。這一段瑞士鐵路機車必須二重連，才能有足夠的馬力通過螺旋路線往上爬升。在抵達 Wassen 之前，鐵路先打一個螺旋路線 loop，再連續兩個 U-turn 通過 Wassen。可惜 Wassen 這個小站，只有普通車 S-Bahn 才停靠，在這裡下車騎單車遊賞一番，可以看見鐵路出現在三層不同的高度。瑞士火車來到通過阿爾卑斯山的玄關 Göschenen站，海拔1106公尺，在這裡有許多火車排隊等著過山洞，這個車站也是往冰河列車的銜接站，火車通過全長14.99公里的 Gotthard 哥達隧道，隧道中爬升至1151m的海拔最高點。來到隧道南端的艾柔諾 Airolo，海拔1142公尺，是瑞士國鐵SBB最高的車站。接著火車以飛快的速度往下坡行駛，在抵達喬尼可 Giornico 之前，鐵路打兩個雙螺旋路線4個 loop，坐在車廂裡可以看到方才通過的路線。若在 Giornico 車站下車騎單車遊賞，往上可以看見鐵路出現在三層不同的高度。

↑火車翻山越嶺連續爬升時的風景，窗外的房屋正快速地下降。

TRAFORO DEL GOTTARDO
MDCCCLXXII - MDCCCLXXXII

↑今日在Airolo車站旁，設立有 Gotthard 隧道工程而犧牲的177名工人紀念碑

由於這是瑞士國家鐵路的經典路線，一定會加掛一節景觀客車。

↑瑞士的景觀客車是頭等艙，寬大的玻璃，窗景無死角，擁有絕佳的視野！

↑Gotthard bahn 複雜的螺旋路線模型，展示在瑞士盧森交通博物館。

↑火車在通過 Giornico 前會經過連續兩個螺旋線，從車窗就可以仰望上方兩層鐵路，左側高架橋是縱貫瑞士國土中央的高速公路。

↑火車通過連續兩個螺旋線爬了上來，從高速公路與鐵路交叉的制高點往下看，方才仰望的第一圈在右側遠端，第二圈在左側近端，火車已經爬上第三圈。

目前世界上最複雜的登山鐵道以 Abula line 為第一，不過是米軌鐵路。
不過若是論標準軌登山鐵路，Gotthard bahn 一共5個 loop，絕對是世界第一。
這條路線已經成為瑞士登錄世界遺產的潛力點名單，
因為替代路線的哥達山底長隧道，瑞士已經在2016年重新打通哥達隘口，
從 Erstfeld 穿越阿爾卑斯山底層，來到南端的 Biasca，全長57.1公里，
超越日本青函海底隧道53.850公里，瑞士再度取得不朽的「辛普倫榮耀」，
世界第一長陸上鐵路隧道GBT。
而且高鐵列車可以時速230公里高速通過GBT，
貨物列車以時速160公里通過GBT，高速鐵路與登山鐵道合而為一，
只是山頂上 Gotthard bahn 的複雜螺旋路線，成為了永恆的歷史。

我每次搭乘聖歌達線的火車一次，我的心就不免會那麼痛一次，
因為我想到台灣的阿里山森林鐵路，獨立山的環狀三螺旋線，
世界上只要還有螺旋線鐵道的地方，都是當作國家瑰寶加以包裝讚揚！
阿里山鐵路擁有全球頂尖的獨立山三螺旋，舉世無雙，
只是台灣缺乏這方面的專業知識，而讓她不幸蒙塵，
何時我們才能讓阿里山鐵路登上真正的國際舞台，讓全世界都看見呢？

↑聖歌達線 Gotthard Bahn 的路線圖。

（路線圖標示）
Zürich
Luzern
Arth Goldau
Brunnen
Flüelen
Erstfeld
Göschenen — Wassen — Glacier Express
Andermatt — Airolo
Gotthard Tunnel 14.99km
Giornico
Biasca
Bellinzona

------ 船
—— 鐵路
+++ 鐵路窄軌

Willian Tell Express路線圖

Access 圓夢之路 建議前一晚住宿在盧森，搭乘開往 Bellinzona 或 Lugano 等義大利方向的火車即可。如果時間足夠，可以在 Airolo 車站或 Giornico 車站，租單車沿著公路遊賞，可以看見鐵路出現在三層不同的高度，瑞士的火車是可以帶單車旅行的。還有 Göschenen 也值得推薦下車走走，車站外即可以觀賞 Gotthard 哥達隧道。

Link 延伸閱讀 世界山岳鐵道，歐洲篇，瑞士單元。
世界鐵道與火車百科，瑞士和附錄世界鐵道統計單元。

↑Gotthard bahn 當年所使用的鱷魚 Crocodile 電力機車，展示在瑞士盧森交通博物館。

洛書堡登山路線 Lötschbergbahn

1435mm

↑兩部電力機車二重連，通過知名的隆河谷地大拱橋，海拔1070公尺高高掛在山壁上，特別引人注目。

如果說瑞士國鐵SBB，有兩條傲視全世界的山岳鐵道工程，
一條是聖歌達線 Gotthard bahn，另一條是洛書堡線 Lötschbergbahn。
尤其是洛書堡最知名的隆河谷地大拱橋，海拔1070公尺高高掛在山壁上，
這張圖經常成為介紹瑞士鐵道，知名的海報景點之一。
Lötschberg Tunnel 洛書堡隧道全長14.61公里，於1906年開工，
他的規模在瑞士，僅次於全長14.99公里的 Gotthard 舊哥達隧道而已。
1908年洛書堡隧道一度發生雪崩意外，人員死傷慘重，
為克服冰河地層等重大困難，隧道路線改向東邊，終於在1911年3月貫通，
1913年7月15日完工通車，再次地成就打通阿爾卑斯山的鐵道傳奇。

↑瑞士 Lötschbergbahn 通過
Frutigen 附近如詩如畫的風景。

火車通過 Speiz 站開始明顯地爬山，往伯恩高地 Bernese Oberland 進發，
火車來到海拔779公尺 Frütigen 車站，火車從 Frütigen 這裡開始爬山，
並且經過很大的 Horseshoe Curve，才會穿越洛書堡隧道，
高山白雪皚皚，雪峰相連，美麗極了。
從這裡開始火車的海拔高度急速竄升，為控制最大坡度27‰，
鐵道經過連續兩個 U-turn 才爬上來，抵達海拔1176公尺 Kandersteg 車站。
接著火車通過洛書堡隧道 Lötschberg Tunnel，海拔最高點1240公尺，
穿越 Bernese Alpen 伯恩阿爾卑斯山，來到隧道南端的 Goppenstein 車站，
這裡海拔1217公尺，一樣汽車等著排隊上接駁平車通往 Kandersteg。
緊接著火車來到隆河谷地 Rhone Valley，整個視野大開，

↑Lötschbergbahn 從 Spiez 這裡通到南邊的
布里格Brig，Spiez 這裡的湖光山色有如仙境。

從海拔1217公尺 Goppenstein，往海拔678公尺的Brig一路下降539多公尺，火車的窗景猶如搭飛機降落一般精采！
尤其是通過知名的隆河谷地大拱橋，從 Lötschbergbahn 的車窗往下望，
火車腳下的隆河谷地落差相當地大，景色開闊極了。

↑火車從 Frütigen 這裡開始爬山，並且經過很大的 Horseshoe Curve，才會穿越洛書堡隧道。

←冬季的布里格，後方的辛普崙山脈白雪皚皚，從義大利來的火車剛通過新普倫隧道，準備經由洛書堡鐵道爬山。

↑火車通過長達14.612 km的 Lotschberg Tunnel 之後，就可以看到美麗的隆河谷地山景。

↑洛書堡的登山步道非常迷人，尤其是冬季，可以觀賞雪白的隆河谷地與火車。

其實欣賞洛書堡線 Lötschbergbahn，不應該只有搭火車而已，
在瑞士的國鐵設計上，搭火車看山景是一種美，走步道看山觀火車更是一種美。
因此，這裡還有洛書堡山區步道，可供民眾健行觀賞，
尤其是冬季，洛書堡的登山步道非常迷人，可以觀賞雪白的隆河谷地與火車。
不過隨著鐵路高速化的腳步，減低高鐵列車的速度瓶頸，
BLS正興建新洛書堡隧道，從 Frütigen 穿越 Bernese Alpen 伯恩阿爾卑斯山底層，
來到南端的 Raron，全長36公里，2010年已經通車。
當然，洛書堡登山鐵道翻山越嶺的美景，永遠是無可取代的。

Access 圓夢之路 建議可以在布里格車站住幾天，清晨可以搭火車體驗，Frütigen 車站與 Goppenstein 車站的風景都非常精采，值得下車走走。至少安排一整天，去步行洛書堡的登山步道，可以觀賞的隆河谷地與火車，風景非常迷人。

Link 延伸閱讀 世界山岳鐵道，歐洲篇，瑞士單元。

↑Lötschbergbahn火車沿著隆河谷地上方的山岳爬山。

萊茵瀑布的鐵道風光　穿越德瑞邊境的鐵道之旅

1435mm

↑萊茵瀑布 Rhine Waterfall 的壯觀風景，遊客可以搭乘小船登上小島的制高點。

您曾聽過世界上有火車穿越瀑布的美景嗎？
在歐洲最有名的，莫過於萊茵瀑布的鐵道風光，是相當迷人的景點。
搭火車來到紐豪森 Neuhausen 車站，然後下車步行觀賞「萊茵河」，
寬大的車窗風景，簡直就像是一幅畫，就算是不下車看，也會驚嘆！
這段德瑞邊境的鐵道與萊茵河一路相比鄰，
這條蘇黎世通往沙夫豪森路線，就跨越在這座長167公尺的石拱橋上，
包含瑞士的 S-Bahn 電聯車，德國高鐵ICET開往慕尼黑，
與義大利國際線高鐵 Cisalpino 從米蘭開往司圖加，
這些火車都會通過這條路線，不容錯過。
何只是瀑布美，拱橋美，連通過的國際線火車，都是五彩繽紛！
而美麗詩意的萊茵瀑布 Rheinfall 與古城，就在 Neuhausen 站旁邊。
遊客還可以搭乘小船，登上小島的制高點，
觀賞萊茵瀑布 Rhine Waterfall 的水花噴濺的壯觀風景。

這難得火車跨越瀑布的奇景，具有高度的景觀價值。
造就了紐豪森 Neuhausen 車站這個小城，高度的觀光知名度，
不過，萊茵瀑布雖然很美，然而我想到台灣曾經也有這樣的美景，
台中的東勢線鐵路跨越石岡大瀑布，也曾經如萬馬奔騰般壯觀不已，
只是因為台灣不懂得珍惜，民國80年就匆匆毀棄掉了。
當年便宜行事的官員也已安然退休，錯誤的政策，誰來負責？

↑搭乘瑞士的低底盤區間電車，
抵達這個車站就可以登上古堡，觀賞萊茵瀑布。

↑從蘇黎世可以搭乘S16的區間快車，
來到紐豪森車站，左側就是萊茵河風光。

↑沿著指標步行往右行走，即可找到萊茵瀑布。

> **Access 圓夢之路**　從蘇黎世可以搭乘S16的區間快車，來到紐豪森 Neuhausen 車站；或是前一晚住在沙夫豪森，搭區間快車只要一站即可抵達，觀賞萊茵瀑布 Rhine Waterfall。
>
> **Link 延伸閱讀**　世界山岳鐵道，歐洲篇，瑞士單元。

↑瑞士的低底盤區間電車，通過萊茵瀑布上方的石拱橋。

↑當您坐在火車上，通過萊茵瀑布上方的石拱橋時，窗外就是萊茵瀑布。

↑從萊茵瀑布下方觀賞火車通過石拱橋，以及左上方的古堡。

↑搭火車觀賞「萊茵河」，寬大的車窗簡直就是一幅畫。

↑鐵道與萊茵河一路相比鄰，金色的陽光映照在鐵軌上。

黃金景觀列車　Golden Pass Panoramic

1000mm

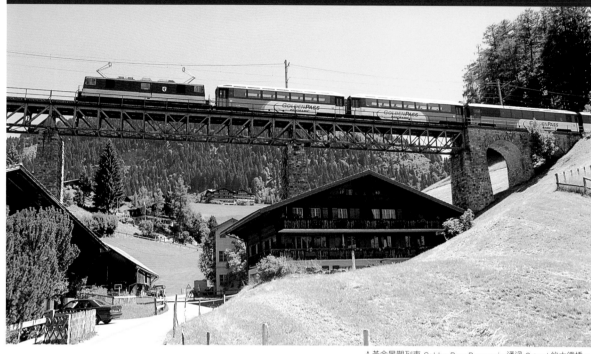

↑黃金景觀車 Golden Pass Panoramic 通過 Gstaad 的大鐵橋。

日本小田急的浪漫列車 Romance Car，是相當膾炙人口的火車。
因為它的駕駛座設在景觀席的上方，旅客可以坐在前端欣賞列車前方風景，
其實這樣的創意並非小田急所獨有，其實其原創是來自瑞士的黃金列車。
沿途景觀非常地很有震撼力，連火車的設計也格外地出色。

知名的觀光列車「黃金列車」，並非單一路線一氣呵成，
一共有三段鐵路 MOB、BLS、Brünig 負責接力，
其中從史懷茲文到日內瓦湖畔的蒙投，MOB版的黃金列車，
稱之為「水晶景觀列車」Crystal Panoramic Express，最具有代表性。
尤其 Golden Pass Panoramic 的列車首尾兩節都是景觀席，
至於火車頭則位於列車中央一推一拉，前後各有三節景觀客車，
由於列車車窗出奇的大，包含兩側與上方都有玻璃，彷彿像落地窗一般，
讓人不知不覺地融入了美景之中。

MOB的黃金列車的登山坡度很大，高達千分之73卻不用齒軌，
只是一路以S形的 U-turn路線盤旋上山，這就是他的特色。
火車從海拔941公尺的史懷茲文出發後，進入一個U形隧道後，
瑞士山坡的田園風景盡覽於窗外，讓人感受到黃金列車，果然名不虛傳，
火車通過 Schönried 不久，來到海拔最高點1274公尺的 Saanenmöser，
然後火車經過一連串的 U-turn 迴旋下降，就來到 Gstaad 車站。
這是一個海拔1049公尺的渡假小鎮，旅館餐廳林立，風景相當地優美，
還有這裡也是觀賞火車過鐵橋的絕佳地點，
黃金列車通過 Gstaad 的大鐵橋，幾乎成為最具代表性的明信片風景。

↑黃金景觀車的旅行路線圖。

↑黃金景觀車的先頭車，擁有絕佳的景觀視野。

↑瑞士Gstaad是個美麗的鄉間小鎮，旅館與餐廳林立。

↑ Golden Pass Panoramic 也有一米軌距版的東方快車，米黃與紅棕的雙色塗裝，模倣自英國 Pullman 的尊貴客車。

最後火車沿著 Saanenland 山區南邊前進，穿越海拔1112公尺的 Janan Tunnel，
又是高處往下連續一連串的 Horseshoe Curve/U-turn 的迴旋下降，
從空中俯視美麗的 Lac Léman 雷蒙湖，也就是日內瓦湖，一望無垠像海一般，
最後火車停靠在日內瓦湖畔的 Montreaux 蒙投站，為這段旅程劃下句點。
蒙投站下車後，可參觀日內瓦湖畔十三世紀的西庸城堡 (Château de Chillon)。

↑ 瑞士MOB這條鐵路，即使只是搭乘一般區間車，也有非常迷人的山岳風景。

其實像 Golden Pass Panoramic 這種景觀列車，
非常適合在台灣的花東線上奔馳，窗戶的美景沒有死角，
那是感受花東美景的絕佳空間，這才是名副其實的「觀光列車」，
但是礙於制度與行政問題，瑞士能，日本能，為何台灣總是不能？

←Golden Pass Panoramic 所指的就是這種上方加寬視野的景觀客車，讓旅客不禁陶醉在大自然的懷抱裡。

→沿途的青山綠地風景。

→黃金景觀列車從 Montreal 出發，火車經過多重的 Horseshoe Curve 爬上高處，整個日內瓦湖都盡收眼底。

Access 圓夢之路 出發前一晚可以住 Montreaux 蒙投站，可以觀賞日內瓦(雷蒙)湖，次日搭乘黃金列車。如果時間足夠，建議可以中途選擇 Gstaad 下車住宿或走走，鎮上旅館與餐廳林立，是個相當美麗的鄉間小鎮。

Link 延伸閱讀 世界山岳鐵道，歐洲篇，瑞士單元。

2008年的世界遺產
冰河景觀列車
Glacier Express Albula Bahn / Bernina Bahn

1000mm

↑冰河列車 Glacier Express 從布里格站出發。

在瑞士這個國家最知名的觀光列車，莫過於「黃金列車」與「冰河列車」。
冰河列車其實是三段路線 BVZ、FO、RhB，在不同年代所銜接起來，
最早從1903年阿布拉線開始營運，從1930年全線通車迄今已近九十年，
Glacier Express 路線全長291公里，有291座橋樑和91個隧道，
大部分橋樑以石造拱橋居多，隧道口有素掘也有石砌，
基本上仍維持二十世紀初的原始風貌，皆引人入勝。
今日冰河列車的經營者分成 Matterhorn Gotthard Bahn 與 RhB 兩家鐵路公司，
Matterhorn Gotthard Bahn 是齒軌的體系，經營西半段，2003年成立，
RhB鐵路公司屬於非齒軌體系，則經營東半段，這段 Eurail Pass 可以使用。

↑冰河列車的全線最高點，
海拔2033公尺的歐伯拉普湖。

早年冰河列車為蒸汽火車運行，為克服高山的坡度阻力，
早在1942年地形艱險的FO段先行電氣化，如今全線已電氣化完成。
當然，軌距為登山鐵路專用的窄軌1000mm，
以便於火車爬坡與轉彎，其中BVZ與FO路段採用艾伯特齒軌以利登山，
如今仍有少數珍奇的齒軌式與傳統蒸汽火車，被良好保存不定期運行。

↑列車停靠在海拔2033公尺的最高點歐伯拉普車站。

在冰河列車所有的橋樑中，
最有名的莫過於蘭德瓦薩大橋 Landwasser Viaduct，旅客皆伸首張望，
反倒是先前1982年以前，搭火車可以望見的隆河冰河 Rhone Glacier，
因為新福卡隧道通車，鐵道改線遂不復見之故，逐漸被旅客淡忘。

←Bernina Bahn 的最高點，白湖 Lago Bianco 與伯連那冰河，海拔2253公尺。

↑冬季的冰河列車,雪地格外有番滋味,
火車即將要開往策馬特。

←每逢夏季暑假期間,
還有DFB蒸汽火車行駛舊的福卡冰河路線。

↑冰河列車通過 Landwasser Viaduct,幾乎所有的
人都伸出來拍照。

↑今日冰河列車的經營者分成 Matterhorn Gotthard
Bahn,是齒軌的體系,經營西半段,還有非齒軌體
系的RhB鐵路公司,經營東半段。

↑ Bernina Bahn 的火車通過石拱橋。

↑火車從安德馬特站出發後,經過四個 Horseshoe Curve 馬蹄形彎爬上高處,可以眺望剛才的安德馬特站,車
站路線的結構一覽無遺。

雖然,在冰河列車已經無法從車窗望見冰河的情況下,
還好有伯連那景觀列車的冰河驚艷,彌補了不少旅人的遺憾。
尤其伯連那列車的最高點 Ospizio Bernina,海拔2253公尺,
更超越冰河列車的最高點 Oberalppass,海拔2033公尺,
車站外面即是白湖 Lago Bianco,三道雪白壯觀的冰河就在湖對面的山壁上。
今日的冰河列車之旅,也等於是認識人類登山鐵路史的知性之旅。
2008年,冰河列車東半段的RhB鐵路公司,屬於非齒軌體系的路段,
1903年通車的 Albula Bahn 與 Bernina Bahn 被UNESCO登錄世界文化遺產,
瑞士繼三條印度登山鐵路之後,
登山鐵路被登錄世界遺產再添一筆,共累積至五條。
登山鐵道的普世價值又再次地展現,然而台灣的阿里山鐵路呢?

| Access 圓夢之路 | 冰河列車由於旅程太長,建議是分段搭火車走完,一趟火車全部搭完其實沒有意義。建議住宿地點包含策馬特、布里格、安德馬特、庫爾、聖莫里茲都很不錯。特別建議可以在火車站租單車,騎一段並提單車上火車,搭配火車旅行視野更佳! |
| Link 延伸閱讀 | 世界山岳鐵道,歐洲篇,瑞士冰河列車單元。 |

↑登山中的 Bernina Bahn,火車以最大坡度千分之
70爬坡,連續的 U-turn 的迴旋上升。

全球最複雜的登山螺旋線傳奇　Albula Bahn

↑左上：Albula Bahn 火車經過跨河的拱橋。右上：火車經過拱橋之後，轉一個迴圈 loop，從橋下的隧道鑽出。
左下：阿布拉螺旋線的最高點 Preda 車站。右下：火車從近端的鐵道通過，繞上一個很大的 loop，再開到下方的拱橋。

瑞士有兩個世界頂尖的登山鐵道螺旋線，
一個是阿布拉螺旋線，另一個是哥達螺旋線，
2008年阿布拉線捷足先登，被 UNESCO 登錄世界文化遺產。
因為阿布拉線 Albula Bahn，是全世界最複雜的登山螺旋線，
從伯根 Bergün 到布列達 Preda 的螺旋形與連續S形路線，
是搭冰河列車絕不可錯過的精采重點。

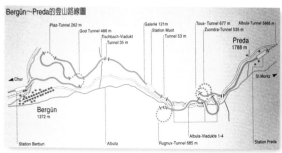

↑ Albula Bahn 登山螺旋線地圖。

火車從伯根開出之後，先以連續S形三圈 U-Turn 往上爬，
您可從車窗下望剛剛經過的鐵道，然後再打一個迴圈loop，
過跨河的拱橋之後，最後一段轉圈，從天空俯瞰有點像Mickey的臉譜，
鐵道路線先打一個耳朵形，接著往下畫一個臉，再往上畫一個耳朵形，
疊在剛剛那個耳朵右上方，幾乎令您暈頭轉向！
當火車辛苦地爬上布列達之後，隨即穿越全線最高點，海拔1820公尺，
長5865公尺的阿布拉隧道 Albula Tunnel，火車就開始下降了。
西元1898-1903年打通的阿布拉隧道，
通車當時是阿爾卑斯山區海拔最高的隧道。
您可以選擇搭車在最高點 Preda 下車，
沿著阿布拉河下山方向走到 Bergun，
沿途就可以看到各式各樣的螺旋鐵道，
與拱橋隧道等路線風景，
或是在伯根站 Bergun 下車，從教堂外的草原往上望，
火車以不同的高度出現三次，
猶如阿里山鐵道從樟腦寮站望獨立山螺旋一樣。
這都將是親身體驗阿布拉線的絕佳方式。

↑ 經過崇山峻嶺，火車終於來到 Preda 的最高點附近。

Access 圓夢之路　建議您可以搭火車在 Bergun 下車，從教堂外的草原往上望，火車以不同的高度出現三次。或是搭車到路線最高點 Preda，沿著阿布拉河下山方向走到 Bergun，沿途就可以看到各式各樣的螺旋鐵道，與拱橋隧道等路線風景，大約要步行約三至四小時。建議利用夏季天黑時間至九點之後，時間比較足夠也兼顧安全。

Link 延伸閱讀　世界山岳鐵道，歐洲篇，瑞士單元。

世界最陡的登山鐵路　皮拉特斯山鐵道 Pilatus Bahn

↑左上：瑞士 Pilatus Bahn，最大坡度為千分480，為世界最陡峭的齒軌登山鐵路。右上：這部電車是繁體中文版，上面寫「48% 世界上最陡峭的齒軌鐵路」。
左下：山頂 Pilatus Kulm 的阿爾卑斯長簫吹奏，雲海之上的呢喃，渾然忘我！右下：Pilatus 的山頂車站，有世界各國語言的標高，而繁體中文是第一位。

瑞士 Pilatus Bahn 皮拉特斯山鐵路，是一條很有語言創意的鐵路，
也是一條舉世聞名與創造多項世界紀錄的登山鐵路，有以下三項：
(一)最大坡度為千分480，為世界最陡的登山鐵路。
(二)僅短短4.8公里便爬升1696公尺，平均坡度千分之420，也是鐵路世界第一。
(三)火車行駛30分鐘爬升1696公尺，也是世界爬升最快速的齒軌登山鐵路。
由於坡度太大，軌道固定以RC代替石碴，月台設計成樓梯狀，
火車內部座椅，因為坡度太大故成了樓梯，連電車的構造都變成了梯形。
Pilatus Bahn 的雙輪咬合齒軌 Rochers type，也是全球僅見。
它最大的創意是每部電車，用世界各國不同的語言，寫著48‰世界最陡的登山電車。

今日想要搭皮拉特斯山鐵道，必須先搭Brünig普通車，
來到琉森附近四森林湖畔的 Alpnachstad車站，轉搭 Pilatus Bahn。
火車自海拔436公尺的 Alpnachstad 開始登山，
由於其坡度大、速度快，讓人誤以為是登山電梯，
才一下子火車穿入雲霄，雲海翻騰，千山萬壑盡在腳下。
不久火車遨遊在雲海之上，抵達海拔最高點 2132公尺的 Pilatus Kulm，
到達 Pilatus 山頂車站，有世界各國語言的標高，而繁體中文是第一位，
車站廣場所見的美麗雲海，歐洲屋脊少女峰等三大名峰聳立雲端，令人沈醉。
然而，幾乎多數旅客都在尋找自己國家語言的電車，包括我自己在內，
在發現自己國家語言的電車的那一剎那，更是教人感動莫名！

↑由於坡度太大，月台設計成樓梯狀，電車
的構造都變成了斜狀。注意這部電車是日文
版，「48% 世界坡度最大的登山電車」。

↑ Pilatus Bahn 雙輪咬合齒軌洛夏式 Rochers
type。

Access 圓夢之路　出發前一晚可以住宿廬森，搭乘瑞士國鐵SBB的 Zentralbahn，注意快車不停，要每
站停的普通車，停靠 Alpnachstad 車站下車，即可轉乘 Pilatus Bahn。

Link 延伸閱讀　世界山岳鐵道，歐洲篇，瑞士單元。

歐洲鐵路最高點少女峰鐵道 Top of Europe

↑少女峰的第二段WAB登山鐵道，雪山冰河就近在眼前。

瑞士少女峰登山鐵路，在全球之所以聲名遠播，
在於它的終點少女峰車站 Jungfraujoch 海拔3454公尺，
是歐洲最高的火車站 Top of Europe，山頂上的阿雷契冰河氣勢更是壯觀。
左起艾格峰 Eiger(3970m)、門希峰 Mönch (4099m) 和少女峰 Jungfrau (4158m)，
三座名峰終年白雪皚皚，冰河雪白地覆蓋在伯恩高地的上方，非常漂亮！
2001年少女峰 Jungfraujoch 和阿雷契冰河 Great Aletsch Glacier，
被聯合國教科文組織UNESCO登錄「世界文化遺產」World Heritage，
Top of Europe 加上 World Heritage 雙項的加持，更大幅度提高他的知名度。
少女峰的鐵道之旅，其過程並非一氣呵成，
火車從海拔567公尺的 Interlaken 出發，經過三條私鐵 BOB、WAB 和 JB 的接力，
只有最後一段JB才是少女峰登山鐵道，旅程約需2時17分。
由於 BOB、WAB 和 JB 的軌距並不同，依序 1000mm、800mm、1000mm，
所以火車無法直達，中途需要換兩次車，不過三者共同的特徵都是齒軌式火車。
因此，瑞士少女峰登山鐵路的路網，有著左右兩邊不同的風景，
左側WAB與BOB的左邊會合點在格林德瓦 Grindelwald，海拔1034公尺，
右邊WAB與BOB的會合點在瀑布鎮 Lauterbrunen，海拔796公尺，
格林德瓦是一片碧草如茵的家園，瀑布鎮有非常壯觀的瀑布風景，
建議您搭火車上山與下山，可以選擇不同的路線，感受不同的風景。

最後來自兩邊的火車，都會同時會合在 Kleine Scheidegg 站，海拔2061公尺，
而少女峰鐵路的第三段，JB登山鐵道在 Kleine Scheidegg 此地出發，
沿途可以遠望看到艾格峰與少女峰的冰河，氣勢遼闊。
而山頂的JB少女峰登山鐵路，有四分之三左右的路段，
是在冰河底下隧道岩壁裡通過，工程十分艱鉅，

↑少女峰鐵道系統的地圖。

↑少女峰的第三段JB登山鐵道，可以看到艾格峰的冰河。

↑少女峰的第一段BOB登山鐵道，沿途冰川融化的河流風景。

火車從海拔2061公尺的 Kleine Scheidegg 站出發，遠望少女峰的冰河，氣勢遼闊。

格林德瓦 Grindelwald 海拔1034公尺，一片碧草如茵的家園。
這裡是WAB與BOB的左邊會合點，必須換車。

↑瀑布鎮 Lauterbrunen 海拔796公尺，非常壯觀的
瀑布風景。這裡是WAB與BOB的右邊會合點。

↑格林德瓦 Grindelwald 換車的月台，右側是WAB
的電車，左側是BOB的電車。

從1896年施工到1912年，花費十六年的時間才通車。
少女峰登山鐵路是1912年通車，2012年慶祝百週年紀念，
與阿里山鐵路同一年通車，命運卻截然迥異！
Top of Europe 3454m 歐洲最高的火車站，不止是景點，更是一種國家榮耀。

Access 圓夢之路 出發前一晚可以住在 Interlaken Ost，第二天起搭乘三條登山鐵路全程體驗最為方便，
注意不要跑到 Interlaken West 搭車，那裡沒有火車可以登山。許多旅行團體會選擇格
林德瓦 Grindelwald 住宿，從半山腰搭火車上山也不錯。如果想要拍攝鐵道火車與冰
河美景，最好是自助行，旅客記得要在 Kleine Scheidegg 站下車，往艾格峰方向的冰
河步道登山，這段路是雪線以上溫度很低，夏季也得注意強風與保暖。

Link 延伸閱讀 世界山岳鐵道，歐洲篇，瑞士單元。

↑歐洲最高的火車站 Top of Europe 3450m，少女
峰火車站。

湖光山色的主題鐵道　Brünig Express

1000mm

↑瑞士國鐵SBB的 Brünig Express，以通過四個湖泊景觀與齒軌鐵路而聞名。

瑞士國鐵 SBB 的 Brünig Express，也是瑞士國鐵唯一米軌的鐵路，
以沿線四個湖泊景觀與齒軌聞名，現在改名為 SBB 的中央鐵路 Zentralbahn。
這段路線除了黃金景觀列車，還有鮮紅色的 Brünig Express 布寧格景觀列車，
為了讓遊客確實掌握列車沿線所在資訊，
車窗旁的小圓板，還登載著路線與窗景的湖泊名稱，真是貼心極了。
火車從海拔436公尺的琉森開始出發，您會發現火車加速相當地快，
SBB 的布寧格線的機車以馬力強大出名，凌厲的加速完全不輸給捷運。
從琉森出發後，首先映入眼簾的是琉森湖，又名四森林湖 Vierwaldstätter See，
第一個湖泊出現在車窗左側，沿途風光明媚，令人目不暇給。
在四森林湖畔的 Alpnachstad 車站下車，可以轉搭 Pilatus Bahn。
接著火車來到 Sarnen，第二個薩那湖 Sarner See 出現在車窗右側，
火車通過 Sarnen 之後來到 Giswil，火車自 Giswil 之後進入齒軌路段。
火車輪下鏗的一聲咬進了齒軌，登山的風景從這裡開始，視野開始遼闊起來。
美麗的倫格湖 Lungern See 就在腳下，透過觀景車窗，眼前的湖光山色，
就如同月曆中的風景畫般令人陶醉。

此時火車穿越重重隧道，一路沿山壁爬升，坡度高達千分之120，
鐵軌中間利根巴哈式 Riggenbach 齒軌發出隆隆巨響，
終於來到了海拔最高點1002公尺，Brünig Hasliberg 布里格哈斯利堡站。
火車開始以緩慢的速度咬合齒軌下降，整個伯恩高地盡收眼底，
美麗的風景讓乘客驚叫連連，一路緩降至邁令根站 Meiringen，海拔595公尺，
結束了9.3公里的齒軌路段，在這裡火車要調度更換牽引方向，
原來這是個Z字形折返的車站，火車以反方向開往 Interlaken Ost。

↑火車來到美麗的 Brienz 車站，
外面有個港口，可以搭船遊覽布里恩茲湖。

↑Brünig Express 行經下坡路段咬合齒軌，
以確保行車安全。

↑瑞士SBB的 Brünig Express 的車廂內裝，
桌子上還有沿線景觀地圖。

↑透過觀景車窗，美麗的倫格湖 Lungern See，
隨著火車下坡逐漸出現。

←布里恩茲湖
Brienzsee 湖光山
色的美麗風光。

↑沿途風景如同月曆中的風景畫，令人陶醉。

↑這段鐵路搭乘非齒軌段的區間車，從 Interlaken
Ost 到 Meiringen，有許多美景可以下車走走或是騎
單車旅行。

接下來這一段屬於平地，火車以飛快的速度前進，
沿途可以看到許多草原與牧場，乳牛掛著牛鈴在鏘鏘作響。
最後 Brünig 列車通過四座湖泊，來到了海拔567公尺，
終點茵特拉根東站 Interlaken Ost 就到了。
其實，登山鐵道由國家鐵路公司經營，除了印度大吉嶺喜馬拉雅鐵路 DHR 以外，
還有瑞士國鐵 SBB 的 Brünig Express，他們都成了重要的觀光列車路線。
然而，登山鐵道和窄軌鐵道的體系，在台灣卻是交通的弱勢族群，不易生存，
可見得窄軌系統的阿里山鐵路，實在沒理由被屏除在文化資產之外。

Access 圓夢之路 出發前一晚住在盧森或是茵特拉根東站附近，即可方便搭乘。建議搭火車來到倫格湖Lungern See或是薩那湖Sarner See，下車走走欣賞湖光山色之美。

Link 延伸閱讀 世界山岳鐵道，歐洲篇，瑞士單元。

↑全線海拔最高點1002公尺，Brünig Hasliberg 布
里格哈斯利堡站。

布里恩茲羅特洪登山鐵道 Brienz Rothorn Bahn/BRB

800mm

↑左上：布里恩茲羅特洪登山鐵路BRB，前方冒白煙的是重油鍋爐版蒸汽機車，後方冒黑煙的是原始燒煤的蒸汽機車。右上：火車從高處俯瞰布里恩茲湖Brienzsee後方可見歐洲屋脊，景緻宜人。左下：即使是規模不大的登山鐵道，也可以設計圓弧的景觀客車，旅客的視野可以無限延伸。右下：瑞士BRB的鐵道Logo利用四座山作為齒軌形狀，還有彩繪的客車，頗具創意！

布里恩茲羅特洪登山鐵路 BRB(Brienz Rothorn Bahn)，
是瑞士僅存的兩條「未電氣化」的登山鐵道之一，另一條是 DFB，
這條鐵路歷史悠久，開業於1892年，採用阿布杜式齒軌 Abt type，
瑞士 BRB 的鐵道 Logo，是利用四座山作為齒軌形狀，相當有創意。
1977年日本大井川鐵路與BRB締結姐妹鐵道之後，
1986年日本大井川鐵路復與阿里山鐵路締結姐妹鐵道，
還一度被國內媒體訛傳為世界三大登山鐵路，因此BRB在台灣並不陌生。

↑利用齒軌原理登山，
布里恩茲羅特洪鐵道蒸汽機車啟動。

BRB採用斜式鍋爐的蒸汽火車，帶動齒輪前進，最大坡度高達250‰，
不過這條鐵路由於歷史悠久，1892年原始蒸汽火車已不多見！
您可以搭乘布寧格列車 Brünig Express，抵達登山鐵道的起點 Brienz，
Brienz 海拔566公尺，緊接著換小火車上山。
BRB登山時的窗景相當漂亮，美麗的布里恩茲湖 Brienzsee 就在窗下，
後方可見雪白的歐洲屋脊，景緻宜人。
在幾乎是一片短草荒原羅特洪山，蒸汽火車緩緩推進，
最後通過一個典型的 U-turn，
來到路線最高點海拔2244公尺的 Brienzer Rothorn。
隔著布里恩茲湖看對面歐洲屋脊三大名峰，
與山下美麗的布里恩茲湖 Brienzsee。
歐洲屋脊少女峰等三大名峰聳入雲端，倒映寬闊的湖面上，
予人「此景只應天上有」的驚嘆！

↑瑞士 BRB登山鐵道的起點 Brienz 車站，海拔566公尺。

Access 圓夢之路　搭乘SBB的Zentralbahn來到Brienz，
即可搭乘BRB登山鐵道。

Link 延伸閱讀　世界山岳鐵道，歐洲篇，瑞士單元。

布羅尼仙碧森林鐵道 Chemin de Fer-Musée Blonay-Chamby/BC

1000mm

↑左上：從空中俯視美麗的日內瓦湖 Lac Léman。右上：前往布羅尼仙碧森林鐵道，可以搭黃金列車的MOB鐵路，在 Chamby 站月台轉乘。
左下：布羅尼仙碧森林鐵道的電車內裝。右下：布羅尼仙碧還有鐵道博物館，可供參觀。

布羅尼仙碧森林鐵道 BC(Chemin de Fer-Musée Blonay-Chamby)，
其實是一條鐵道博物館附設的保存鐵道。他起源於1902年通車的
CEV Chemin de Fer Electriques Veveysans 登山鐵道，
在1966年廢除一部分路線，所以將它重新整理，
在1968年重新開放，成立鐵道博物館，保存鐵道也同時運行，
雖然只有短短的2.95公里，卻因為有美麗的森林風光，漂亮的石拱橋，
讓遊客徜徉在懷舊的鐵道歲月中。

布羅尼仙碧森林鐵道的入口，可搭黃金列車的 MOB 鐵路，
在 Chamby 站下車，搭乘其電車或蒸汽火車前往 Blonay 車站。
沿途森林相當漂亮，從車窗可俯視日內瓦湖風景，
最有名的莫過於1902年興建的馬蹄形石拱橋。
由於這是一條博物館附設的保存鐵道，所以橋上的步道設施良好，
火車通過這裡還會停車，讓遊客下車拍照，並用多國語言介紹其歷史。
火車經過一個之字形折返上升，便來到鐵道博物館，
這裡收集許多瑞士米軌的蒸汽火車、電車、除雪車等特殊車輛，
包含 BFD 齒軌的蒸汽火車，四汽缸登山用 Malllet 馬來式蒸汽機車，
假日蒸汽火車不定期牽引客車運行，博物館還設有露天咖啡座呢！
其實只要能發展出地方特色，路線的長短並非問題，不是嗎？

↑BFD的齒軌蒸汽火車。

↑布羅尼仙碧森林鐵道的電車通過石拱橋，它的經典名景之一。

Access 圓夢之路　出發前一晚最好住在 Montreaux 蒙特勒站，然後搭乘 MOB 的火車上山來到 Blonay 車站，即可轉乘布羅尼仙碧森林鐵道。由於其蒸汽火車集中於夏季與週六日，最好先查好時刻表為佳。

Link 延伸閱讀　世界山岳鐵道，歐洲篇，瑞士單元。

瑞士第一名峰 馬特洪峰登山鐵道 Gornergrat-Monte Rosa Bahnen /GGB

1000mm

↑左上：GGB (Gornergrat-Monte Rosa Bahnen) 馬特洪峰登山鐵道，是觀賞馬特杭峰的必經之路。右上：策馬特 Zermatt 的山嶺風光。
左下：策馬特 Zermatt 的市區看不到汽車，只有電動車與拉雪橇的聖伯納犬。右下：GGB登山鐵道的策馬特出發站，海拔1631公尺。

馬特洪峰與少女峰登山鐵道，是瑞士境內唯一的兩條，
山頂的車站超過海拔3000公尺的登山鐵路，相當具有可看性。
而台灣歐洲旅行團的高檔團體行程，對此一路線也不陌生，
把少女峰 Jungfrau 4158m、馬特洪峰 4478m、白朗峰 4807m，
稱之為歐洲三大名峰之旅，無形中更提高了它在台灣的知名度。
由於少女峰的頂點3454公尺是在隧道內，不見天日之故，
因此，而馬特洪峰登山鐵道的終點 Gornergrat，海拔最高點3089公尺，
GGB 成為名副其實的歐洲登山鐵道「露天」的最高點。

GGB 登山鐵道從策馬特 Zermatt 出發，海拔1631公尺，
策馬特是冰河列車的起點也是終點，可以搭冰河列車來到這裡換搭 GGB，
GGB 採取大眾捷運的磁卡與自動門閘口，沿途各站沒有人收票與剪票，
登山鐵道完全營運自動化，1898年營運迄今竟可如此進步，令人難以想像。
GGB 登山鐵道新式的登山電車，還提供運送滑雪乘客放雪橇的空間，
以驚人的坡度200 ‰ 咬合齒軌上山，馬特洪峰一路都可從車窗看見。
窗外一片銀白世界雪峰相連，隨著電車上升愈見寒冷，
若干拿雪橇的滑雪客，選擇中途在 Rotenboden 與 Riffelalp 下車。

↑火車來到最高點終點 Gornergrat，
海拔3089公尺，後方可見馬特洪峰。

最後，火車來到海拔3089公尺最高點的終點 Gornergrat。
鐵道終點的正前方 Monte Rosa 為瑞士境內最高峰，
海拔4634公尺。瑞士境內4000公尺以上的山岳34座中，
有29座都在其方圓15公里範圍內，
冰天雪地蔚為壯觀，令人感動不已！

←很多拿雪橇的滑雪客，會選擇在 Rotenboden 下車去滑雪。

Access 圓夢之路

出發前一晚最好住在策馬特 Zermatt，
因為馬特洪峰很容易被雲所遮蔽，觀
察當天能見度再出發搭乘 GGB，住遠
一點布里格也可以。沿線風景非常漂
亮，可以安排一整天行程，除了山頂
天文台，建議 Rotenboden 與 Riffelalp
可以下車走走。

Link 延伸閱讀

世界山岳鐵道，歐洲篇，瑞士單元。

日內瓦湖畔風情 蒙特勒的登山鐵道 Montreux-Glion-Rochers de Naye/MGN

800mm

↑左上：MGN蒙特勒的登山鐵道過程，可以從車窗望見另一列火車，MOB黃金列車也在登山。右上：美麗的13世紀的西庸城堡(Château de Chillon)，正在湖濱招手。
左下：充滿趣味的土撥鼠電車，來到半山腰的 Glion站。右下：雖然只是一米軌距的窄軌電車，寬大的車廂，美好的視野，絲毫不減！

MGN 是一條法語區內，相當可愛的地區性齒軌登山鐵路。
蒙特勒的登山鐵道 MGN(Montreux-Glion-Rochers de Naye) 開業於1892年，
先從半山腰 Glion 至 Rochers de Naye 先行通車，
1909年從湖邊的 Montreux 至 Glion 才從山腳直通山頂，全長10.4公里。
由於是800mm的窄軌，使得火車顯得特別地嬌小。
也讓這條鐵路的感覺，就像布里恩茲湖BRB登山鐵道的「日內瓦湖」版，
夏季的假日會開行蒸汽火車從 Gaux 至山頂，平時運行則以電車為主。

現今的MGN蒙特勒的登山鐵道，平日以兩節一對的電車來營運，
尤其是土撥鼠電車 Marmottes Paradis，他的主題圖案非常可愛！
火車從海拔395公尺的 Montreux 出發，一出發就鑽進石壁的隧道裡，
一路爬升經過 Glion，來到海拔1054公尺的 Gaux，可以瞭望湖景的景觀勝地。
美麗的13世紀的西庸城堡 (Château de Chillon)，就在日內瓦湖濱跟您招手。
火車以U-turn路線迂迴爬升，最後來到海拔最高點1973公尺的Naye，
遊客可以步行至海拔2042公尺的山頂 Rochers de Naye，360度的視野非常漂亮，
山頂望去白雪皚皚的群峰環繞，北從歐洲屋脊南至白朗峰，全都盡收眼底。
這條鐵路雖然不長，卻給人相當精緻與難忘的感覺。

↑土撥鼠電車 Marmottes Paradis 的前端，
主題圖案非常可愛！

↑蒙特勒的登山鐵道MGN的一般電車。

| Access 圓夢之路 | 出發前一晚住在 Montreux 蒙特勒站，次日搭乘 MGN 登山鐵道。其實，可以跟布羅尼仙碧森林鐵道安排在同一天，但是路線不同，得回到原點 Montreux 再次上山去，行程分開上下午即可。 |
| Link 延伸閱讀 | 世界山岳鐵道，歐洲篇，瑞士單元。 |

從瑞士經由列支敦士登前往奧地利 東方快車的傳奇

1435mm

↑東方快車所代表的意義，不止是交通工具，更是鐵道史上的尊貴與榮耀。

列支敦士登 Leichtenstein 是一個許多人沒聽過的迷你小國，
他就位在瑞士與奧地利的交界處，該國鐵路也是奧地利國鐵所經營。
搭乘從瑞士開往奧地利的火車，都會經過他。
這條路線就是VSOE東方快車會經過，非常有名的阿爾貝兒克線。

其實，這條路線現在搭乘瑞士開往奧地利的 EC(Euro City)，就可以充分體驗。
1982年起東方快車從英國倫敦的多利亞Victoria車站出發，透過海上渡船接駁，
從倫敦到巴黎運行，英國與歐洲所使用的車廂，裝飾上有明顯的差異，
不過1977年東方快車便走入歷史，直到1982年5月才以 VSOE 重新復出。
如果您是搭現今的 VSOE 東方快車，從倫敦的多利亞 Victoria 車站出發，
經由法國巴黎、瑞士蘇黎世、通過阿爾貝兒克 Arlberg 隧道，
並經過布倫納隘口，穿越 Dolomites 來到義大利威尼斯。
即使您沒有花大錢搭東方快車，也可以搭EC體驗瑞士的景觀客車之旅，
創造屬於自己的東方快車之旅，因為美景是沒有貧富之分的，不是嗎？

火車從奧地利邊境波登湖畔的 Bregenz 出發，海拔398公尺，
這裡是國際列車的會集地，向北到德國的 Lindau，向西至瑞士的 Rorschach。
火車向南行駛至 Feldkirch，通過迷你小國「列支敦士登」Leichtenstein，
隨後火車轉向東方開始爬山，爬升至海拔561公尺的Bludenz，
以前火車來到這裡，得用五動輪蒸汽機車爬山，風景更愈見壯麗。
1925年鐵路電氣化之後，通常是一推一拉，
多一個車頭幫忙爬上31‰的大坡度，
火車很快來到海拔1214公尺高的蘭根 Langen am Arlberg，

↑從1982年起的東方快車，從倫敦的多利亞 Victoria車站出發。

↑東方快車在英國所使用的 Pullman class 的客車，注意左下兩隻獅子的徽章。

↑曾經透過海上渡船接駁，從倫敦到巴黎運行的東方快車。在歐洲所使用的車廂為藍色鑲上金帶的裝飾。

↑從瑞士經列支敦士登，到奧地利的提洛爾谷地山景。

←連接奧地利與瑞士的國際列車EC，就會穿越Arlberg隧道，行經列支敦士登。

↑瑞士豪華的景觀客車，穿越Arlberg隧道等山嶽鐵道關卡，創造屬於自己的東方快車之旅。

↑穿越 Arlberg 隧道，行經列支敦士登一帶的奧地利S-Bahn火車。

然後穿越奧地利第一長隧道，阿爾貝兒克隧道 Arlberg Tunnel，長10250公尺，隧道上方是海拔1793公尺的 Arlberg Pass，山頂白雪皚皚是美麗的滑雪聖地，這裡也是茵河與萊茵河流域的分水嶺。

火車行經隧道內最高點1311公尺，來到隧道的東口聖安東站 St. Anton，接著美麗的提洛爾谷地 Tyrol Valley 開始沿著鐵道展開，經過 Landeck 之後，鐵道與 Inn 茵河一路平行。

火車在經過歐次塔爾 Ötztal 之後視野逐漸寬闊，整個狹長的茵河谷地與阿爾卑斯山一路相隨，終於來到茵斯布魯克 Innsbruck，一個群山環抱相當漂亮的都市。

↑從瑞士經列支敦士登到奧地利的路線圖。

Access 圓夢之路 也許您不能親自搭乘這班東方快車等豪華列車，您依然可以搭乘從瑞士蘇黎世，開往維也納的國際列車EC，該班火車會通過阿爾貝兒克隘口，穿越該處名景，創造屬於自己的東方快車之旅。

Link 延伸閱讀 世界山嶽鐵道，歐洲篇，瑞士、奧地利單元。

奧地利的城市鐵道之旅　音樂之都維也納

1435mm

↑音樂之都維也納最漂亮的花園城堡，熊布朗宮 Schonbrunn。

對於喜歡音樂的人而言，奧地利有兩個都市，深深吸引著她們，
一個是圓舞曲之父約翰史特勞斯，他的誕生地音樂之都維也納Wien，
另一個則是音樂神童莫札特的故事發源地，薩爾斯堡Salzburg。
維也納充滿許多知名古蹟，還有各式各樣的歌劇院與音樂廳，
不過，要遊覽維也納之前，必須認識哈布斯堡家族，從1452年到1806年，
這個家族不止是奧地利的統治者，而且還是神聖羅馬帝國的統治者，
維也納的霍夫堡，就是哈布斯堡家族時代所遺留的重要歷史建築。
裡面有英雄廣場與新王宮，並有觀光用的馬車在此地穿梭。
此外，音樂之都維也納最漂亮的花園城堡，熊布朗宮Schonbrunn，
直可比美法國的凡爾賽宮，也是哈布斯堡家族的產物。
而且在維也納這個都市，可以搭乘輕軌電車LRT與地下鐵Metro體系，
幾乎可以到達每一個知名的城市景點。
包含維也納的地標，聖史蒂芬大教堂，維也納的國立美術館、霍夫堡等等。

↑維也納的原始版輕軌電車LRT，
不止是交通工具，更是一種都市景觀與文化。

不過維也納最可愛的交通工具，竟是新款的LRT低底盤輕軌電車，
這些LRT您看不到任何一顆輪子，有的像穿木屐，有的像電熨斗，
每一隻都像隻毛毛蟲一般，在城市裡悠遊爬行，
更有趣的是這些輕軌電車，可以跟舊的馬車同時並行在道路上，
這個城市交通可以讓新舊兼容並蓄，不會用法規去排斥馬車，
這樣的氣度格局是不簡單的。

Access 圓夢之路　搭火車到達維也納，利用輕軌電車與地下鐵即可完成市區觀光旅程。

Link 延伸閱讀　世界捷運與輕軌百科，維也納單元。

↑維也納市區裡的一座雙尖塔古蹟教堂。

↑維也納的國立美術館。

↑Tram可以古典，也可以時尚，維也納新款的低底盤輕軌電車，寫著WEIN繞著車身，德國西門子製造。

↑維也納的霍夫堡，哈布斯堡家族時代的重要歷史建築。

↑維也納的聖史蒂芬大教堂。

↑維也納的低底盤輕軌電車，與馬車同時並行在道路上，新舊兼容並蓄的城市交通景象。

↑車廂間〝禁止穿越〞，看到這張圖就想到維也納。這是維也納的輕軌電車，最有趣的標誌。

奧地利 橫貫奧地利會唱歌的高速火車 Railjet

1435mm

↑奧地利的高速火車OBB Railjet，一左一右共兩列正停靠在維也納西站。

您聽過會唱歌的鸚鵡，但是您聽過會唱歌的火車嗎？
橫貫奧地利會唱歌的高速火車 Railjet，就是會唱歌的火車。
奧地利的高鐵Railjet，ÖBB 1116型電力機車，配備了VVVF變頻交流馬達，
奧地利他們很聰明，將VVVF變頻的聲音，調成Do,Re,Mi,Fa,So..等八度音，
所以火車從車站出發啟動時，就會唱歌給您聽，Do,Re,Mi,Fa,So……
在奧地利生活的人，早已經見怪不怪，
但是第一次來的觀光客，一定會笑出來！
這真的是奧地利的高鐵Railjet不可錯過的幽默。
奧地利的高鐵Railjet，從2008年9月15日正式營運迄今已經十年，
服務範圍從瑞士蘇黎世，到奧地利各大都市，
往西到慕尼黑、斯圖加，往北到布拉格，往西遠達匈牙利的布達佩斯，
涵蓋德國、瑞士、捷克與匈牙利，擁有營運時速230公里的深厚實力。
它的營運路線跟東方快車的「藍線」是重疊的，相當於現代版東方快車，
Railjet車身的酒紅色，給人葡萄酒芬芳的想像，餐車內裝，高雅舒適。
搭乘奧地利的Railjet遊東歐，真的是一款很棒的高鐵列車。

↑車身酒紅色的Railjet，給人葡萄酒芬芳的想像。

↑奧地利的高速火車ÖBB Railjet的頭等艙內裝，三排真皮座椅。

Access 圓夢之路

持Eurailpass搭乘奧地利Railjet，從瑞士到奧地利甚至到匈牙利，一律免費！
營運路線參閱官網 https://www.oebb.at

Link 延伸閱讀

世界鐵道與火車百科，
世界高速鐵路百科。

德國高鐵 ICE 的車次，行駛到奧地利的服務路網，Railjet則行走黃色的路線。(維基百科英文版)

ICE Linie 11
ICE Linie 90
ICE Linie 91
ICE 562 / 661
ICE 766 / 767

Frankfurt (M) Hbf
Dortmund Hbf
Regensburg Hbf
Passau Hbf
Linz Hbf
Wien Westbf
St. Pölten Hbf
Eisenstadt
DEUTSCHLAND
München Hbf
Wels Hbf
Berlin Hbf
Bregenz
Salzburg Hbf
ÖSTERREICH
Kufstein
Innsbruck Hbf
Graz
Landeck-Zams
Klagenfurt

↑奧地利的高速火車ÖBB Railjet的餐車內裝，高雅舒適。

奧地利 昔日國鐵的窄軌鐵道線 Mariazellerbahn

760mm

↑昔日奧地利國鐵的窄軌鐵道，瑪莉恩吉勒線，如今民營化交付NÖVOG去經營，這是今日新款的電聯車ÖBB series 4090型。

奧地利國鐵的聖波騰站St.Pölten，分歧一條往南邊山區的登山鐵路，
瑪莉恩吉勒線Mariazellerbahn，1907年通車，760mm軌距。
由於坡度高達27‰，因此1911年完成電氣化，以紅黃相間的電車行駛，
平常日遇到暑假或特別節日，還會開四動輪的蒸汽火車，牽引木造客車。
瑪莉恩吉勒線不只是在奧地利，更是在國際上頗負盛名，
尤其1911年鐵路電氣化最早一代的ÖBB 1099型電力機車，漂亮又小巧可愛，
還有ÖBB 2095型柴油機車，轉向架上下轉動的連桿，
頗有阿里山小火車的感覺。
然而，如今該國鐵路線已經民營化，交付NÖVOG去經營，
ÖBB 1099型電力機車也退休了，用新款的電聯車ÖBB series 4090型去服務。

瑪莉恩吉勒線的車廂顏色以紅黃相間，很像以前日本國鐵，
也像台灣的阿里山小火車，對於台灣與日本遊客，總是備覺親切！
瑪莉恩吉勒線沿途風景，除了田野與森林，登山的U-turn大轉彎，
知名的景點是在Annaberg之後，長116公尺高37公尺的Saugraben石拱橋。
火車通過海拔892公尺的最高點Gösing，下降至終點瑪莉恩吉勒Mariazeller，
Mariazeller終點還有一小段保存鐵道Museumstramway Mariazeller，
小火車可通往愛勞爾湖Erlaufsee，夏季還有蒸汽火車行駛。

↑奧地利Mariazellerbahn最具代表性的火車，2095型柴油機車，760mm軌距。

↑昔日奧地利Mariazellerbahn最具代表性的火車，1099型電力機車，改成NÖVOG塗裝，760mm軌距。

Access 圓夢之路 搭奧地利國鐵ÖBB火車，從維也納抵達聖波騰站即可轉乘該鐵路線。

Link 延伸閱讀 世界鐵道與火車百科，台灣輕便鐵道小火車。

→奧地利
Mariazellerbahn
最知名的景點，
Heugraben viaduct。

湖光山色無與倫比 阿亨湖登山蒸汽火車 Achenseebahn

↑阿亨湖的蒸汽火車 Achenseebahn，正冒著黑煙推著車廂，通過田園的美景。注意列車長站在車廂的外面查票，十分特別！

這是一條歷史悠久，幾乎跟台灣鐵路有著相同起源時間的鐵道，
阿亨湖登山鐵道開業於1889年6月8日，一個很有趣的時間點。
1889年是台灣縱貫線才開始修築，曠宇天開的年代，
6月8日跟台灣的鐵路節6月9日只差一天，
其實阿亨湖登山鐵道通車當時僅至 Maurach，1916年阿亨湖的遊艇碼頭施工，
鐵道才延伸至現今海拔931公尺的湖端站 Seespitz。

↑其實Jenbach車站是個三鐵共構的車站，前方是
Achenseebahn 1000mm軌距，中間是奧地利國鐵
1435mm軌距，後方還有Zillertalbahn 760mm軌距。

阿亨湖登山鐵道有項有趣的堅持，就是絕對不開柴油火車，
所有蒸汽火車都是1889年那個時代的活古董，真是相當難得的體驗！
蒸汽火車從後方推動車廂，車廂還是十九世紀馬車時代側邊開門的方式。
堅持蒸汽火車，堅持原始的木構車廂，原汁原味就是 Achenseebahn 的賣點。
火車從海拔530 公尺的茵巴赫 Jenbach 出發，立刻咬進齒軌急速爬升，
蒸汽火車推進百年的古董木造客車，遊客可以聞到山風與煤煙的味道。
火車登山途中，Jenbach 小鎮與提洛爾谷地美景盡在腳下，
不時汽笛鳴鳴，猶如台糖小火車的汽笛聲。
火車來到 Eben 海拔904公尺最高點，蒸汽機車進行調度，從後推改為前進。
這種十九世紀馬車時代側邊開門的車廂，
列車長只能站在車門邊的渡板上查票，
火車行駛中也不怕摔下車，十分特別！
登山火車來到終點阿亨湖 Achensee，您可以騎單車或散步，
假如時間足夠，可以搭乘汽船優遊於於阿亨湖一個小時，
徜徉在阿亨湖的湖畔散步，湖水清澈直可見底，
在提洛爾谷地自由呼吸，直教人心曠神怡！

→阿亨湖的齒軌蒸汽火車，
在機關庫生火待發。
濃煙噴發，氣勢懾人！

中歐 Middle Europe

↑登山火車停靠在終點阿亨湖的美景，
鐵道的終點就是遊船的開始。

←蒸汽火車從後方推動車廂，車廂還是十九世紀馬車時代側邊開門的方式。堅持蒸汽火車，堅持原始的木構車廂，一切原汁原味就是 Achenseebahn 的賣點。

↑Achenseebahn 鐵道沿途的木屋，不禁令人想到德國的咕咕鐘。

↑這種十九世紀馬車時代側邊開門的車廂，列車長只能站在車門邊的踏板查票，火車行駛中也不怕摔下車，十分特別。

這條鐵路最為特別的，是採用「斜式鍋爐」的蒸汽火車，
這款蒸汽火車有兩組連桿，一邊帶動齒輪，一邊推進動輪，
上下輪是轉向相反，那種機械協調的韻律感，深深地吸引人們的目光！
為維持登山時，鍋爐的水位保持水平，登山的火車變得向前傾，
好似「彎腰駝背」一般，一副老態龍鍾的樣子，
因此只有在大坡度路段，回到它的登山舞台，火車才會「持平」行駛。
所以人間看待有特殊才能的人，真的不能用世俗的標準去衡量，不是嗎？

↑阿亨湖的蒸汽火車，它的齒軌構造結構展示。

Access 圓夢之路 建議您出發前一晚住在茵斯布魯克，清晨搭火車來到 Jenbach 車站，即可轉乘 Achenseebahn。如果您希望搭船遊湖，最好安排一整天的時間。火車來到終點阿亨湖火車先一度停車，蒸汽火車再次更換方向，因為下山時火車必須倒車回去，然後停好讓火車與汽船並列，這樣的美麗畫面，成為阿亨湖的湖畔最經典的明信片風景，想拍照的朋友，記得下車後立刻往山坡方向跑，準是好位置喔！

Link 延伸閱讀 世界山岳鐵道，奧地利單元。

奧地利的台灣阿里山鐵路與台東線 Zillertalbahn

↑奧地利提洛爾谷地的 Zillertalbahn，760mm 軌距，好像台灣阿里山火車，行駛於花東縱谷一般。

這裡是世界上動態保存窄軌火車的美麗天堂。
舊東德地區是750mm軌距的鐵道保存地，奧地利是760mm軌距的鐵道保存地。
在奧地利提洛爾谷地，有一條非常像台灣的鐵道，稱為 Zillertalbahn，
它的風景好像台灣762mm軌距的阿里山火車，行駛於花東縱谷一般。
然而，這條鐵路並沒有台灣城鄉發展的困擾問題，不是軌距要拓寬或是廢除，
奧地利政府只不過將窄軌的路線「重軌化」，車速為35公里與阿里山火車相同。
平時使用柴油機車牽引客貨列車，或是用柴油客車來運行，
幾乎每隔一小時就發一班車，發揮非常良好的地區通勤功能，
每逢夏季的星期例假日，就用蒸汽火車去行駛，吸引許多觀光客。
這條鐵路為760mm軌距，就跟台灣的五分車762mm十分相近，
從1900年12月20日通車迄今，已經有一百多年了。

Zillertalbahn 的起點在 Jenbach，一個提洛爾谷地的小鎮。
其實Jenbach車站是個三鐵共構的車站，前方是 Achenseebahn 1000mm軌距，
中間是奧地利國鐵1435mm軌距，後方還有 Zillertalbahn 760mm軌距。
您若搭火車來到 Jenbach，可以選擇車站南邊760mm軌距的 Zillertalbahn，
從Jenbach到海拔633公尺 Mayrhofen，全長 31.7公里，單程約56分，
他的火車也像阿里山火車？沒錯！不但軌距760mm接近，更重要的是柴油機車，
與台灣的阿里山火車DL35-37有共同血緣關係，都是德商O&K製造。
而 O&K(Orensteim & Koppel)這家德國製造廠，也是台灣台糖蒸汽火車的來源。
當奧地利 Zillertalbahn 的火車行駛時，旅客會擠到開放式的敞車去吹風，
儘管火車的煤煙會弄髒衣服，大家卻不放棄擁抱大自然與沿途旁人揮手的機會，
火車漫遊在提洛爾谷地的美景，可體驗類似花東縱谷的風光，
令人不禁想到台灣的台東線鐵路，行經油菜花海的美景。

↑Zillertalbahn 的客車，蒸汽火車可以輕鬆拉上這麼長的一整列。

↑這台像阿里山火車嗎？沒錯。不但軌距760mm接近，更重要的是該部柴油機車，與台灣的阿里山火車DL35-37有血緣關係，都是德商O&K製造。

↑阿里山火車DL35與奧地利 Zillertalbahn 柴油機車，都是隱藏轉向架，德商O&K製造。

↑奧地利的 Zillertalbahn，行駛在提洛爾谷地的美景。
令人不禁想到台灣的台東線鐵路，行經油菜花海的美景。

←奧地利 Zillertalbahn 的四動軸蒸汽機車，760mm軌距，與台灣 LDT103 動力結構頗為近似，二十一世紀依然在燒煤行駛。奧地利，台灣為何不能？

↑台灣台東線LDT103蒸汽機車，不若奧地利的火車幸運，只能默默無言，等待復駛的一天。

↑這種開放式的敞車，讓旅客可以零距離擁抱自然美景。

請不要懷疑，這條鐵路上有很大的「四動輪」蒸汽機車去牽引客貨車，雖然是輕便鐵道，但蒸汽火車可以輕鬆拉上這麼長長的一整列。

這款 Zillertalbahn 的四動軸蒸汽機車，760mm軌距，JDŽ-Baureihe83型，與台灣台東線LDT103動力結構頗為近似，二十一世紀依然在燒煤行駛。其實台灣不應該看待762mm體系的車輛，只用遊樂區設施的法規去營運。台糖更不應該永遠只有甘蔗車改造的遊園車，而應該使用昔日真正的客車。面對美景，我沒有歡喜，我只是嘆息，不禁要問為何奧地利能，台灣不能？

Access 圓夢之路　出發前一晚住在茵斯布魯克，清晨搭火車來到 Jenbach 車站，即可轉乘 Zillertalbahn。如果 Achenseebahn 沒有要搭船遊湖，上午可安排 Achenseebahn，湖濱方向為順光，下午可安排 Zillertalbahn，向東望提若爾谷地也是順光。

Link 延伸閱讀　世界山岳鐵道，歐洲篇，奧地利單元。
世界鐵道與火車百科，奧地利單元。

↑奧地利 Zillertalbahn 行駛時，旅客會擠到開放式的敞車，儘管火車的煤煙會弄髒衣服，大家卻不放棄擁抱大自然，與沿途旁人揮手的機會。

真善美的電影舞台 薩夫堡登山鐵道 Schafbergbahn

1000mm

↑左上：聖沃夫岡湖的美麗湖景。右上：從薩夫堡登山鐵道旅程中，俯視下方的鹽湖區。
左下：Schafbergbahn 登山鐵道的車站外，還有觀光馬車在行走。右下：薩夫堡登山鐵道的旅程，傾斜的車體讓大家不自覺地往下望。

鹽湖區曾經有一部電影「真善美」The Sound of Music，曾經膾炙人口，
這部電影，不只是讓奧地利之美傳播全世界，更讓鹽湖區的遊客絡繹不絕。
而 Salzburg 德文的字義即是鹽城的意思，因為它的週遭都環繞著鹽湖，
離開薩爾斯堡約一個半小時的巴士旅程，來到鹽湖區的聖吉爾根 St. Gilgen，
您將看到湖的對面，一座獨立的大山稱為 Schafberg 薩夫堡山，
這座山有三座湖泊，沃夫崗湖 Wolfgangsee，夢湖 Mondsee，阿特爾湖 Altersee，
薩夫堡登山鐵道 Schafbergbahn，開業於1893年，也是條齒軌登山鐵道。
蒸汽火車連結兩節觀光客車，在假日與旺季還會加開柴油客車來疏運旅客，
他也是使用斜式鍋爐的蒸汽火車，不過多數已經是SLM重油鍋爐改造版，
若是搭乘19世紀的古董蒸汽火車與木造客車，得先訂位，而且得額外加價。

蒸汽火車從海拔544公尺的聖沃夫崗出發，一開始頗有森林鐵道的美感，
隨著火車進入齒軌急速爬升，沒多久整個沃夫崗湖 Wolfgangsee 盡在腳下，
從窗邊往下望，美景盡在不言中！
火車最後通過一個隧道，來到山頂終點站 Schafbergspitze，
海拔最高點1734公尺，山上風景相當遼闊。
登上這座山的最高點眺望，真的可以看見三座鹽湖，環繞著薩夫堡山呢！
真的將整個鹽湖區之美，全都盡收眼底。
所謂的魂縈夢牽，心留故地，就是這種真實感動的滋味。

↑薩夫堡登山鐵道的海拔最高點與山頂車站，
尖峰時段還會開行柴油客車。

↑ Schafbergbahn 登山鐵道
使用最多的重油鍋爐蒸汽機車。

Access 圓夢之路　前往 Schneebergbahn 比較辛苦，您必須搭火車到薩爾斯堡車站，然後搭公車前往聖吉爾根 St. Gilgen，可以選擇從搭船，或是再轉乘巴士，都可以到湖的對岸聖沃夫崗 St. Wolfgang。Schafbergbahn 的古董蒸汽火車，就在 St. Wolfgang 升火待發。雖然火車是屬於奧地利國鐵ÖBB，不過，Eurailpass 是不能適用的，要特別注意。行車資訊可查 www.schafbergbahn.at

Link 延伸閱讀　世界捷運與輕軌百科，維也納單元。

蜥蜴會爬山的鐵道　史尼堡登山鐵道 Schneebergbahn

1000mm

↑左上：這是蜥蜴會爬山的鐵道？Schneebergbahn 的火車造型與顏色，非常有創意。右上：Schneebergbahn 登山鐵道的起點，蠑螈列車正準備出發載客。
左下：這種999型古老的齒軌蒸汽機車，它不但要先預約，而且費用比較貴。右下：999型古老的齒軌蒸汽機車，特別被保存下來。

如果登山火車要選擇吉祥物，您會想到什麼動物？
奧地利的史尼堡登山鐵道，將可愛的蠑螈 Salamander 繪上了小火車，
讓多少遊客第一次來訪，看到「蜥蜴」會爬山的鐵道，真不禁為它瘋狂！
史尼堡登山鐵道 Schneebergbahn 是條齒軌登山鐵道，開業於1897年，
這裡有漂亮的草原與湖泊、山丘，遠遠地就可以看見雪山 Mt. Schneeberg，
就在湖旁邊的車站，蒸汽火車正從車庫悄悄冒煙待發！
不過最為引人目光的，還是車庫裡的蠑螈柴油客車 Salamander。

↑從維也納必須搭乘這款柴油客車，
來到此地轉車才能登山。

從維也納必須先搭乘柴油客車，來到此地轉車後才能登山。
蠑螈火車從海拔576公尺的 Puchberg am Schneeberg，緩緩地爬山，
蠑螈小火車在黃花綠地中爬行，登山火車的顏色與環境景觀相當揉合，
鐵道沿途有著漂亮的森林景觀，樹縫間不時透露著遼闊的展望視野。
蒸汽火車在中途經過 Baumgartner 站需要加水，
也讓單線的鐵路火車交會，Salamander 蠑螈雖然不喝水，
卻也一樣爬累了，稍微得喘氣休息一下。
接著火車繼續登頂，森林卻不見了空曠一片，視野瞬間大開，
當火車通過好幾個木造的防雪斗篷，也就是擋雪專用的明隧道，
慢慢地爬向山頂車站 Hochschneeberg，海拔1795公尺，天地遼闊，悠然自在。
Schneebergbahn 的火車創意造型與顏色，實在令人印象深刻！

↑搭乘火車途中，
奧地利小女孩好奇的目光。

Access 圓夢之路　出發前一晚可以住維也納，從維也納搭乘IC到新市街站 Wiener Neustadt，再搭柴油客車逐漸爬升，來到的普亨堡 Puchberg am Schneeberg，即可搭乘 Schneebergbahn。若要搭乘19世紀的古董蒸汽火車與木造客車，班次很少而且得訂位與額外加價。行車資訊可查 www.schneebergbahn.at

Link 延伸閱讀　世界捷運與輕軌百科，維也納單元。

1998年世界遺產 薩瑪琳山岳鐵道 Semmeringbahn

1435mm

↑薩瑪琳山岳鐵道的貨物列車通過石拱橋，即使已經超越150年，火車依舊奔馳在這段漫長的歷史之路。

這是人類歷史上最早一條具規模的山岳鐵道。
十九世紀中葉，奧匈帝國要建造一條通往地中海港口的鐵道，
當時選擇從維也納 Wein 穿越西南邊的 Semmering 山區，
以連接至義大利境內地中海的 Trieste 港口。
當時在總工程師卡爾立特梵吉佳(Carl Ritter Von Ghega)的領軍之下，
動員超過二十萬名勞工，從1848年開始動工，鐵路穿越17座橋樑，15座隧道，
而山頂的薩瑪琳鐵路隧道 Semmering Peak Tunnel，高海拔898公尺，
完工當時還是世界鐵路最高點，更使得這項工程別具意義。
直到1854年7月，薩瑪林鐵道 Semmeringbahn 終於完工開始營運，
隔年1855年的7月，這條鐵路從維也納到義大利的 Trieste 才全線通車。
薩瑪林鐵道最令人稱道的景觀，是17座橫越山谷溪河的石拱橋(Viaduct)，
有許多座是用「雙層拱橋」(Double deck viaduct)的方式搭建來增加高度。
其中 Breitnstein 至 Kalte Rinne Viaduct 的畫面，是奧地利20先令鈔票的主題，
該座橋長187公尺高46公尺，至今仍然是薩瑪琳鐵路的代表景點，
歷史圖像與今日現景，穿越時空在此合體，那種感動若非現場體會，實難以言喻。
1855年至今，成就為今日的薩瑪琳鐵路的歷史傳奇。

一百年之後，隨著時代演進，1952年鐵路雙線化，運能大幅增加，
薩瑪琳鐵路 Semmeringbahn 的隧道與橋樑古蹟，並未因此而遭到破壞。
最高點的薩瑪林山頂隧道，原本是座雙線的老隧道，因為當時的火車比較小，
1952年，新建另一座平行的單線隧道通車後，
舊有雙線老隧道被轉換成單線隧道，並於隔年2月重新啟用。
經歷將近150多年的歲月，薩瑪林鐵道從鐵道文明初始的小火車，

↑這是薩瑪琳鐵道的保存路段起點，Payerbach-Reichenau，車站成了世界遺產展示博物館。

↑昔日德國製的95型五動輪蒸汽機車，保存在 Payerbach-Reichenau 車站外面。

↑薩瑪琳鐵道的世界遺產紀念碑，就放在薩瑪琳鐵道車站廣場。

↑開往義大利的國際列車EC，從隧道開出。一樣在1960年代，隧道有雙線化與電氣化改建，雖然與原貌有別，至少沒有用新造型代替。

←沿著步道而行，超過一百五十年的石拱橋羅列在眼前，1960年代拱橋有雙線化與電氣化，但是不改其古蹟建築風貌。

↑奧地利的現代通勤客車 City-shuttle，正通過薩瑪琳鐵道。

↑薩瑪琳鐵道的登山步道標誌，走完步道，才能窺見歷史的全貌。

↑奧地利高速火車通過石拱橋，很難想像這是1854年的原始建築。

演進至五動輪的蒸汽火車，一直進步到時速160公里的IC城際列車，
這條鐵路始終沒有因時代進步而遭到毀棄，在奧地利國鐵ÖBB的維護下，
反而成為古蹟保存與實用現代化平衡的最佳典範。
薩瑪琳鐵道所彰顯的，不過就是鐵道「古蹟今用，並行不悖」的精神，
因此奧地利政府在1995年，向UNESCO提出申請登錄世界遺產，
1998年12月2日，終於成為世界第一條被登錄世界文化遺產的鐵道，名留青史。

↑薩瑪琳鐵道的創始者，成為昔日20先令鈔票的紀念圖像。

↑奧地利20先令鈔票的另一面，以雙層石拱橋作為主題。

↑沿著薩瑪琳鐵道的登山步道，步行至20先令鈔票的圖像所在地。歷史圖像與今日現景穿越時空在此合體，那種感動若非親身體會，難以言喻。然而，歷史上巧合的是，薩瑪琳鐵道的隧道與石拱橋景觀，與1908年通車台灣的舊山線極為相近，1998年是薩瑪琳鐵道登錄世界遺產之年，也是舊山線停駛走入歷史之年。台灣的舊山線迄今卻難有翻身之日，而薩瑪林已經悄悄超越了150年，台灣的政府還在思考如何將鐵路變成自行車道，不禁令人唏噓！

Access 圓夢之路 　薩瑪琳鐵道的文化資產認定範圍，是從 Gloggnitz 到 Mürzzuschlag 共41.8 公里的路段。這條鐵路距離維也納 Wien 並不太遠。出發前一晚可以住維也納，選擇通勤客車 City-shuttle，從維也納開往義大利方向，來到 Payerbach-Reichenau 車站下車。建議沿著薩瑪琳鐵道的登山步道標誌，走完步道全程約三十公里，才能窺見歷史的全貌，需要花兩三天時間才能走完，建議分段步行完成。

Link 延伸閱讀 　台灣鐵路車站大觀，台灣鐵道經典之旅 地方鐵路篇。

英國的城市鐵道之旅 倫敦的 Underground

1435mm

↑左上：英國倫敦地下鐵，起始於1863年，是全世界最早的地下鐵。右上：傳統的英國倫敦地下鐵，它的車廂斷面比較小。
左下：改良型的倫敦地下鐵車廂。右下：後來改良型的倫敦地下鐵，它的車廂斷面比較大。

您知道所謂的地下鐵 Underground 這個名詞，它是來自英國嗎？
西元1863年，世界上最早的 Underground 在英國倫敦誕生。
很快的由於工業革命後，隨著都市的人口增加，而且地面道路有限，
為了紓解道路擁擠，構建都市內的鐵路運輸網路，的確有其必要性。
接下來的歲月，地下鐵也就是大眾捷運，如雨後春筍般在全世界各地展開，
包含1898年的維也納，1900年的巴黎，乃至於1927年的東京都開始有地下鐵。
地下鐵儼然成為二十世紀之後，全球大都會所不可或缺的金字招牌，
現在二十一世紀如果城市沒有地下鐵，就不算是個大都會呢！

因此旅客來到英國倫敦，一定要體驗人類最初的地下鐵 Underground。
當時倫敦的地下鐵為了減少施工成本，隧道內徑限制在12英尺(3.6公尺)，

↑四個紅色車門與第四軌供電結構，
是倫敦的地鐵印象。

感覺地下鐵像一根管子，
所以英國倫敦地下鐵又名Tube「試管」。
倫敦除了地下鐵 Underground，
後來還有地上鐵 Overground，
鐵路似乎重見天日回到地表，
大家普遍還是用「地下鐵」這個名詞。
倫敦地下鐵的標誌，
今日也成為倫敦的地標呢！

↑倫敦地下鐵的標誌，今日成為倫敦的地標。

↑這是倫敦地下鐵知名的一站。上面是王十字車站，哈利波特9又3/4月台所在地，而聖潘克拉斯站，也是來自法國歐洲之星抵達英國倫敦的門戶。

Access 圓夢之路　2009年3月3日起台灣赴英國短期觀光免簽證，同年7月1日愛爾蘭亦同跟進，去英國可省下四五千元的簽證費，繁瑣的簽證程序與心理障礙都獲得解除。可以搭飛機或歐洲之星抵達倫敦，搭乘倫敦地下鐵親身體驗，建議購買地鐵一日卷。

Link 延伸閱讀　世界捷運與輕軌百科，鐵路捷運系統單元，倫敦單元。

↑London Tube 51600型車廂 1996-1999年英國GEC製造。

1435mm

穿越人類鐵道史的里程碑 英法海底隧道 歐洲之星 Eurostar

↑左上：歐洲之星Eurostar的法國起點站，巴黎北站Gare du Nord。右上：巴黎北站裡的歐洲之星，被厚重的玻璃隔離戒護，必須有英國的簽證許可才能進入該月台。
左下：歐洲之星 Eurostar 的英國起點站，倫敦聖潘克拉斯站 St.Pancras station。2007年11月6日啟用。右下：倫敦聖潘克拉斯站的歐洲之星。

如果您有機會到英國，不論是搭飛機或是火車，不要錯過搭乘 Eurostar，
親身體驗穿越英吉利海峽，人類世紀大工程英法海底隧道 Euro tunnel。
英法海底隧道 Euro tunnel，全長 50.45公里(31.4 mile)，
其中有38公里是在海面下，最深可達海底下100公尺，比日本青函隧道略淺。
這條連接英國與歐洲大陸的海底鐵路隧道，這條世紀性的鐵路工程，
自英國London往東南方推進，經 Ashford、Folkestone 進入 Euro tunnel，
穿越英吉利海峽，法國端自 Calais 登陸銜接至Lille，往南至Paris全長495公里，
這項耗資465億法郎的工程1987年開始施工，1990年完成海底貫通，費時七年，
1994年5月6日英國女皇伊莉莎白女王二世親自主持 Euro tunnel 完工大典，
1994年11月14日 Eurostar 正式通車至英國 Waterloo 滑鐵盧車站。
2007年11月6日新的高速路網啟用，終點改成 St. Pancras倫敦聖潘克拉斯站。
搭乘歐洲之星連接英法兩國，通過英法海底隧道，值得親身體驗！
目前在歐洲只有英法 Eurostar，和西班牙高鐵 AVE 得比照「飛機安檢」程序，
所有旅客買了 Eurostar 車票，行李得先過X光檢查，
接下來是護照通關及車票驗票確認，才能順利上車，要提早半小時以上Check in。
加上Eurostar歐洲之星行駛的區域，不是在申根簽證入境許可的範圍，
所以不論是法國巴黎北站、英國倫敦聖潘克拉斯站、比利時布魯塞爾中央車站，
只要是 Eurostar 所經的月台，連候車室也一樣，全部都戒備森嚴地隔離起來。
若搭火車穿越過青函海底隧道，也穿越過英法海底隧道，那真是不虛此生啊！

↑歐洲之星車廂旁的標誌，
也是多數旅人合照時留意的重點。

↑歐洲之星通過英法海底隧道時，雖然窗外一片漆黑，旅客卻也難掩心中的喜悅。不過它不像日本青函海底隧道，會顯示列車所在位置，也對照出日本鐵道的貼心之處。

Access 圓夢之路　建議不論是從倫敦到巴黎，或是從巴黎到倫敦搭乘歐洲之星，務必先買一張Eurail Pass，外國人持護照與Eurail Pass購買車票，2008年時二等艙235歐元可以折扣至僅需70歐元。注意此行搭車形同出國，注意要持有目的地國的簽證，歐盟申根簽證與英國的簽證。由於英國並未加入歐盟，故不適用歐盟「申根」簽證，因此過去台灣旅客到歐洲，若要搭Eurostar，一定要辦英國簽證。(今日台灣短期英國觀光，已經獲得免簽證)

Link 延伸閱讀　世界高速鐵路百科，英國Eurostar 的單元。日本鐵道經典之旅160選，青函海底隧道單元。

從倫敦到愛丁堡 英國東海岸路線之旅

1435mm

↑英國的國家特快車 National Express，推拉式電力機車IC225行駛的畫面。

從倫敦王十字車站 London King's Cross到北方蘇格蘭的愛丁堡 Edinburgh，
這條英國的縱貫線屬於London North East Railway (LNER)，
是英國引以為傲的高速幹線，歷史非常悠久。
二次大戰之前世界營運速度最快的 Flying Scotsman，飛行的蘇格蘭號就在這裡，
從1862年到1962年行駛於這條路線，包含知名的A3與A4蒸汽機車都曾跑過。
雖然已經時過境遷，不過如今還是沿用這個光榮名稱 Flying Scotsman，
甚至多了一個光榮名稱，國家特快車 National Express，
而且有HST高速鐵路IC125柴油版，與IC225電力版兩款高速火車可以運用，
讓您來往倫敦到愛丁堡的旅程，僅僅4.5小時，可以節省時間。
LNER服務範圍從倫敦到北方的印佛尼斯，遊覽尼斯湖（詳見下一個單元）。
來到愛丁堡，千萬不可錯過英國北部蘇格蘭的佛斯大橋 Forth Railway Bridge，
這座鋼骨鐵路橋樑全長2528公尺，是愛丁堡知名的鐵道景點，
1890年完工啟用，2015年被UNESCO登錄為世界文化遺產。
他不但是英國鐵路與蘇格蘭的象徵，更是英國鐵道橋樑的藝術極品。

↑英國 IC225 的客車，空間略為狹窄一點，
座椅上的插卡代表訂位。

↑英國 IC225 的餐車外觀，
可以見到 National Express 這個名稱。

BOX 愛丁堡城堡入口城牆上兩人的故事

Edinburgh Castle entrance

來到愛丁堡旅遊，總是令人想起《梅爾吉勃遜之英雄本
色》Braveheart的電影。如今在愛丁堡城堡入口城牆上，
左右各站著一個人的雕像，一位是蘇格蘭的獨立英雄，
威廉·華勒斯William Wallace，一位是電影中他的戰友，貴族羅伯特·布魯斯
Robert Bruce，他卻背叛他，陷害威廉·華勒斯遭到英格蘭處以絞刑、剖腹取臟、
車裂之刑。雖然，後來蘇格蘭獨立戰爭取得了勝利，不過這七百多年來，在愛丁
堡城堡的門口，日日夜夜，羅伯特·布魯斯如何面對威廉·華勒斯？也許威廉·華
勒斯以大我為重，早已經原諒他，這樣的胸懷，正是「君子，爭可利己而不利天下
當不爭」的人品高度吧。

Access 圓夢之路

從英國倫敦王十字車站King X Station，搭乘國
家特快車National Express，火車速度快且停靠
站很少，火車終點到愛丁堡火車站 Edinburgh
Waverley Station或格斯拉哥中央車站Glasgow
Central Station，建議購買英國UK Railpass可以
免費搭乘。

↑愛丁堡最知名的鐵道景點，福斯鐵橋Forth Bridge，1890年完工啟用，2015年被UNESCO登錄為世界文化遺產。

↑從愛丁堡城堡俯視愛丁堡火車站， Edinburgh Waverley Railway Station。　　　　　↑格拉斯哥中央車站的DMU柴油火車。

↑愛丁堡城堡的城堡入口，門口兩個雕像，分別為羅伯特‧布魯斯與威廉‧華勒斯。　　↑格拉斯哥中央車站Glasgow Central Station的建築外觀。

西歐 West Europe

蘇格蘭的Jacobite 蒸汽火車 霍格華茲列車與格蘭芬蘭拱橋
1435mm

↑蘇格蘭的The Jacobite 蒸汽火車,是蘇格蘭火車之旅不可或缺的主題。

蘇格蘭的The Jacobite 蒸汽火車,是蘇格蘭火車之旅不可或缺的主題。
從愛丁堡與格拉斯哥以北的路段,蘇格蘭高地的鐵路風景,就更加迷人!
從Glasgow的皇后街站Queen Street Station,搭火車到威廉堡站Fort William,
轉搭The Jacobite蒸汽火車,也就是霍格華茲列車,是多少哈利波特迷的夢想。
搭乘The Jacobite 霍格華茲列車,您可以選擇First class頭等車廂的包廂,
不禁令人想到哈利波特電影裡面,哈利波特、榮恩與妙麗搭火車的畫面呢!

↑The Jacobite 蒸汽火車,45407經常出現,威廉堡
車站蓄勢待發。

蒸汽火車在威廉堡Fort Willian附近,接近英國境內的最高峰班納維斯峰,
此時火車奮力爬坡,通過短草荒原的西部高地,像高爾夫球場的山丘,
還有許多蘇格蘭高地的美麗湖泊,緊接著經過21孔的馬蹄形石拱橋,
知名的格蘭芬蘭Glenfinnen Viaduct拱橋,就會出現在眼前。
這個火車通過石拱橋,汽車卻在天上飛的場景,更是哈利波特電影中的名景,
不知不覺中,這部霍格華茲蒸汽火車已經帶著旅客,穿越夢想中的魔法世界。
最後火車來到馬拉格Mallaig,這裡可以換巴士,前往印佛尼斯Inverness,
沿途就會經過尼斯湖Loch Ness,以及阿克特城堡,就是發現水怪的地點,
您可搭乘尼斯湖的遊船Jacobite Warrior,也許會真的看見水怪,也說不定呢!

↑Jacobite 蒸汽火車之旅的終點站。

Tipps 如何拍火車通過Glenfinnan格蘭芬蘭拱橋

當霍格華茲列車The Jacobite通過格蘭芬蘭拱橋,來到格蘭芬蘭站
Glenfinnen station會停留約40分鐘,就是要交會列車。這時趕緊從
格蘭芬蘭火車站下車步行往往走,即可到高地上拍攝火車,通過格
蘭芬蘭拱橋的風光,除了拍一般的火車以外,還可以等到下午回程
Jacobite蒸汽火車,會有很多人站在高地上守候。拱橋旁邊有一個公
路休息站,可解決許多等候的民生問題。

Access 圓夢之路

您可以先在Glasgow住宿一晚,從Glasgow的皇后街站Queen
Street Station,先搭火車到威廉堡Fort William站,再搭乘10:
20開的霍格華茲蒸汽火車,來到馬拉格Mallaig,之後回程馬
拉格14:10開車返回威廉堡。不過回程那班蒸汽火車,其實是
倒拉回去的,感覺比較不太好。The Jacobite霍格華茲蒸汽火車
只有夏季才開,最好事先預訂購票。

Link 延伸閱讀 世界鐵道與火車百科,英國單元。

↑從旅客搭火車的角度，看Jacobite 蒸汽火車，通過Glenfinnan格蘭芬蘭拱橋。

↑ 頭等車廂的包廂的空間，不禁令人想到哈利波特
電影裡面的畫面。

←從格蘭芬蘭火車站下車往回步行，即可到高地上拍
攝 Jacobite 蒸汽火車，通過格蘭芬蘭拱橋的風光。

↑ The Jacobite霍格華茲列車的頭等車廂First class，
2+1三排座。

↑ The Jacobite 霍格華茲列車，First class頭等車廂
的包廂與走道。

↑這座尼斯湖旁邊的城堡，就是發現水怪的知名地點。左側湖面上就是尼斯湖的遊船Jacobite Warrior。

↑哈利波特第二集電影，霍格華茲列車通過格蘭芬
蘭拱橋，哈利波特差點從飛天汽車摔下來的畫面，
上圖為作者白板筆的硬筆畫，下圖為電影的畫面。

從曼徹斯特到利物浦　史蒂芬生的火車起始之路

1435mm

↑左上：這是今日的利物浦 Liverpool。右上：這是今日的曼徹斯特 Manchester。
左下：利物浦 Liverpool 的火車站。右下：曼徹斯特 Manchester 的車站月台與 First 的電車。

西元1926年，英國核准修建從曼徹斯特 Manchester 到利物浦 Liverpool 的鐵路，
於是在1829年於利物浦附近，舉行雨丘競賽(Rainhill Trial)，
史蒂芬生父子製造的火箭號 Rocket，在當時的五位參賽者中獲得優勝，
以最高時速30英哩贏得500磅獎金，並正式獲得訂單。
史蒂芬生可以穩定控制火車的前進與後退，蒸汽機車的量產進入實用化階段。
1830年9月15日 Liverpool and Manchester Railway (L&MR)正式通車，
也是全球第一條城際運輸與標準軌1435mm軌距的鐵道。
此舉宣告公共運輸的鐵道時代正式來臨，人類進入火車動力的新時代。
雖然當時蒸汽火車僅牽引貨物列車為主，旅客還是習慣搭乘馬車，
從此之後，鐵道運輸來才慢慢進化成今日的火車客運。

因此，從曼徹斯特到利物浦，不止是史蒂芬生的火車起始之路，
更是世界上第一條商業化與實用的鐵路，
以「天下鐵道第一路」稱之，實不為過。
許多朋友來到英國曼徹斯特與利物浦，都會去搭一段火車，
然後拍張照片，興奮地告訴親人說：我搭完了世界上第一條鐵路呢！
世界上所有先進國家都會珍惜他們的第一條鐵路，也是工業文明發源之地。
反觀台灣第一條鐵路，從台北到基隆1891年通車，也就是台灣鐵道起源地，
政府並不重視，台鐵也未宣傳，台灣的年輕學子，又有幾位知道呢？

↑史蒂芬生的火箭號，
正式開啟人類的公共運輸鐵道之門。

↑從 Liverpool 到 Manchester，
1829年當時的客車廂，還未從馬車進化過來。

↑今日 Liverpool 車站裡的火車，相隔已近二百年。
（注意類似台鐵EMU100型）

Access 圓夢之路　從曼徹斯特到利物浦兩個都市都可以搭乘火車，欲了解(L&MR)其歷史可以查閱
http://en.wikipedia.org/wiki/Liverpool_and_Manchester_Railway

Link 延伸閱讀　世界鐵道與火車百科，鐵道運輸的源起與軌距兩個單元。

哈利波特的9又3/4月台　倫敦的王十字車站

1435mm

哈利波特的電影中9又3/4月台位置，是今日王十字車站4-5月台之間的拱廊才對。

哈利波特的9又3/4月台在哪裡？地點在倫敦的King X王十字車站，
這是全球多少哈利波特迷，到此地的朝聖的夢想。
原本電影中9又3/4月台的穿越之門，是位於今日王十字車站4-5月台之間，
倫敦的王十字車站的第4月台旁邊的拱廊位置，就是手推車穿越時空之處。
只不過，由於拍照的觀光客實在太多了，實在影響到正常的旅客上下車動線，
而且，太多的哈利波特迷，真的會去問第9又3/4月台到底在哪裡？
所以王十字車站乾脆將手推車，移到第9月台的旁邊，專門給人拍照，
因此，旁邊就是王十字車站的Harry Potter Shop，賺進了觀光大把鈔票。
透過電影的行銷，讓英國鐵道觀光遠近馳名，值得台灣鐵路參考。
但是，哈利波特穿越了9又3/4月台，搭火車的月台卻到了蘇格蘭？
因為The Jacobite霍格華茲列車，卻是在蘇格蘭威廉堡Fort William車站出發，
從倫敦到蘇格蘭卻是如此地遙遠，這完全不合邏輯，卻是電影的橋段，
這是讓哈利波特迷得花大把鈔票，從月台到列車，奔波千里的趣味所在。

↑王十字車站的Harry Potter Shop。

↑今日王十字車站9又3/4月台，
是專門提供觀光客拍照留念的地點。

Access 圓夢之路　搭地鐵或歐洲之星，都可以到倫敦王十字車站。

Link 延伸閱讀　世界鐵道與火車百科，世界捷運與輕軌百科。

↑倫敦的King X王十字車站的外觀。

↑王十字車站的內部，結合古典建築與現代藝術風格。

↑倫敦的King X王十字車站的第4月台位置。

威爾斯高地的窄軌鐵道傳奇 The Great little trains of Wales

↑左上：英國威爾斯 Porthmadog 的港灣風光。右上：位於威爾斯高地，費斯汀尼鐵路 Ffestiniog Railway 的風景。
左下：費斯汀尼鐵路的蒸汽火車 BLANCHE，正生火待發。右下：十分特殊的雙頭型蒸汽火車，仍在運行的畫面。

英國是人類鐵道的起源，最為人稱道的，就是有許多保存鐵道與蒸汽火車，
保存鐵道組織如HRA(Heritage Railway Association)，影響了於全英國各地，
您可知道在英國威爾斯高地，有一個小火車的保存樂園嗎？
他們有十一條鐵道路線，每一條路線，都有著百年以上的歷史，
他們曾經因為戰後產業變革而沒落停駛，但是透過NGO組織而重生，
這就是威爾斯高地的窄軌鐵道傳奇，The Great little trains of Wales。

The Great little trains of Wales是一個非營利NGO組織，該組織鐵路的軌距很多，
包含800mm、762mm、686mm、610mm、603mm、597mm、311mm等軌距，
這些軌距流傳到許多國家，包含台灣最熟悉的762mm五分車，也是來自英國。
這些鐵路以Ffestiniog Railway 1836年開業最為古老，為全球輕便鐵道之鼻祖，
而以Talyllyn Railway 1951年轉型為先鋒，為全球第一個志工運作的鐵道，
The Great Little Trains of Wales的發展，影響全球輕便鐵道的保存與發展。
其中Welshpool and Llanfair Light Railway，
還跟台灣的阿里山鐵路締結為姊妹鐵道呢！
右側BOX所列的這些鐵路，您都去過了嗎？

↑位於 Porthmadog 的費斯汀尼鐵路港灣車站。

↑Talyllyn Railway，686mm軌距。

↑斜陽夕照下的費斯汀尼鐵路，不同世代的窄軌客車廂。

↑ Welsh Highland Railway，597mm軌距。

↑ Welshpool and Llanfair Light Railway，762mm軌距。

Llanberis Lake Railway，597mm軌距。

↑ Vale of Rheidol Railway，603mm軌距。

↑ The Great little trains of Wales威爾斯高地的窄軌
小火車旅遊地圖。　　↓ 費斯汀尼鐵路的路線圖。

↑ Brecon Mountain Railway，603mm軌距。

↓ Bala Lake Railway，610mm軌距。

英國鐵路最高點 Snowdon Mountain Railway

↑齒軌蒸汽火車正在爬山，史諾頓登山鐵路 Snowdon Mountain Railway，這是英國海拔最高的窄軌鐵路。

一般人很少知道，英國的鐵路最高點在威爾斯，
而且英國海拔最高的鐵路，也是最陡的登山鐵路，都在威爾斯，
這條就是威爾斯的史諾頓登山鐵路 Snowdon Mountain Railway。
該條鐵路1896年2月通車，軌距800 mm，位於史諾頓國家公園內，
從山下的 Llanberis 海拔107.6公尺，爬升至 Summit station 海拔1065公尺，
它採用Abt阿布杜式齒軌，一路咬合著齒軌，把一節紅色車廂推到山頂，
全長7.53公里，最大坡度高達182‰，旅行時間約一小時。
除了正常班次，使用柴油火車從後方推進以外，
古老的瑞士製造的斜體鍋爐蒸汽火車，至今仍然還可燒煤運轉，
火車到山頂車站之後，遠眺的視野極佳，海拔1065公尺。
而史諾頓山頂 summit of Snowdon 為英國威爾斯的最高峰，
天氣晴朗時望向北方的聖喬治海峽 St. George Channel 與曼島 Isle of Man。
其實，輕便鐵道在英國是非常被重視的，包含英國的鐵路最高點也在此地，
也讓我想到台灣鐵路最高點，阿里山鐵路的祝山2451公尺何時能廣為人知？

↑登山鐵路起點的車站 Llanberis。

←英國鐵道最高點，
史諾頓海拔1085m的
山頂風光。

↑ Snowdon Mountain Railway 的起點車站 Llanberis
的告示板，以齒軌之輪爬升斜坡，作為登山的鐵道
意像。

> **Access 圓夢之路** 從英國的威爾斯的 Chester 搭乘火車到 Bangor，然後搭威爾斯高地的公車，前往 Llanberis 站，在 Snowdon Mountain Railway 那一站下車，旅程相當遙遠。包含登山鐵道上下山，以及火車來回 Bangor 車程，得花掉一天的時間，建議在 Chester 或 Liverpool 住上兩晚為佳。

> **Link 延伸閱讀** 世界山岳鐵道，歐洲篇，英國單元。

↑史諾頓登山鐵路的車站裡面，
展示該鐵路使用的 Abt type 齒軌。

←史諾頓登山鐵路的機關庫裡，
保存為數眾多的蒸汽機車。

↑搭火車登高望遠是一種特別的體驗，這對英國父
子的驚訝表情。

↑古老的齒軌蒸汽機車即將登山。

↑鐵道沿途可見威爾斯的草原與綿羊。

↓史諾頓的登山鐵道風光，近處與遠處各有一部火車在登山。

↑火車抵達 Summit 山頂車站的景色。

↑火車抵達 Clogwyn 車站的景色。

英國 Bluebell Railway 蒸汽火車之旅

1435mm

↑英國 Bluebell Railway 的蒸汽火車，抵達 Sheffield Park station。

保存鐵道英文為 Preserved Railway/Heritage Railway/ Museum Railway，
德文稱為 Museumbahn，是鐵道界一個全新的專有名詞，
鐵道原本是交通運輸的體系，但是當鐵道已經逐步失去競爭力，
如果賦予文化資產的角色，可以讓它重新獲得新生，稱之為保存鐵道。
政府降低稅金，立法補助，同時以義工為營運人力，財力可自給自足的鐵道。
以英國的 Bluebell Railway 與荷蘭的 Hoorn Medemblik Railway 最具代表性，
台灣的舊山線與阿里山森林鐵道，在文化位階上也屬於保存鐵道的體系。

↑Bluebell Railway 的列車長與站長，
Kingscote station。

英國 Bluebell Railway，從 Kingscote station 到 Sheffield Park station 長14.5公里，
這是一條離倫敦比較近的保存鐵道，也是了解保存鐵道觀念的絕佳場所。
Bluebell Railway 原屬於英國的 Lewes and East Grinstead Railway (L&EGR)，
1878年通車，隨著時代環境的變遷，1958年3月17日就停駛了，
後來保存團體 Bluebell Railway Preservation Society 成立，
1959年他們的呼籲逐漸受到重視，開始逐步復駛部份路段，並逐步延長路線，
目前 Kingscote到Sheffield Park 這段路線，可以維持古董蒸汽火車運作，
作者昔日旅行從 Kingscote到East Grinstead 這一段路線，還在募款興建中，
後來完工之後，從倫敦的 Victoria station 便可搭電車直達 Bluebell Railway。

↑現今的 Bluebell Railway 起點站
Kingscote station，像是一座農舍。

→英國 Bluebell Railway 保存的
十九世紀古董客車，如今仍在運行。

←Bluebell Railway 的火車運行中，
車廂裡開心的英國少女。

↑古董蒸汽火車進站了！
傳統的緩衝式聯結器，清晰可見。

←汽笛聲起，火車出發，
火車運行的窗景如此地迷人。

↑鐵道沿途有許多古老隧道，這一座1881年的磚造
隧道，上方的城牆結構，非常近似台灣1903年苗栗
舊山線的「功維敘」隧道。

↑這是從倫敦的 Victoria station 出發的電車開往 East Grinstead，古董的磚拱橋與鐵道立體交叉。

↑臂木式號誌機的實體運作也是保存的重點之一。

Bluebell Railway 沿途有許多老隧道，
還有十九世紀的的磚拱橋與鐵道立體交叉，
例如1881年的磚造隧道，上方的城牆結構近似台灣苗栗的「功維敘」隧道。
在這裡可以體驗國際上的保存鐵道，指定的六項保存項目的普世價值，
包含車站、隧道、橋樑、路線、機車與車廂，而蒸汽機車與木造車廂更是重點，
傳統的緩衝式聯結器清晰可見，
而臂木式號誌實際運作，也是保存的重點之一。
雖然 Bluebell Railway 是百年以上的鐵道，
然而 Bluebell Railway 所保存的車廂，
古典的火車廂卻不陳舊，甚至有著華麗的貴族氣息，
真是教人回味不已！

↑英國 Bluebell Railway 所保存的鐵道餐車。

Access 圓夢之路　從英國倫敦的 Victoria station 維多利亞站，搭乘電車即可抵達 Bluebell
Railway 的起點 Kingscote station。有關搭乘蒸汽火車的運行時間，最好先上
網確認。http://www.bluebell-railway.co.uk/

Link 延伸閱讀　世界鐵道與火車百科，英國鐵路，保存鐵道的單元。

↑雖然是百年以上的鐵道，古典的火車廂卻不陳
舊，甚至有著華麗的貴族氣息。

英國 K&W Valley 蒸汽火車之旅

1435mm

↑英國 Keighley & Worth Valley 鐵道的蒸汽火車。

位於英國中部的 Keighley and Worth Valley Railway，
也是一條知名保存鐵道。這條鐵路原本興建於1867年，
屬於英國中部的 Midland Railway，1962年關閉，
然而由於沿線有許多鐵道古蹟，1968年在保存鐵道團體的努力下重新開放。
雖然它的距離僅僅只有8公里而已，但是他有好幾十部的蒸汽火車輪流運行，
讓全世界喜歡懷舊鐵道的旅客為之心醉！每天都在期待不同的主角出場。
通常保存鐵道的蒸汽機車有很多部，今天跑哪一部，未必可知。
在火車的紀念品販賣店裡，
把 Today's Engine 那塊牌子放哪一區的明信片裡面，
這部火車就是 "Today's Engine"，今天的蒸汽火車主角即將出場。
而且蒸汽火車牽引的車廂裡面，還有精製的餐車酒吧 Buffet car 與販賣部，
其實這跟一般的客運火車並無不同，甚至客車服務還更加精緻！
雖然這不是搭乘東方快車，但是車廂內裝洋溢著「復古優雅」的尊貴風情，
那種懷舊尊貴的氣息，跟昂貴的東方快車並無二致，
因此，不只是蒸汽火車運行而已，還有那份細心與貼心。
讓人置身那種懷舊情境的美好回憶，那種消費價值是無可取代的。

經濟學的理論基礎，是以消費者為理性為前提，但是誰說消費者是理性的？
其實消費者70%的消費情緒是非理性的，當旅客置身在某種愉悅氣氛中，
尤其是在旅遊過程、聽音樂會、折扣戰等等，會因為當下美好的情緒，
而將購物決策的門檻降低，容易買貴或多買而不在乎，稱之為「情境消費」。
在日本或歐洲的保存鐵道，火車票其實很便宜，但是紀念品的價格不斐，
因此門票便宜降低進入門檻，透過情境消費，讓保存鐵道獲得較高的營收額，
Keighley and Worth Valley Railway 來回票價十分便宜才9.4磅，就是實例。

↑Keighley 的月台大鐘所顯示的不是時間，
而是下一班火車出發的時間。

↑這條保存鐵道的蒸汽機車有很多部，
今天跑哪一部，就是 Today's Engine。

Access 圓夢之路

建議從約克York搭火車到里茲 Leeds，再從里茲搭
火車到 Keighley 車站，從月台上經過天橋，即可
進入 Keighley & Worth Valley 保存鐵道車站。蒸汽
火車運行時間最好先上網確認。
http://www.kwvr.co.uk/

英國 Haverthwaite Railway蒸汽火車之旅

1435mm

↑The Lakeside & Haverthwaite Railway的蒸汽火車，在Lakeside station湖邊車站升火待發。

您聽過英國的彼得兔Peter Rabbit嗎？
她的創作者為Helen Beatrix Potter，海倫・碧翠絲・波特女士，
她是英國作家、插畫家、自然科學家與保育運動人士，
她是與創作哈利波特的J・K・羅琳齊名，都是代表性的英國蘇格蘭女作家。
她的一生就住在英國蘇格蘭，Windermere溫德米爾的湖區附近，
她的插畫與創作，從的湖區的美景中獲得靈感，也投身於自然保育工作。
這條Haverthwaite Railway蒸汽火車之旅，就是在溫德米爾的湖區旁邊，
遊客必須Bowness搭船，享受 Lake Cruise到Lakeside station湖邊車站，
然後再從湖邊車站搭蒸汽火車，到終點Haverthwaite station。

在搭船與火車的過程中，到處都可以看到販售彼得兔的相關紀念品。
雖然在英國，J・K・羅琳的哈利波特比較有名，
The Jacobite蒸汽火車十分熱門，Haverthwaite Railway的蒸汽火車相對冷清，
但是碧翠絲・波特的彼得兔，這段湖區的優遊旅程，卻是不同凡響，
充滿繪畫與文學的意境，更能感受碧翠絲・波特女士，
她對於家鄉土地的熱愛，依然讓人感動不已。

↑Haverthwaite station的蒸汽火車，冒煙即將開出。

↑Haverthwaite Railway蒸汽火車之旅的內裝。

Access 圓夢之路 想要體驗The Lakeside & Haverthwaite Railway的蒸汽火車旅程，您必須先搭巴士到Bowness，從Bowness搭船到湖邊車站Lakeside station，然後再從湖邊車站搭乘蒸汽火車，到終點到Haverthwaite之後原路折返回起點。詳閱該鐵路官網: https://www.lakesiderailway.co.uk/

Link 延伸閱讀 世界鐵道與火車百科，英國鐵路，保存鐵道的單元。

→Haverthwaite遊船的販售紀念品，這裡是碧翠絲與彼得兔的故鄉。

法國的城市鐵道之旅　巴黎捷運 Paris Metro

↑巴黎的羅浮宮與廣場，電影達文西密碼的故事發生地。

在歐洲有兩個非常有名的地鐵都市，一個是1863年誕生最早地鐵的倫敦，
另外一個就是誕生於1900年，有著綿密地鐵路網的法國巴黎，
前者創造了 Underground 這個單字，後者創造全世界通用的捷運英文 Metro，
有了捷運 Paris Metro，巴黎市區裡面各大觀光景點暢行無阻。
由於巴黎也是世界上早期就發展地鐵的都市，因此有一些比較特別的體系，
例如輪胎式捷運 RTRT 是法國的特有系統，1973年問世迄今俗稱 Michelin 系統，
在巴黎捷運的1、4、6、11、14這幾條路線可以搭乘得到。
其中14號線還是無人駕駛的ATO系統，可以觀賞列車前方的風光，
它的車站裡面自動開關月台門設計，會讓你聯想到台灣的木柵線。

↑巴黎艾菲爾鐵塔與塞納河。

巴黎基本上就是個觀光都市，愜意的塞納河遊船風光名聞遐邇，
在塞納河上的每一座橋樑，不論是公路或是鐵路橋都有自己的特色，沒有重複，
尤其是跨越塞納河上的巴黎捷運，很多捷運的橋樑是座落在公路橋上與之共構。
搭乘巴黎捷運 Paris Metro 遊覽巴黎，可以說是最方便的交通工具，
例如知名的巴黎的羅浮宮與廣場，是電影達文西密碼的故事發生地，
還有巴黎聖母院，卡通與電影鐘樓怪人的傳奇之地，
以及為了慶祝拿破崙戰勝歸國，而興建的巴黎凱旋門，
從凱旋門到協和廣場的香榭大道，以及巴黎的拿破崙陵寢等等。
搭乘塞納河遊船可以觀賞「奧塞美術館」，那是1900年世界博覽會時的火車站。
別忘了要搭巴黎捷運6號線，在Passy從電車上就能好好觀賞艾菲爾鐵塔呢！

Access 圓夢之路　搭飛機或歐洲之星前往巴黎，搭乘巴黎地下鐵親身體驗，建議購買地鐵一日券。

Link 延伸閱讀　世界捷運與輕軌百科，RTRT膠輪捷運系統單元，巴黎單元。

↑巴黎艾菲爾鐵塔的夜景更加明媚，2008年法國為歐盟值星國，故打上藍光與星星。

↑ 巴黎聖母院，鐘樓怪人的傳奇之地。

↑ 愜意的塞納河遊船風光，遊船正通過昔日的火車站「奧塞美術館」。

↑ 巴黎的拿破崙陵寢。

↑ 為了慶祝拿破崙戰勝歸國，而興建的巴黎凱旋門。

←巴黎捷運6號線的塞納河鐵橋。
有了巴黎捷運 Paris Metro，巴黎市
區各大景點暢行無阻。

→如果要前往郊區，建議搭乘
法國國鐵的RER雙層電車，其
票種與巴黎捷運完全不同。

法國的城堡鐵道之旅　巴黎凡爾賽宮

↑位於巴黎近郊，羅亞爾河流域的 Chambord 香坡堡。

來到法國品味的不止是香檳與美食，巴黎近郊還有許多知名的古堡之旅。
首先推薦的是「凡爾賽宮」，位於巴黎西南方約22公里處，
可以說是為巴黎近郊最知名的觀光景點。
凡爾賽宮原本是路易十三的狩獵場，西元1662年路易十四就在此地建立皇宮，
不過直到路易十五當政時凡爾賽宮才完成，路易十六及皇后也在此定居，
1789年在人民的抗爭下，路易十六才把宮廷遷回巴黎，
凡爾賽宮的皇宮歷史才告結束。

除此之外，以杜爾為中心的羅亞爾河谷地，2000年被登錄世界文化遺產。
這裡有許多優美的法式庭園，以及當時王侯貴族為打獵而建造的城堡，
一座座浪漫優雅的城堡如夢似幻，更是十六世紀法國文藝復興時代的搖籃地。
而羅亞爾河流域規模最為壯麗，是建於十六世紀有歐洲堡王之稱的「香波堡」，
Chambord 香坡堡內房間多達440間，其規模足可媲美凡爾塞宮。
為歷代法國英雄人物如路易十四、拿破崙等人的狩獵行宮，更是古堡群的代表。
在雪爾河上，以優雅、浪漫、淒美號稱堡后的 Chenonceau「雪濃姿堡」，
浮現於羅亞爾河中的倒影，加上戴安娜與凱薩琳兩座花園，
更能顯現出此堡女性之美，所以雪濃梭堡又被稱為六女堡。
所以有人認為法國城堡也有性別之分，香坡堡是男堡，雪儂梭堡是女堡。

從巴黎出發的TER通勤客車，
都可以到達凡爾賽車站以及雪濃姿火車站等景點，
浪漫的古堡的旅行，讓法國巴黎近郊的鐵道之旅，
更增添不少人文丰采。

↑法國 Chenonceaux 雪濃姿火車站。

↑月台上所見的Chenonceaux雪濃姿的車站告示牌。

Access 圓夢之路

搭飛機或歐洲之星前往巴黎，從巴黎搭乘RER或
TER郊區快車親身體驗。

Link 延伸閱讀

世界捷運與輕軌百科，RGR區域鐵路系統單元。
世界鐵道與火車百科，法國單元。

↑巴黎近郊的凡爾賽宮與其精緻的花園。

羅亞爾河畔的 Chenonceaux 雪濃婪古堡。

↑停靠在 Chenonceaux 雪濃婪火車站的TER通勤客車。

凡爾賽宮的正面入口，清晨的陽光照耀，格外美好。

↑停靠在凡爾賽火車站的TER電車。

↑法國TER電車的內部。

從巴黎到馬賽縱貫法國 法國高鐵TGV東南線之旅

1435mm

↑ 正高速行駛中的法國高鐵東南線TGV-D列車。

法國高鐵TGV東南線,是全球繼日本新幹線之後第二條高速鐵路,
也是歐陸第一條高速鐵路,將高鐵經驗推向全球的關鍵角色。
東南線早期最高營運速度為270公里,現在已經提升速度到300公里。
巴黎東南線自1975年開始興建,從巴黎 Paris 至里昂410公里,
1981年TGV開業時通車,並於1994年延長122公里至華倫斯 Valence,
2001年從 Valence 延伸到 Marseille 295公里,法國第二大都市馬賽,
地中海線通車與東南線連貫在一起,從巴黎搭TGV三小時可以直通馬賽。

今日搭乘東南線與地中海線,要從巴黎的里昂車站 Gare de Lyon 出發,
營運之初使用TGV-PSE,陸續加入TGV-D雙層列車以及TGV-R等車種。
從巴黎 Gare de Lyon 至里昂 Lyon Part-Dieu 最快只要1小時55分,
至華倫斯 Valence TGV 只要2小時15分,至馬賽 Marseille 只要3小時18分。
2001年5月26日,TGV-R 531以超耐力馬拉松 Non-Stop 的方式,
從英吉利海峽的 Calais 直達地中海的馬賽 Marseille 跑完1067.2公里,
這個里程大約繞台灣一圈還餘一小段,只花3小時29分,
平均時速306.67公里,再次震驚全世界!TGV成為「速度紀錄」的締造者。
搭乘TGV從巴黎到馬賽縱貫法國,除了體驗高鐵速度的歷史紀錄之外,
詼諧逗趣的電影豆豆先生,也就是以這條路線的旅程作為故事舞台呢!

↑ 法國高鐵TGV東南線的起點,
巴黎里昂車站 Gare de Lyon。

↑ 巴黎里昂車站 Gare de Lyon 的內部,
月台上東南線的TGV即將出發。

Access 圓夢之路 欲搭乘東南線的TGV,從巴黎里昂車站 Gare de Lyon 出發即可,持 Eurail pass 可
以免費搭乘。由於TGV必須事先訂位才能搭乘,建議提早訂位為妥,而且得付3歐
元訂位費。要特別注意TGV有可能會雙組併結分割運行,例如從巴黎到里昂的TGV
為兩組車,中途分割一組車開往華倫斯,一定要對號入座才不會搭錯車。

Link 延伸閱讀 世界高速鐵路百科,法國TGV單元。

↑ 2001年5月26日,TGV-R 531跑完1067.2公里,
只花3小時29分。

↑東南線的TGV-D停靠在普羅旺斯車站。

↑東南線沿途的丘陵地風景,與盛產葡萄酒的農莊。

↑TGV的餐車是個適合聯誼的場所。

↑法國TGV-D寬大且舒適的乘坐空間。

↑TGV-D抵達馬賽聖查理斯車站 Marseille St. Charles。

↑馬賽聖查理斯車站Marseille St. Charles的建築外觀。

↑馬賽這個城市有許多建築古蹟,有著獨特的南歐風情。

從馬賽到尼斯　地中海的蔚藍海岸鐵道之旅

↑ 要到馬賽聖查爾斯車站，就從這個階梯拾級而上，地中海的蔚藍海岸鐵道之旅，就從此地開始。

您是否喜歡搭火車去看海？浩瀚的大海，據說是大自然最好的療傷劑。
因此世界上有許多國家都有海景列車，法國的蔚藍海岸的列車就是經典路線，
法國蔚藍海岸的火車旅程，從馬賽聖查理斯車站開往尼斯，
路線全長241公里，火車大概要2個半小時的時間才能走完。
而蔚藍海岸的火車廂，有一種特別的鮮豔顏色，充滿南法地中海的熱情，
火車的內裝有種獨特的溫暖色系，窗景洋溢著一種海洋之戀的浪漫！

↑ 南法的尼斯火車站月台。

地中海的蔚藍海岸 Golfe du Lion 鐵道之旅，就從馬賽聖查爾斯車站搭車開始。
火車經過土倫 Toulon，這是法國最大的軍港，後面還有許多山丘高地，
蔚藍海岸的鐵道，沿途就是一路沐浴著大海！許多帆船的風景就在窗外，
火車來到里維拉 Riviera，這裡聚集了全世界超過三分之一的豪華遊艇，
而尼斯火車站 Gare de Nice Ville，坎城火車站 Cannes 都是非下車不可的地點。
每年春天的坎城影展，從小十字大道前到海邊都湧進大量觀光客，
尤其是在夏季，徜徉在蔚藍海岸玩水，吹拂著海風的觀光客絡繹不絕。
如果時間足夠，建議搭火車到法國與義大利的邊境都市摩納哥 Monaco，
它是一個都市也是一個國家，蒙地卡羅公國，是歐洲有錢人的度假綠洲。
我一直覺得，台灣的南廻鐵路絕對可以媲美南法地中海「蔚藍海岸」的火車，
只可惜政府並沒有實際的作為，把南廻鐵路的太平洋與台灣海峽之美行銷國際，
她的美卻是如此孤單，她跟阿里山鐵路一樣，都是未受公平的待遇啊！

↑ 尼斯火車站 Gare de Nice Ville 的外觀。

↑ 蔚藍海岸的鐵道窗景，就是如此地浪漫！

Access 圓夢之路　出發前一晚建議住宿於馬賽，從馬賽搭乘蔚藍海岸的火車，前往尼斯與坎城。如果期望體驗蔚藍海岸的IC，溫暖色系的火車內裝，這一段就不要搭乘TGV，速度沒有快多少，還比較方便拍照。持Eurail pass可以免費搭乘，最好先訂位。

Link 延伸閱讀　世界鐵道與火車百科，法國單元。

A Fresco
04 74 58 44 10
www.a-fresco.com

Bistrot Margaux
Cuisine Provençale
14 Rue Hélène Vagliano 06400 CANNES
TEL 04 93 38 40 40

↑ 坎城火車站 Cannes 的外牆，
就像是電影海報一般。

↑ 蔚藍海岸的鐵道風光，沿途有許多帆船的風景。

↑ 徜徉在蔚藍海岸，吹拂著海風的觀光客。

↑ 行駛於蔚藍海岸的列車，正進入馬賽聖查理斯車
站，開往尼斯與摩納哥。

↑ 蔚藍海岸的火車廂，有一種特別的鮮豔顏色，充滿
南法地中海的熱情洋溢。

↑ 蔚藍海岸的火車查票女性列車長。

↑ 蔚藍海岸的火車內裝，有著獨特的溫暖色系。

從馬蒂尼到霞慕尼 白朗峰特快線TMR

1000mm

↑白朗峰Mont-Blanc是歐洲第一高峰，海拔4803公尺，冰河的美景予人無限的嚮往。

由TMR公司所經營的白朗峰特快線 Mont-Blanc Express，
是一條橫跨法國與瑞士的國境，景色優美的登山鐵路。
這條鐵路從 St. Gervais 到 Vallorcine，長35公里，1908年通車。
它的終點 Vallorcine 車站，
可以銜接瑞士境內的 MC(Martigny-Châtelard)鐵路。
不過截然不同的是，白朗峰特快線完全不用齒軌，純粹以粘著式鐵路爬升，
高達千分之70的陡坡，這是法國傳統鐵路之最，引以為傲的紀錄，
它採用捷運第三軌電氣化方式，三面覆蓋著木條，以防止沿途行人觸電侵害。
當火車來到霞慕尼 Chamonix，車站前後方尖山林立，
車內尖叫聲四起，包含艾吉耶 Aiguille 等知名山岳盡入眼簾，
在勒巴松 Les Bossons 之前，從車窗目睹白朗峰冰河，如瀑布般傾洩非常壯觀！
從 Le Planet 至 Le Buet，這一段還曾經是鐵公路共用的長隧道，
火車來到該路線的最高點 Le Planet，海拔1386公尺，
冰河在窗外就近在咫尺。

↑白朗峰特快線 TMR(Mont-Blanc Express)，
沿線可以看到許多精采的冰河。

↑白朗峰特快線TMR的寬景車廂，
擁有寬大的立體車窗視野，可以直視冰河。

2004年我第一次來到白朗峰特快線TMR，為冰河的美景驚嘆，流連忘返，
2008年我因為白朗峰特快線TMR慶祝一百周年，所以我又回來故地重遊，
特別列車加上新的車身圖案，是從1908-2008年，以及今日沿線所經過的車站。
然而2008年這一年，卻是台灣阿里山鐵路正式民營，以及23K事件發生後，
民營宏都公司放棄修復鐵路，阿里山鐵路本線開始中斷的一年，
2009年88風災後更是徹底重創，還好後來政府接手，由剝而復，重獲新生，
回首十年前，白朗峰特快線TMR慶祝一百周年的記憶，我不禁深切地期待，
未來台灣的阿里山森林鐵路，也能夠這樣靈活行銷，站上國際舞台發光發熱。

↑火車的鐵道採用捷運第三軌電氣化方式，
三面覆蓋著木條，以防止沿途行人觸電侵害。

↑沿途有許多石拱橋與森林風光。

↑旅客可以不必下車,沿途從車窗望去,冰河就近在咫尺。

↑山岳景色環繞的霞慕尼Chamonix火車站。

↑2008年白朗峰特快線TMR慶祝一百周年,特別列車加上100周年新塗裝。

↑特別列車的車身圖案,從1908-2008年,以及沿線所經過的車站。

Access 圓夢之路 　如果從巴黎進入法國,由於路程非常遙遠,務必搭TGV經 Lyon、Annecy 轉車,建議前一晚先住宿於聖哲菲 St. Gervais,這個車站與法國國鐵的標準軌幹線相連接,或是居住在霞慕尼 Chamonix 車站附近,次日方便搭車。如果是從瑞士方向進入,可以住在隆河谷地如布里格或日內瓦一帶,從 Martigny 搭車即可。TMR公司所經營的 Mont-Blanc Express,持 Eurail pass 可以免費搭乘。

Link 延伸閱讀 　世界山岳鐵道,歐洲篇,法國單元。

南法的鐵道經典風景 白朗峰的冰河鐵道CM

1000mm

↑ 蒙特維爾登山鐵路 CM(Chamonix－Montenvers Railway) 的登山起點站。

霞慕尼是南法非常著名的觀光聖地，因為白朗峰就在這裡附近，
而蒙特維爾登山鐵路 CM(Chamonix－Montenvers Railway)，
就是一條從霞慕尼 Chamonix 車站分歧的登山鐵路，1909年開始通車。
從法國國鐵霞慕尼下車之後，走過跨站天橋至後站轉乘紅色的登山電車，
從海拔1042公尺的霞慕尼，前往海拔1913公尺的蒙特維爾 Montenvers。
登山起點霞慕尼 Chamonix 車站附近的風景，美得如詩如畫！
昔日 CM 所使用的登山齒軌蒸汽火車，就陳列在霞慕尼車站外面。
蒙特維爾登山鐵路 CM 採用齒軌技術登山，在短短5.4公里爬升871公尺，
火車登山過程中，窗外可以望見浩瀚的雲海。
鐵道的美景令人沉醉，如此靜默的分享，無聲勝有聲。
除了美麗的白朗峰，在登山途中隨處可見之外，
最重要的是山上的冰河之海 Mer de Glace，厚達200公尺，浩瀚冰河令人讚嘆！
由三座白朗峰週邊的冰河 Leschaux Glacier、Tacul Glacier、Talefre Glacier 所結合，
電車抵達終點蒙特維爾站之後，建議您可前往冰河悠遊健行呢！

↑ 昔日CM所使用的6號登山齒軌蒸汽火車。

瑞
法
Le châtelard
Vallorcine
TMR Chamonix
Genéve CM
St. Gervais Montenvers
TMB Le Nd d'Aigle

▲ 4807m
Mont Blanc

↑ 登山起點霞慕尼 Chamonix 車站附近的風景，美得如詩如畫！

←早期的CM齒軌式蒸汽機車7號，
如今被保存使用，放在霞慕尼車站。

Access 圓夢之路 建議住宿於霞慕尼Chamonix車站附近，以方便搭火車上下山。

Link 延伸閱讀 世界山岳鐵道，歐洲篇，法國單元。

↑左圖：晴空之下CM登山鐵路的風景海報，懸掛在蒙特維爾 Montenvers 車站裡。右圖：今日CM的登山齒軌電車。

↑山頂的浩瀚冰河，令人讚嘆不已。

↑鐵道的美景令人沉醉，如此靜默的分享，無聲勝有聲。

↑登山齒軌電車的車身圖案，尖山、冰河、電車、鐵道，所有的重點一目了然。

↑火車登山過程中，窗外所望見的浩瀚雲海。

↑終點的冰河之海 Mer de Glace，厚達200公尺。

↑海拔1913公尺，登山的終點蒙特維爾 Montenvers 車站。

仰望白朗峰的冰河 登上法國鐵路海拔最高點TMB

1000mm

↑這就是 Tramway du Mont Blanc TMB 白朗峰登山電車，每部火車都有自己的名字，圖中這部稱為 Anne。

在十九世紀末，當時許多國家都在蓋登山鐵道，創造最新的海拔最高點，
因為該國的鐵路海拔最高點，是國力的象徵與榮耀，這一點是無庸置疑的，
1914年完工的 Tramway du Mont Blanc TMB，稱之為白朗峰登山電車，
全程長達19公里，最大坡度千分之220，是齒軌的登山電車，
TMB不止是法國海拔最高的登山鐵路，也是法國海拔落差最高的鐵路。
搭乘TMB電車，從海拔584公尺的聖哲菲 St.Gervais Le Fayet 車站出發，
這個木造火車站的外型很有趣，就在法國國鐵 St. Gervais 的外面。
登山電車出發之後，沿途充滿高山草原的美景，與牛鈴叮噹的放牧山坡，
由於是齒軌登山鐵道，爬山速度很快，等同是瑞士少女峰鐵路的法國版，
稱它為歐洲第一高峰的登山電車，也不為過。
只可惜它的終點受限於冰河地形，無法再往上爬升，
經過約70分鐘的旅程，火車穿越艱險的岩石山壁，與終點素掘的短隧道，
最後電車停在一個傾斜的月台上，簡陋中卻帶出自然美景的壯闊，
終於來到法國鐵路最高點「鷹巢」Le Nid d'Aigle，海拔2372公尺。
相較於瑞士鐵路最高點少女峰鐵路3454m，德國鐵路最高點楚格峰鐵路2588m，
在海拔高度上法國似乎落後給瑞士與德國，但是這兩者的終點都是在隧道內，

↑海拔最高點 Le Nid d'Aigle，
白朗峰冰河的風景更為壯觀！

↑誕生於1909年，早期的TMB齒軌式蒸汽機車，
如今被保存下來展示。

只有法國鐵路最高點「鷹巢」卻是露天的車站，零距離直接親吻大自然美景。
在這裡您可以自由步行，探訪壯觀的白朗峰比奧西冰河(Bionnassay Glacier)。

←白朗峰登山電車的起點站 St. Gervais Le Fayet。

Access 圓夢之路　建議集中住宿於霞慕尼Chamonix車站附近，第一天安排Chamonix－Montenvers
Railway，另一天搭乘 Mont-Blanc Express 到聖哲菲 St.Gervais，即可搭TMB火車上山。

Link 延伸閱讀　世界山岳鐵道，歐洲篇，法國單元。

↑搭乘TMB白朗峰登山電車，沿途充滿高山草原的美景，與牛鈴叮噹的放牧山坡，可說是瑞士少女峰鐵路的法國版。

↑這是老夫老婦的分享，火車來到法國鐵路最高點，白朗峰冰河之路就在眼前。

↑沿途窗景的驚奇，隱約可以看到登山鐵道就在對面的半山腰上，從此更可以領略登山鐵道的偉大。

↑這是年輕情侶的分享，鐵道美景與多少人生的期盼，盡在不言中。

↑火車來到法國鐵路的最高點 Le Nid d'Aigle，海拔2372公尺。

荷蘭的風車與鐵道 國寶蒸汽火車 Hoorn Railway

1435mm

↑ 荷蘭 Hoorn Medemblik Railway 的蒸汽火車，是一條著名的觀光鐵道路線。

要認識所謂的保存鐵道 Heritage Railway/ Preserved Railway 的性質，
荷蘭 Hoorn Medemblik Railway，就是一個非常好的實例。
這條鐵路開通於1887年9月3日，但是隨著時代的變化，客運逐漸蕭條，
1941年5月以後就正式停駛，取而代之的是地方義工的保存與維持，
尤其是使用不同款式的蒸汽火車，成為一條著名的觀光鐵道路線。
這條保存鐵道的起點，就是從 Hoorn 這個磚造車站開始，
包含古老的號誌樓與臂木式號誌都還保存完整，蒸汽火車工廠也都在運作，
裡面有八部蒸汽機車輪流出勤動態行駛，都是噸數較輕的輕便鐵道機車，
工作人員在出發前四小時就要整備，行駛一天回來還得花三小時擦拭保養，
可見得他們對蒸汽火車重視的程度。
難能可貴的是，在這兩百多位工作人員之中，只有十七位支領薪水，
其他都是退休職工義務幫忙及熱心義工，列車長多是退休人員擔任義工。

↑ 這條保存鐵道的起點，就是從Hoorn這個磚造車站
出發，古老的號誌樓與臂木式號誌都還保存完整。

目前從 Hoorn 到 Medemblik 這20公里的路程，幾乎每天都有蒸汽火車在行駛，
Hoorn 車站於早上11:15開車，Medemblik 車站則於中午13:15開車，
Medemblik 車站裡沒有加水的設備，因此為了顧慮續航力的問題，
蒸汽火車還帶著"水罐車"，要自備「水壺」才能去遠足呢！
Hoorn車站裡面提供一個雅緻的空間，有鐵道圖書以及販售模型等紀念品，
親子一同沉浸在古董客車的懷舊風情裡，裡面有一節專售紀念品的客車。
由於是荷蘭是低地國，而大海就在鐵路旁邊的堤防外面，
沿途的風車、鐵道與單車，成為一幅最為經典的荷蘭鐵道風情畫。
由於 Hoorn Medemblik Railway 具備保存鐵道的示範性質，
與英國的 Bluebell Railway 保存鐵道，締結為(be twinned with)姐妹鐵道。

↑ 親子一同沉浸在古董客車的懷舊風情裡。

↑ Hoorn Medemblik Railway古董客車內部的懷舊風情。

↑ 風車、鐵道與單車，成為經典的荷蘭鐵道風情畫。
由於是低地國，而大海就在左側的堤防外面。

↑ Medemblik車站裡，蒸汽火車拉著客車即將啟航，
蒸汽火車還帶著 "水罐車"，
要自備「水壺」才能去遠足呢！

→木造車廂裡面的列車長，
多是退休人員擔任義工，注
意窗戶為皮帶扣環式。

↑ Hoorn Medemblik Railway 的終點 Medemblik車站。

↑ Hoorn 車站裡面提供一個雅緻的空間，有鐵道圖
書以及販售模型等紀念品。

↑ Hoorn Medemblik Railway 蒸汽火車之旅，裡面還
有一節專售紀念品的客車。

> **Access 圓夢之路** 從阿姆斯特丹中央車站搭乘一般IC客車，
> 抵達Hoorn車站即可轉乘蒸汽火車。注意只
> 有上下午各一班車，先查明時刻表為妥。
>
> **Link 延伸閱讀** 世界鐵道與火車百科，保存鐵道與觀光鐵
> 道單元。

阿姆斯特丹 布魯塞爾 巴黎 Thalys高鐵經典之旅

↑ 行經德國科隆大教堂前的 Thalys PBKA。

在歐洲高鐵的路網體系中,有一款高鐵是屬於多國聯營的體系,
等同於是早年歐洲國際特快車 TEE(Train Express Europe) 的延續,
包含西歐國際線五國大都會所連成的節點路網,稱為 Thalys 國際特快車。
Thalys 意指「標槍女神」,是由法國、比利時、荷蘭和德國四國共同研發,
成為當今可以取代歐洲航空「短程航線」,歐洲國際路網最主要的國際線列車。
從1996年起,歐洲國際線特快車Thalys PBA首度開始啟用,
PBA包含 Paris(法)、Bruxelles(比)、Amsterdam(荷) 三個國家的首都開始營運。
1997年6月起,Thalys 加入科隆Köln(德)的路網也開始營運,
於是原有可以行駛三國的列車增加至四國,Thalys PBKA 就此誕生。

↑ 法國巴黎北站的 Thalys PBA。

在車輛的部份,Thalys 就是以法國 TGV-R 做為藍本加以擴充,
等同是款「酒紅色」流線形的國際版 TGV,
Thalys 的鮮紅的座椅,造型桌燈搭配商務用的摺疊桌,比國內版TGV還高級。
Thalys 的行車速度不但真的夠快,時速300公里不說,
而且中途幾乎沒有停靠站,例如 Thalys 比利時 Bruxelles 8:40開車,
才10:05就已經抵達巴黎了。

↑ Thalys PBKA 的頭等艙,是比較舒適的三排座。

目前只有 Thalys 和 ICE3M 兩種國際列車,
同時具備四種電力系統與多國號誌,
Thalys PBKA 可稱為實現歐盟鐵道國際互通性(interoperability)的代表作!
不但讓歐洲的短程航空失去競爭力,也開啟歐盟高鐵路網的希望藍圖。

←巴黎北站的圓拱大廳裡,Thalys的出發資訊,列車即將開往布魯塞爾中央車站。

↑荷蘭阿姆斯特丹中央車站，
是一座經典的紅磚建築。

↑比利時布魯塞爾的中央車站，已經改建成現代化
的大樓。

↑法國的巴黎北站，則是一座美麗的石造建築。

↑Thalys的頭等艙，鮮紅的座椅，造型桌燈搭配商
務用的摺疊桌。

→Thalys 的餐車內裝，
Le Bar 的景觀。

Access 圓夢之路　由於Thalys是串聯荷比法三國首都，以及德國科隆等都會區的國際列車，運量有
限但是搭乘的旅客很多，一定得先訂位。外國人持Eurailpass一定得額外加價。以
Bruxelles到Paris為例，2class加10Euro，1class加20Euro，若是搭早班車坐1class較
划算，還有服務生特別送上法式早餐。

Link 延伸閱讀　世界高速鐵路百科。

改寫東方快車的歷史 從巴黎到盧森堡TGV東歐線之旅

1435mm

↑ 2007年6月10日起，法國TGV-POS東歐線正式營運。從此也正式改寫東方快車的歷史。

西元1883年10月14日，歷史上第一部東方快車 Orient Express，
從巴黎史特拉斯堡站出發，正式開啟了東方快車的歷史。
當年的東方快車的出發地，就是現在的法國巴黎東站 Paris Gare de L'EST。
這中間經過許多變遷，包含1977年一度停駛，1982年VSOE又重新開幕，
但是基本上，從巴黎東站開往史特拉斯堡到維也納，這條路線依然存在，
只不過改用一般歐洲的夜快車 Euronight 去營運，也稱為 Orient Express。
成為最後平民化的東方快車。

↑ 當年的東方快車從此地出發，
法國巴黎東站 Paris Gare de L'EST。

然而從2007年6月10日起，法國 TGV-POS 東歐線正式營運。
在法國巴黎東站這裡，新的東方快車歷史，從此由TGV高鐵重新改寫。
在2007年4月3日，法國高鐵 TGV -V150 創下試驗時速574.8公里的世界紀錄，
打破了十七年前1990年5月18日，TGV-A在大西洋線創下的515.3公里紀錄，
東歐線不但拉近了史特拉斯堡站，更大幅拉近了巴黎到盧森堡的旅行時間，
只需一個多小時就到達目的地。

↑ 法國巴黎東站的內部。

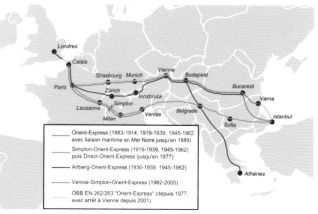

Orient-Express (1883-1914, 1919-1939, 1945-1962)
avec liaison maritime en Mer Noire jusqu'en 1889)

Simplon-Orient-Express (1919-1939, 1945-1962)
puis Direct-Orient-Express (jusqu'en 1977)

Arlberg-Orient-Express (1930-1939, 1945-1962)

Venice-Simplon-Orient-Express (1982-2005)

ÖBB EN 262/263 "Orient-Express" (depuis 1977,
avec arrêt à Vienne depuis 2001)

←歷史上不同時期，東方快車變化的行駛路線。
（維基百科 英文版）

↑盧森堡的市區景觀。

←盧森堡火車站，巍峨的鐘塔，
外型更像一座大教堂。

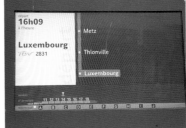

↑法國TGV-POS東歐線的列車告示牌。

↑搭乘法國TGV-POS東歐線，窗外不停飛逝的風景。

↑這是以前巴黎東站裡即將出發開往德國的夜車，東方快車是否永恆不死？

最有趣的是，盧森堡火車站的月台像個聯合國，
月台上停靠有盧森堡、比利時、法國以及德國，四國的火車同聚一堂。
東歐線不但刷新輪軌式高鐵的最快紀錄，也改變東方快車的命運。
由於東歐線高鐵的通車，傳統的東方快車速度太慢，變得毫無競爭力，
2007年6月8日起，東方快車不再從巴黎開出，改成從史特拉斯堡站出發，
最後殘存史特拉斯堡到維也納這一段路線，2009年12月14日正式走入歷史。

長期在歐洲旅行，搭乘歐洲的夜快車 Euronight，是一種愉快的體驗，
當東方快車消失的新聞播出，讓我不禁翻閱起當年在巴黎東站的幻燈片，
巴黎東站裡即將出發開往德國的夜車已成往事，東方快車是否永恆不死？
其實TGV東歐線的史特拉斯堡站，這不是一個終點，而是另外一個起點，
因為歐洲高鐵的國際路網，將從巴黎連接法蘭克福、柏林，布達佩斯，
未來更將往北連接至波蘭華沙與莫斯科，這是泛歐高鐵路網的TEN架構，
歐洲高鐵又將重新定義「東方快車」。

↑盧森堡火車站的月台像聯合國，月台上停靠的是
比利時的火車。

↑法國TGV東歐線的史特拉斯堡站，這不是一個終
點，而是另外一個起點。歐洲高鐵從此地連接法蘭
克福、柏林，未來更將連接至波蘭華沙。

Access 圓夢之路	從法國巴黎東站 Paris Gare de L'EST 或是史特拉斯堡站 Strasbourg，兩端皆可搭乘法國 TGV-POS 東歐線。持 Eurail pass 可以免費搭乘。由於 TGV 必須事先訂位才能搭乘，建議提早訂位為妥，而且得付3歐元訂位費。
Link 延伸閱讀	世界高速鐵路百科。

昔日的東方快車 今日的EN CNL 美哉布倫納隘口

1435mm

↑今日的火車通過布倫納隘口的風光。雖然不是東方快車,風景卻無貧富之分。

西元1883年10月4日,歐洲第一條長途跨國旅行火車路線「東方快車」,
Orient Express 的蒸汽火車,拉著富麗堂皇的客車廂浩浩蕩蕩地出發,
從現在巴黎的史特拉斯堡站,也就是東站 Paris Gare de L'EST 啟程,
前往遙遠的土耳其的君士坦丁堡(今天的伊斯坦堡)。
東方快車的路線風景優美,將歐洲最優美的山岳風景鐵道串連在一起,
乘客更是貴族身分與地位的表徵,不啻為歐洲的鐵道旅行開創新局。
二次大戰結束後,隨著航空的發達、汽車公路的崛起與鐵幕國家的干擾,
東方快車開始沒落,後來在1977年5月22日走完最後一程。
然而隨著人們對東方快車的無限懷念,詹姆士西華買下了東方快車的車廂,
以 VSOE(Venice Simplon Orient Express) 威尼斯辛普倫東方快車的名義,
1982年5月28日重新開幕,宣告東方快車正式復活,終點並改到威尼斯。
雖然票價昂貴驚人,一趟行程依照路線長短不同至少數千歐元,所費不貲,
然而,金碧輝煌的外觀與古典華麗的內裝,仍是歐洲貴族人士的最愛。

我想,一般旅客實在不可能花上千歐元去搭一段火車,價格教人望而卻步,
但是,一樣的風景路線,卻有平價的歐洲的夜快車在營運,
今日歐洲鐵道的時刻表的夜快車,標示為 HTL(Hotel Train),
CNL(City Night Line) 與 EN(Euro Night),都有臥舖與包廂可以利用。
尤其是 VSOE 火車要進入義大利前,布倫納隘口的風光最教人讚嘆!
因此,旅行不用華麗高貴,奢侈享受,
尋找自己生命中的藍海,尋訪屬於自己的桃花源。
即使搭乘的不是東方快車,然而美景卻無貧富之分,
只給有心人品味,不是嗎?

↑義大利的夜快車EN,從威尼斯抵達 Brescia。

↑以德瑞奧為主的夜快車 CNL(City Night Line)。

Access 圓夢之路

歐洲各大火車站的窗口,都可以劃位搭乘夜快車。
由於床位有限,記得早點事先訂位,外國人持
Eurail Pass 得額外加價,但是不會太多,相較於歐
洲高昂的住宿費,相當值得搭乘。

Link 延伸閱讀 世界鐵道與火車百科。

↑義大利的夜快車EN，
右側14月台19:29即將開往羅馬。

←昔日東方快車的起點，巴黎東站 Paris Gare de L'EST。

↑義大利的夜快車 Cuccette 的外觀，裡面是一間間的包廂寢室。

↑夜快車CNL的餐車吧台。

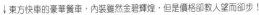

↑東方快車的豪華餐車，深藍底襄上金線，高貴典雅。
↓東方快車的豪華餐車，內裝雖然金碧輝煌，但是價格卻教人望而卻步！

↑夜快車CNL的餐車雖然不是很豪華，但是十分高雅。

↑右側是包廂，左側是走道，旅客可以在夜裡站在走道欣賞風景。

義大利的山林鐵道祕境　琴托華利鐵道之旅

1000mm

↑義大利 Centovalli Railway 琴托華利鐵道的名景，Intragna Viaduct。

琴托華利鐵道 Centavalli Railway，是一條跨國的鐵路風景線，
它是一條非常漂亮的山岳風景線，也是義大利與瑞士兩國聯運的觀光列車。
Centavalli Railway 從義大利的 Domossola，穿越義瑞邊境到瑞士的 Locarno，
1923年通車，全長52.2公里，而 Centavalli 的義大利文，
竟然是1000個山谷之意，充滿河谷景色的鐵道，不難體會那種美景意像。
而火車不用齒軌，竟可攀越61‰的坡度，
相當於義大利版的瑞士RhB冰河列車。
Centovalli Railway有兩個知名鐵道名景，都是火車穿越鐵橋與峽谷的景色，
一個是 Camedo viaduct，另外一個是 Intragna Viaduct。
因此 Camedo 與 Intragna 兩個車站，都是值得下車走走的地點。

↑ Centovalli Railway 的車站若是在義大利境內，
會掛上義大利的國旗。

火車從海拔196 公尺的 Domossola 出發，前面一段為義大利SSIF路線，
利用好幾個 U-Turn 大轉彎不停地爬山，沿途通過許多個石拱橋，
森林綠意環繞於窗邊，沿途風景美不勝收。
方才的 Domodossola 車站已經在腳下，
義大利的辛普倫雄山峻嶺，羅列於眼前，
火車沿著 Vigezzo 河谷前進，來到 Ribellasca 的邊境站，檢查之後才放行，
列車進入瑞士為FART路線，火車仍然一路爬升，
最後來到海拔831公尺的最高點，Lago Maggiore 湖濱的都市盧加諾 Locarno。

↑ Centovalli Railway 琴托華利鐵道的
另一名景 Camedo viaduct。

Access 圓夢之路 這是一條跨國的登山鐵道，從義大利的 Domossola 或是瑞士的 Locarno，都可以搭乘 Centavalli Railway，出發前一晚可以住在義大利米蘭或是瑞士的 Locarno。

Link 延伸閱讀 世界鐵道與火車百科，義大利單元。
世界山岳鐵道，歐洲篇，義大利單元。

↑ 火車利用好幾個 U-Turn 大轉彎爬山，方才的 Domodossola 車站已經在腳下，義大利的辛普倫雄山峻嶺，羅列於眼前。

↑ 琴托華利鐵道通過許多石拱橋，森林綠意美不勝收。

↑ 鐵道窗景是如此迷人，這一家人向窗外張望，享受天倫之樂！

↑ 火車通過邊境時警察會上來檢查證照，旅客驚呼：那一位不是喬治克隆尼嗎？

↑ 琴托華利鐵道的終點，盧卡諾湖 Lucarno lake。

穿越辛普倫隧道 義大利高鐵 Cisalpino 之旅

1435mm

↑ 正從辛普倫隧道穿出的 Cisalpino 高速傾斜式電聯車，注意其過彎傾斜的姿態。

義大利其實是歐洲最早進行鐵路高速計劃的國家，
只不過高速的重點與日本、法國的思維不同，
並不是採用建設高速新線的方式，
而是透過讓列車在彎道處傾斜車體，以提高行車平均速度，
在義大利稱為「Pendolino」，即鐘擺的意思。
而 ETR(Electrico Treno Rapido) 為高速電聯車之意，
車頭造型由名設計家喬治亞羅(Giugiaro)設計，火車猶如跑車般的流線型，
駕駛艙改用單片式玻璃，適用於國際列車，不論左行右行號誌皆可通用。
1996年義大利國鐵FS和瑞士國鐵SBB合作，
開發 ETR470 型 Cisalpino 簡稱CIS，
這款車配備德瑞義三國的電壓，因此搭乘 Cisalpino通過義大利 Domodossola，
火車可以很快地開走，要是一般的歐洲國際列車EC列車可得停20-30分鐘，
不但電壓不同得換火車頭，這個時間空檔，還要順道檢查旅客護照呢！

ETR470型由於跨越阿爾卑斯山的緣故，ETR470將最高時速降為200公里，
以適應若干的急彎和陡坡，尤其是穿越曾經是世界首長19.8km的辛普倫隧道。
今日 Cisalpino 的路網，以義大利米蘭為中心點，北至蘇黎世與德國的斯圖加，
東至義大利的威尼斯，南至義大利的佛羅倫斯，成為行駛義瑞德的國際列車。
如今義大利的ETR家族已經成功外銷至全球，除了義瑞國際版的ETR470型，
包含南歐寬軌的 Alaris 西班牙版，Alfa Pendular 葡萄牙版，北歐S220芬蘭版，
東歐的斯洛維尼亞版ICS與捷克版 Super City Pendolino 680，
已經涵蓋全歐洲，而最新款的列車 New Pendolino，
無非就是外銷至中國的高鐵列車，稱為CRH5和諧號呢！

↑ Cisalpino 的餐車很有氣氛，
天花板的LED小燈，串起了星空點點。

↑ Cisalpino 的座椅與商務用折疊桌。

Access 圓夢之路

從德國的斯圖加、瑞士的蘇黎世、義大利的米蘭、威尼斯，佛羅倫斯都可以搭乘 Cisalpino。

Link 延伸閱讀

世界高速鐵路百科，義大利ETR單元。

↑ 米蘭中央車站 (Milano Centrale)
是一座很雄偉的建築。

↑ 前面這兩位女士，怎麼都各帶一隻狗啊？
Cisalpino 查票中的列車長這麼說！

↑ 歡迎帶狗狗上車玩玩，這是歐洲高鐵國情不同所
致，在台灣可不行呢！

↑ 米蘭中央車站的大廳，挑高的中庭猶如劇院一般。

←進站中 Cisalpino 電聯車，
Cisalpino 這幾個字的背後就是
穿越一座山。

→搭乘 Cisalpino 通過義大
利 Domodossola 車站，可以
很快地開走，要是一般的EC
列車可得停20-30分鐘，電
壓不同得換火車頭，順道還
要檢查旅客護照。

鐵道和水道的甜蜜邂逅　義大利威尼斯

1435mm

↑義大利高速列車AV ETR500，通過威尼斯前方的海面，火車與大海的完美結合。

一般人很難想像，火車站前的廣場，不是陸地而是水道，
在火車進站之前，火車不是通過陸橋，而是一片汪洋大海，
這個神奇的異地點，讓鐵道和水道甜蜜邂逅，就是義大利威尼斯。
義大利高鐵列車AV ETR500與Pedolino ETR600，都有開到威尼斯，
從米蘭到威尼斯，每天都有相當多的火車班次往返兩地，十分方便。

水都威尼斯共有117條水道，118個小島和401座橋梁，
是世界上唯一沒有汽車交通的城市，船是唯一的交通工具，
您可以搭火車來到Stazione di Venezia Santa Lucia威尼斯聖塔露西亞車站，
然後換搭水上巴士，然後遊威尼斯的Piazza San Marco聖馬可廣場，
參觀威尼斯四座橫跨大運河的橋樑之一名景，里阿爾托橋Rialto bridge，
當然，來威尼斯水道觀光旅遊，不可錯過的景點體驗，
就是要一睹Gondola貢多拉的水上風采呢！

↑義大利高速列車AV ETR600，來到聖塔露西亞車站。

↑威尼斯聖塔露西亞車站的月台，左側為長途臥鋪列車，
右側為短途區間車。

←威尼斯的聖馬可廣場。

Access 圓夢之路

搭火車來到威尼斯聖塔露西亞車站，換搭水上巴士即可。

Link 延伸閱讀

世界鐵道與火車百科，世界高速鐵路百科，義大利單元。

↑ 威尼斯聖水道的觀光名景Rialto bridge。

↑ 搭乘義大利火車，當您看到窗外這片大海，威尼斯火車站也就快到了。

↑ 威尼斯港灣風光。

↓ 威尼斯的市區觀光旅遊地圖。

↑ 威尼斯聖塔露西亞車站的廣場，前方是水上巴士。

↓ 來威尼斯旅遊，必定要一睹貢多拉的水上豐采。

↓ 威尼斯Rialto的風景。

從巴黎到馬德里 穿越庇里牛斯山的 Talgo 火車之旅

1435mm
1668mm

↑從法國巴黎 Austerlitz 車站，前往西班牙馬德里的 Talgo Pendular Trenhotel 列車。

每當搭乘歐洲的臥鋪列車，您會猜想自己今晚的室友，會是怎樣的陌生人？
在車站劃位的那一霎那，彷彿是把自己的機運簽賭，丟進入俄羅斯輪盤，
讓命運隨機分配室友，決定今晚聊天的氣氛，是什麼樣的星空？
Talgo Trenhotel 歐洲鐵道時刻表標示為HTL，相較於CNL與EN，
雖然它是最昂貴的，持 Eurail Pass 還得額外加96歐元，
但是劃位時德鐵的小姐說了一句話，Talgo is very comfortable！讓我滿心期待。
1969年西班牙發明可變軌距的Talgo-RD出現，開始連接巴塞隆納至瑞士日內瓦，
1980年推出自然傾斜的 Talgo Pendular(camas)，往返於馬德里與法國巴黎之間，
Talgo Pendular camas 為夜行臥鋪列車，西班牙稱旅館列車 Tren hotel。
因為HTL是單軸列車，所以車廂像搖籃般行駛得很舒服，還有個人的盥洗設備，
簡稱HTL(Hotel Train)，設備相當地舒適，最高時速可達160公里。

目前 Tren hotel 這款列車由 RENFE 西班牙與 SNCF 法國聯營。
不只是西班牙的國際夜快車，還是歐洲夜快車 EN(Euro Night) 的重要體系，
主要包含連接馬德里至巴黎HTL，巴塞隆納至瑞士蘇黎世HTL，
以及巴塞隆納至義大利米蘭 Artesia 三條經典路線。
Trenhotel 的包廂，還沒有變成床鋪之前是座椅，列車長過來查票巡房之後，
用特殊的鑰匙啟動，原有的座椅就變成了床鋪。
夜間19點43分，火車從法國巴黎開往西班牙馬德里，一路高速直奔！
除了深夜在邊境站必須停下來，變換軌距拓寬以外，
全程安靜無聲舒適不已。清晨9點13分，
火車就抵達一千多公里外的馬德里查馬丁站 Madrid Chamartin。
難以想像就這樣的飛馳中，「搖籃的火車」已經夜行千里！

↑巴黎車站月台上的 Trenhotel，列車長正在做相關資料確認工作。

↑月台上的 Trenhotel 由RENFE西班牙與 SNCF 法國聯營。

Access 圓夢之路　Talgo Pendular Trenhotel 列車，以前從巴黎 Austerlitz 車站發車，現在改到由 Paris Montparnasse 車站和TGV-A 高鐵一起出發。由於座位有限，記得早點事先訂位，外國人持 Eurail Pass 還得額外加96歐元。

Link 延伸閱讀　世界高速鐵路百科，西班牙Talgo單元。

火車出發經過法國布洛瓦 Blois，
暮色已深，一路高速直奔法國西班牙邊境。

↑清晨9點13分，火車就抵達千里之外的馬德里查馬丁站 Madrid Chamartin。

←左：Trenhotel的包廂，還沒有變成床鋪之前是座椅，還有個人的盥洗設備。
←右：列車長過來查票巡房之後，用特殊的鑰匙啟動，原有的座椅就變成了床鋪。

↑月台上列車出發的告示牌，
19點43分火車即將開往西班牙馬德里查馬丁站。

↑馬德里查馬丁站的月台，很明顯的右側
Trenhotel，要比左側正常的火車低矮。

↑特別注意到 Trenhotel 是單軸列車，所以車廂像
搖籃般，行駛得很舒服。

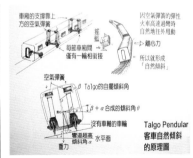

Talgo Pendular
客車自然傾斜
的原理圖

↑Talgo Pendular Trenhotel 列車搖晃與高速過彎原理。

從馬德里到塞維亞　西班牙的高鐵AVE之旅

1435mm

↑ 進站中的西班牙高鐵AVE。

西班牙是全球第一個 TGV 高鐵技術輸入國。

1992年4月，隨著西班牙塞維亞(Sevilla)的萬國博覽會登場，
以 AVE(Alta Velocidad Española) 飛翼之名正式推出。
由於西班牙當局已經意識到必須與歐洲國際接軌，除了變換軌距之外，
從首都馬德里 Madrid 到塞維亞 Sevilla，全長471公里建設標準軌高速新線。
而西班牙高鐵 AVE 率先使用法國 TGV 的車輛，
與德國 ICE 的 LZB 號誌系統混合建構，最高營運時速為270公里。
但是 AVE 純白的車體，渾圓的海豚車鼻，實在比 TGV 更漂亮！
不過 AVE 多了 Grand car 這個等級，是屬於頂級的商務人士使用，
凡持有 Grand car 的車票，可以在 Grand 專用的貴賓休息室享受免費的頂級服務。
還有針對法國 TGV 未提供視訊服務的缺失，AVE的車上還有四組電視，
搭上 AVE 火車，服務小姐便很親切地贈送每人一副耳機，以及糖果。
AVE 簡餐車 BAR 的木質裝潢，真是漂亮到沒話說！

搭乘高鐵AVE之前，可以先參觀西班牙的馬德里阿托查 Madrid Atocha 車站，
車站裡面可以欣賞美麗的熱帶雨林，成為這個車站最大的特色。
不過搭乘西班牙的長程鐵路，包含 AVE、Euromed，Altaria、Talgo、Alaris 等等，
對旅客的管制非常嚴格，一切比照航空登機處理，建議提早半小時以前要報到。
一堆人排隊提著行李過X光檢查，有警察搜身以及站務人員檢查車票，
過關時如同飛機登機證(Boarding Pass)的車票，自動收去短的半張票，
留下長的半張票給旅客持用對號入座，和登機的程序幾乎完全相同，
在火車出發前，進入候車室尚有商店、座椅讓乘客消磨時間，等登機廣播。
這在崇尚自由與自律的歐洲來說並不多見，只有西班牙與歐洲之星才會這樣，
不過在2007年中國高鐵通車之後，這套高鐵安檢程序也複製在中國境內呢！

↑ 要進入月台搭車之前，
有著類似飛機進入空橋之前的查驗票口。

↑ 搭乘AVE必須提前半小時 Check in 完成，
這是檢查過關後的候車室。

↑ 西班牙AVE的 Grand Car 休息室。

↑西班牙AVE的餐車外觀，特別注意到車廂前後都是關節式的設計。

←西班牙AVE的餐車，
可說是全球TGV家族裝潢最為精緻的。

↑西班牙AVE的二等客車內裝與風景，座椅為2+2排。

↑西班牙AVE的頭等客車，座椅為2+1排，空間比較寬大。

↑西班牙塞維亞火車站 Sevilla Santa Justa station，AVE高鐵停靠在月台上。

↑西班牙的馬德里阿托查火車站 Madrid Atocha Station，搭乘高鐵之前，車站裡面可以欣賞美麗的熱帶雨林，成為這個車站的特色。

↑西班牙馬德里的市區內充滿各式古蹟建築。

Access 圓夢之路 從馬德里搭車即可，記得必須先劃位。西班牙 RENFE 的長程火車，包含高鐵 AVE、Euromed，高速傾斜列車 Alaris、TalgoXXI、Talgo200(Altaria)、Talgo Pendular 或 HTL，用 Eurailpass 一定要先訂位而且加價，黃金路線的火車，由於座位和車次都很少，可能要兩週以前就得先訂位，要特別注意。

Link 延伸閱讀 世界高速鐵路百科，西班牙AVE單元。

從馬德里到巴塞隆納 橫貫西班牙的高速鐵道之旅

1435mm
1668mm

↑左上：從馬德里到巴塞隆納，橫貫西班牙的高速列車 Altaria。右上：西班牙的 Altaria 的客車內部，多數人都搖到熟睡了！
左下：西班牙的 Altaria 的客車外觀，它是單軸列車而且車廂特別地短。右下：這段旅程中途會經過輻輳點大站 Zaragoza。

1992年4月西班牙AVE誕生以前，讓西班牙晉身全球高鐵殿堂的關鍵，
是1989年西班牙自主研發的 Talgo 200，最高時速可達200公里，
尤其是行駛標準軌的「高速新線」，有別於西班牙傳統的寬軌鐵路，
以西班牙252型電力機車牽引，稱為 Altaria。
西班牙建設馬德里(Madrid)至巴塞隆納(Barcelona)的標準軌高速新線，
2004年只有完成至Madrid至Lleida而已，火車得停下來更換軌距，
Lleida 之後行走寬軌至 Barcelona，因此，當時還需要 Altaria 可變軌距的高鐵。
其實白天的 Altaria 就跟夜行的HTL一樣，那真是不折不扣的「搖籃列車」，
只不過 Altaria 把 HTL 的房間，改成了一般客室的座椅而已。
火車行駛幾乎呈現一種規則的搖擺韻律，舒適但不知不覺會令人昏昏欲睡。
如今這條621公里的標準軌高速新線，馬德里至巴塞隆納已經完工，
2008年2月20日起，已經改由新款的 AVE，德國高鐵 ICE3 運行，
不需更換軌距，當然 Altaria 在這條高速路線上也就退出服務了。
以前火車停在 Lleida 慢慢在改軌距，當時感覺是一種麻煩，遲早會淘汰，
如今想起還會令人懷念，原來旅程中的等待，也是一種人生風景的美好。

↑Altaria 來到 Lleida 這個車站會變換軌距，
旅客不能下車，卻是一種新奇體驗。

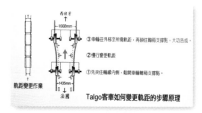

軌距變更作業　　　　法國

③伸輪往外移至所需軌距，再鎖住輪箱支撐架，大功告成。
②慢行變更軌距
①先來住輪箱內側，鬆開伸輪輪箱支撐架

Talgo客車如何變更軌距的步驟原理

↑Talgo 的客車變換軌距的原理。

←多年之後再次旅行，這條621公里的標
準軌路線，自2008年2月20日起已經改由
新款的AVE，德國高鐵ICE3運行。

Access 圓夢之路

Altaria 從馬德里或是巴塞隆納車站搭車即可，
記得必須事先劃位。現在這條路線改由新款的
AVE，也就是德國高鐵 ICE3 來運行，服務更加
地舒適。

Link 延伸閱讀

世界鐵道與火車百科，西班牙AVE單元。

從巴塞隆納到馬賽 地中海的國際鐵道之旅

1668mm
1435mm

↑左上：西班牙的電力機車牽引 Talgo Pendular 列車。右上：Talgo Pendular 的餐車內部，可以看到服務員對於相機的驚訝表情。
左下：Talgo Pendular 的客車內部，座椅真的非常寬大，斜躺成床，旅客幾乎大家都睡著了。右下：Talgo Pendular 的客車來到邊境附近的 Girona 車站。

世界各國或有引以為傲，代表該國的鐵路系統，
如果想到日本，就會聯想到新幹線；
那麼想到西班牙，實在非 Talgo 傾斜列車莫屬了。
由於西班牙軌距為1668mm寬軌，與泛歐洲國家1435mm標準軌系統相異，
所以火車不能跨越國境互駛。這樣的設計源起於避免鄰國戰爭侵略，
如今卻成為西班牙與國際間無法接軌的絆腳石。
因此早在1950年代，西班牙國鐵 Renfe 就著手開發這種只有車輪，沒有車軸，
車廂又輕又短，車廂之間以單輪的框架銜接的火車。
因為沒有車軸之故，可以變更軌距，讓西班牙的寬軌火車，
可以順利進入到法國的標準軌境內，前往瑞士與義大利等歐洲各國。
他們利用框架上兩顆「空氣彈簧」的伸縮，讓火車過彎時自然地往外甩，
類似"搖籃"的作用，這種自動傾斜的效果，
可以提高過彎的速度，成為鐵路創舉。

因此，Talgo 不只是代表西班牙，更可以說是人類鐵路史上一項天才的傑作。
當然 Talgo Pendular 只是具有被動傾斜功能的客車，它還是需要機車頭牽引，
其最大傾斜角3.5度，約可提高彎道速度16%，仍屬IC城際列車不算高鐵。
今日可從西班牙的巴塞隆納，一路搭火車沿著地中海到法國的馬賽，
當火車來到西法邊境附近的 Girona 車站，火車就會停下來改成標準軌距，
通過 Portbou 之後火車進入法國境內，地中海的景色一路皆羅列於右側呢！

↑西班牙的巴塞隆納 Barcelona Sants 車站。

↑西班牙Talgo 的單輪框架結構，堪稱世界一絕。

Access 圓夢之路　從西班牙巴塞隆納 Barcelona Sants 車站，可以搭乘 Talgo Pendular，開往法國的南部都市 Montpellier、Avignon 以及終點馬賽 Marseille。

Link 延伸閱讀　世界高速鐵路百科，西班牙Talgo單元。

↑火車過了 Portbou 之後就進入法國境內，
鐵道沿線所見的地中海風光。

南歐 South Europe

最高級的移動火車旅館　西班牙Elipsos Tren HTL

↑左上：西班牙Barcelona Franca 火車站，是Elipsos的到發站。右上：西班牙Elipsos Tren hotel高級火車旅館的外觀。
左下：西班牙Elipsos火車旅館裡面的餐車吧台。右下：深夜時段，Elipsos火車旅館裡面的西餐廳，是旅途舟車勞頓的絕佳慰藉。

在航空發達的年代，數千公里也是一日可達，有誰會去搭夜臥火車？
其實，如果火車是夕發而朝至，火車上的臥鋪很精緻，餐廳很豪華，
那麼即使費用跟飛機相當，但是省下一晚的住宿費，還是很划算。
西班牙的國際版夜臥火車過夜的服務，就在這樣的概念之下誕生。
它採用西班牙特別的單軸火車Talgo200，以Elipsos為名服務法義瑞西，
又稱為Train Hotel(西班牙國鐵簡寫Renfe Tren HTL)，
這種單軸火車如前面所述，可以變更軌距，從西班牙寬軌轉換成標準軌，
Elipsos可以從馬德里、巴塞隆納，連結歐洲米蘭，巴黎，蘇黎世三大都市，
所以Elipsos這款高級移動火車旅館，非常地受到歐洲背包客族群的歡迎！

Elipsos裡面有很精緻的火車旅館，客房有軟床，洗臉台，睡覺感覺很舒適，
火車旅館裡面還設有西餐廳，晚上有開放，是旅途舟車勞頓的絕佳慰藉，
不過，Elipsos今日有了新的競爭者，就是法國到西班牙的國際高鐵通車了。
2013年1月7日，西班牙的Figueres至法國的Perpignan的標準軌高速鐵路網，
正式通車營運，從此西班牙的AVE與法國的TGV正式接軌，
中途不必再換軌距，火車可以直接穿越國境，兩國互通。
這點讓Elipsos從寬軌轉換成標準軌的優勢被取代，重要性逐漸地降低，
或許，旅客從巴塞隆納直接搭高鐵AVE通往法國，這是速度的優勢，
但是搭乘夜臥火車的浪漫，從東方快車到西班牙Elipsos，卻是無可取代！

↑西班牙Elipsos精緻的火車旅館，左側為客房，
右側為走道。

↑Elipsos也是西班牙Talgo單軸火車，平穩舒適，
列車空間得以連貫，這是早年的Talgo II客車。

→西班牙Elipsos火車旅館
運行路線圖。

Access 圓夢之路　西班牙Barcelona Franca 火車站，是Elipsos的到發站。
請參閱www.renfe.com。

Link 延伸閱讀　世界鐵道與火車百科，世界高速鐵路百科。

巴塞隆納登山鐵道奇蹟 Montserrat Rack Railway

1000mm

↑左上：巴塞隆納的蒙塞拉特登山鐵道，Montserrat Rack Railway，鐵道鋪設有齒軌與鋼製枕木。右上：搭火車過程中，仰望火車的終點，蒙塞拉特聖山與修道院。
左下：巴塞隆納的蒙塞拉特登山鐵道，車廂是低底盤LRV，軌距為1000mm。右下：巴塞隆納的蒙塞拉特登山鐵道的終點站Monistrol de Montserrat。

齒軌登山鐵路，在西班牙有個有趣的名稱，
西班牙文稱呼為拉鍊El Cremallera，
因此巴塞隆納的蒙塞拉特登山鐵道，Montserrat Rack Railway，
西班牙語就稱為Cremallera de Montserrat，其實就是蒙塞拉特拉鍊的意思。
顧名思義，齒軌鐵道就像拉鍊一樣，車廂是拉鍊頭，一路上拉到底就到上面。
蒙塞拉特登山鐵道，車廂是低底盤LRV，1500VDC電氣化，軌距為1000mm。
它是與西班牙第一條齒軌登山鐵路，位於加泰隆尼亞山區，
1892年開業的El Cremallera de Montserrat，長14公里，
從山腳Monistrol de Montserrat車站，海拔152公尺，
一路爬昇至山頂Montserratt車站，海拔700公尺，海拔落差將近550公尺。

不過，由於纜車與公路等其他運輸工具競爭，以致財務嚴重虧損，
這條鐵路在1957年一度關閉，原本以為不再有生機，後來納入FGC公司，
讓登山鐵道，纜索鐵路，登山纜車，等多元運輸工具並行，共創雙贏，
2003年6月整理之後重新開放，結合巴塞隆納的大眾捷運系統，頗受歡迎。
蒙塞拉特登山鐵道目前已經成為巴塞隆納市郊，一個很重要的觀光新景點。
火車步步高升的過程中，
可以仰望火車的終點，山頂的蒙塞拉特聖山與修道院，
蒙塞拉特登山鐵道，堪稱巴塞隆納的登山鐵道奇蹟，值得台灣的鐵道借鏡。

Access 圓夢之路　目前這條蒙塞拉特登山鐵路，是與巴塞隆納的大眾捷運系統結合在一起，由Ferrocarrils de la Generalitat de Catalunya (FGC)公司負責營運，旅客可使用城市交通卡，從巴塞隆納市區可以搭R5線電車，前往Monistrol de Montserrat車站。

Link 延伸閱讀　世界鐵道與火車百科，世界捷運與輕軌百科。

↑俯視巴塞隆納的蒙塞拉特登山鐵道，看電車往上爬，可以想像這個坡度有多大。

東歐的鐵道十字路　斯洛伐克的布拉提斯拉瓦

1435mm

↑斯洛伐克的國際線列車。

捷克與斯洛伐克都是斯拉夫民族，曾被併入奧匈帝國的版圖。
在奧匈帝國瓦解之後，1918年兩國曾經共同創立捷克與斯洛伐克共和國。
後來1993年，才分別獨立出捷克 Czech 共和國與斯洛伐克 Slovakia 共和國。
因此斯洛伐克與捷克的鐵道都是系出同源，都是開創於1839年，
奧匈帝國時期鐵道就是從布拉提斯拉瓦 Bratislava 附近開始營運，
1848年從維也納才連到今日首都 Bratislava 通車，風景秀麗猶如東歐的瑞士。
布拉提斯拉瓦與布達佩斯一樣，有美麗的多瑙河風光。
布拉提斯拉瓦的地標是一個消防員的銅雕，乍看之下以為是真人，十分逗趣。
總統府水池的中央地球，還是一隻「凹雕」的鳥呢！
斯洛伐克的鐵道風景，山巒疊翠，布拉提斯拉瓦更是東歐的鐵道十字輻輳點。
上接捷克、波蘭，左接維也納，下可接匈牙利，四個國家的火車在此齊聚一堂，
還不包含他們自己斯洛伐克的火車，往往一列長途火車要出站，就是出國去了。
站在布拉提斯拉瓦車站的月台，細數來來往往的火車進出，彷彿成了聯合國車隊，
這樣的例子在全球並不多見，盧森堡車站聚集盧德法比的火車，也是這種狀況，
鐵道無國界，天涯若彼鄰，在這裡可以明顯感受，在台灣卻很難想像啊！

↑斯洛伐克的捷克製柴電機車，
在東歐體系被大量使用。

←斯洛伐克的鐵道風景，山巒疊翠，
有東歐的小瑞士之稱。

↑歐洲客車被塗鴉彩繪是一種文化，
只要不會太離譜，通常還會被保留下來。

Access 圓夢之路　出發前一晚可以住宿維也納，搭火車前往斯洛伐克的布拉提斯拉瓦，車程大約一小時以內十分方便。2008年時尚未在 Eurail pass 所涵蓋範圍，斯洛伐克國境內鐵道旅行，必需自行購票，可以使用歐元。

Link 延伸閱讀　世界鐵道與火車百科，斯洛伐克單元。

↑布拉提斯拉瓦的多瑙河風光。

↑布拉提斯拉瓦的輕軌電車LRT。

↑拿破崙的銅雕與後方的法國大使館。

↑通往火車站的指標，還好有英文，不然可真的慘了！

↑布拉提斯拉瓦消防員的銅雕，乍看之下以為是真人，十分逗趣。

↑布拉提斯拉的總統府，水池的中央地球是一隻凹雕的鳥。

155

斯洛伐克的切尼赫榮森林鐵路 Čierny Hron Forest Railway

760mm

↑左上：切尼赫榮森林鐵路，三部蒸汽火車抵達 Vydrovo車站，鐵道為760mm軌距。右上：切爾尼巴洛格 Čierny Balog車站，是最重要的車輛基地。
左下：昔日切尼赫榮森林鐵路，運送木材的貨車。右下：今日切尼赫榮森林鐵路的客車，讓旅客可以感受大自然的風情律動。

談到斯洛伐克的切尼赫榮森林鐵路Čierny Hron Forest Railway，歷史悠久，
Čierny Hron其實指的是黑龍河，在奧匈帝國時期，1908年開始修建，
1909年，森林木材運輸從ČiernyBalog巴洛格至Hronec赫羅涅茨開始通車。
1927年，開通客運運行，後來鐵路網逐步擴展，總長度達到131.97公里，
到20世紀中葉，成為當時捷克斯洛伐克(1918-1993)規模最大的林業鐵路。
不過由於公路運輸崛起，森林鐵路沒落，所以不幸在1982年一度關閉，
後來被鐵道愛好者以NGO組織重新整理修復，1992年起以觀光鐵路重新運行，
如今屬於1993年獨立之後的斯洛伐克，窄軌蒸汽火車更是它的賣點。
該鐵路目前呈T字形，Chvatimech - Hronec - Čierny Balog- Vydrovo長17公里。
其實斯洛伐克與捷克兩國，都地處於東歐的喀爾巴阡山脈，
森林資源非常地豐富，在奧匈帝國的時代，都使用760mm軌距為森林鐵道。
而760mm軌距又稱為波西尼亞軌距Bosnian gauge，有別於英國762mm軌距，
是英國762mm軌距的東歐版，不過兩款軌距的火車是可以互通的。
波西尼亞軌距的窄軌鐵道，它普遍存在於昔日奧匈帝國與南斯拉夫帝國的時代，
現今奧地利、匈牙利、捷克、斯洛伐克、保加利亞、塞爾維亞、羅馬尼亞等國，
涵蓋東歐的阿爾卑斯山、喀爾巴阡山脈、巴爾幹山脈的窄軌鐵道，都還在使用。
建議您可以計劃一趟波西尼亞軌距大旅行，奧、匈、捷、斯、保、塞、羅，
行遍阿爾卑斯山、喀爾巴阡山脈、巴爾幹山脈三大山脈的登山與森林鐵道。
必然不虛此行！

↑Joy蒸汽火車，1948年，前捷克斯洛伐克共和國，捷克摩拉維亞·科爾本-丹歷CKD製造。

↑Cifra蒸汽火車，1916年，匈牙利馬瓦格機車廠MAVAG製造。

↑Kobenka蒸汽火車，1906年，匈牙利馬瓦格機車廠MAVAG製造。

Access 圓夢之路
斯洛伐克切尼赫榮森林鐵道，屬於斯洛伐克國家文化遺產，也是經典的東歐保存鐵道之一，風景優美但是班次不多。建議前一天可住在班斯卡-比斯特里察Bansk Bystrica，然後搭斯洛伐克國鐵的火車，到赫瓦季梅赫 Chvatimech，這裡下車之後，可以接駁至赫羅涅茨 Hronec，從這裡開始到切爾尼巴洛格Čierny Balog，就有窄軌小火車可以搭乘。

Link 延伸閱讀
世界鐵道與火車百科，世界高速鐵路百科。

匈牙利的兒童鐵路 Gyermekvasút

760mm

↑左上：布達佩斯的兒童鐵路Gyermekvasút穿越森林的風景，鐵道是760mm軌距。右上：布達佩斯的兒童鐵路的開放式客車，沒有窗戶，也美化了欄杆。
左下：布達佩斯的兒童鐵路的經典車款，Mk.45柴油機車。右下：布達佩斯的兒童鐵路的列車長，還是未成年的學童。

匈牙利首都布達佩斯西邊的山區，有一條知名的兒童鐵道Gyermekvasút，
1948年開始啟用，長11.2公里，鐵道也是窄軌的760mm軌距。
過去在鐵幕時代，兒童鐵道有它的典故，
為了戰略上的需要，有所謂的共青團，他們遴選10-14歲成績優秀的兒童，
來到這裡學習操作鐵道體系，
包含駕駛、行車調度、剪票等營運操作科目，是訓練用而非運輸用。
萬一發生戰爭必須徵調兵員，人力短缺之時，這些兒童猶如後備軍人，
可以立刻派上用場，進入到交通運輸體系接替大人的工作。
不過，隨著東歐鐵幕解體之後，共青團已經消失，
訓練學童來操作鐵道已無必要，學童也長大成人，變成了18歲以下的青少年，
成了當地知名的觀光景點。
兒童鐵道Gyermekvasút，全年無休，這可不是兒童樂園的遊園鐵道，
而是不折不扣的「真實火車」，只是略小一號的「窄軌火車」而已，
Gyermekvasút使用Mk.45柴油機車頭，營運時速約30公里。
羅馬尼亞的布加勒斯特FAUR(23 August Works)廠製造，
也是屬於FAUR L45H型，是東歐760mm軌距常見的火車。
兒童鐵路的開放式客車，讓旅客搭火車吹著風可以感受大自然的風情律動，
冬季下大雪時，火車照開不誤，還有蒸汽火車運行，
是一個非常有創意的鐵道，
如今兒童鐵路的列車長，都還是未成年的青少年，這些學童還得向火車敬禮呢。

↑匈牙利布達佩斯的兒童鐵路的終點站。

↑這些學童向火車敬禮。

↑匈牙利的小朋友，在兒童鐵路上多麼的快樂。

Access 圓夢之路　搭地鐵Budapest Metro M2到莫斯科廣場站，然後換搭61號線Tramway 到終點站
Huvosvolgy車站。下車往上走，便可看到兒童鐵路Gyermekvasút的車站。

Link 延伸閱讀　世界鐵道與火車百科。

匈牙利的城市鐵道之旅 布達佩斯與多瑙河

1435mm

↑藍色多瑙河的美景，令人沉醉，河畔為布達佩斯的地標「國會大廈」。

布達佩斯是一個洋溢著音樂的美景城市，跟奧地利的維也納一樣。
看到布達佩斯的風景，耳邊會響起約翰史特勞斯的「藍色多瑙河」圓舞曲。
而世界知名的都市幾乎都有一條河，藍色多瑙河的美景，令人沉醉，
多瑙河上的經典名景鐵鍊橋 Chain Bridge，河畔旁還有經典建築「國會大廈」，
這兩個景點幾乎就是布達佩斯的地標，或是稱為明信片的經典風景。
而搭船遊覽多瑙河，可以充分理解布達佩斯是「雙子城」的涵義，
布達區山丘林立，布達皇宮與漁夫堡在此；佩斯區建築多元，國會大廈與河比鄰；
這些經典建築與古蹟，只要搭乘布達佩斯的地下鐵與輕軌電車都能到達。
而英雄廣場更是旅遊重點，它的國立美術館的造型，令人想起台北的台灣博物館。

↑連接布達佩斯都會區週邊地區的
通勤電聯車，正開往 Budapest Deli。

但是當你搭乘M1線前往布達佩斯的英雄廣場時，更不要忘了一個地底資產，
2002年布達佩斯的地下鐵M1線，是 UNESCO 第一個登錄的世界遺產地下鐵。
布達佩斯的 Budapest Keleti 車站是座古蹟建築，也是匈牙利通往東歐的門戶。
月台上火車上的UZ標誌，代表這節臥鋪客車來自烏克蘭。
包含通往土耳其、烏克蘭、羅馬尼亞與俄羅斯的火車，都是在這裡到發。
所謂的聯合國列車，就是指從火車頭到後面的車廂，
都是來自不同國家組成，這種情形在台灣難以想像，
也只有在歐洲才看得到這種奇景。

↑布達佩斯的 Budapest Keleti 車站，
是一座經典的古蹟建築。

→布達佩斯的國立美
術館，其造型令人想起
台北市的台灣博物館。

Access 圓夢之路 搭火車或是飛機抵達布達佩斯，透過地下鐵與輕軌電車，即
可完成都市觀光。持Eurail pass可以免費搭乘匈牙利的火車。

Link 延伸閱讀 世界鐵道與火車百科，匈牙利單元。

↑ Budapest Keleti 車站，是匈牙利開往東歐的門戶，包含通往土耳其、烏克蘭、羅馬尼亞與俄羅斯的火車，都是在這裡到發。

↑ 火車上的UZ標誌，代表這節臥鋪客車來自烏克蘭。

↑ 史特勞斯的「藍色多瑙河」圓舞曲響起，遊船的背後是布達皇宮。

↑ 多瑙河上的經典名景鐵鍊橋 Chain Bridge。

↑ 跨越多瑙河的布達佩斯輕軌電車LRT。

↑ 2002年全球第一個地下鐵世界遺產，布達佩斯的地下鐵。

捷克的城市鐵道之旅 首都布拉格

↑從布拉格的查理大橋觀賞伏爾塔瓦河。

布拉格位於波西米亞的中心地帶，素有東歐『建築博物館之都』的美譽。
包括馬提亞斯大城門、聖維塔大教堂、總統官邸、黃金小巷等著名景點，
從舊皇宮可以居高臨下，俯瞰舊城尖塔林立、各種中世紀建築並存的繁華景象。
布拉格最古老的石橋查爾斯橋，欣賞橋樑兩側頗富巧思的聖者雕像，
前往饒富古意的舊市街廣場遊覽，並欣賞街頭藝術及天文鐘整點音響表演。
以及十四世紀所建的提恩教堂，胡斯紀念碑與火藥塔，皆不容錯過！
尤其布拉格的國立博物館，下方的M字箭頭就是地鐵車站。
布拉格的地鐵鑲著金磚的月台牆壁，可以說是東歐都市中最為漂亮的地鐵。

↑查理大橋上的街頭藝術音樂饗宴。

當您在歐美與日本等先進國家旅行，
想要探訪一個城市建築與文化的縮影，經常可以在「人孔蓋」找到答案。
幾乎人孔蓋有哪些圖案，這個都市引以自豪的內容，幾乎八九不離十。
所以說人孔蓋是一個都市或地區的「文化橡皮圖章」，一點都不為過。
例如布拉格的中央車站，是一座很有名的建築物，有著宮廷建築的藝術氛圍。
當它濃縮成一個人孔蓋，就成為布拉格的「文化圖章」。
當你搭火車來到布拉格的中央車站，記得不要錯過月台上的人像銅雕，
這訴說著這裡發生在1939年，一位Nicholas Winton先生的感人故事。
他以他自己有限的力量，拯救了669個小孩送往英國，免於戰爭的傷害與恐懼，
儘管如此，仍然有15131位捷克斯洛伐克的小孩無法倖免於難，在集中營被屠殺。
那種救苦救難的人道精神，是不分國籍也不分種族，令人肅然起敬！
時過境遷，今日的火車依然川流不息，但是銅像傳遞著人道精神永恆不死！

Access 圓夢之路 搭火車或是飛機抵達布拉格，透過地下鐵與輕軌電車，即可完成都市觀光。
持Eurail pass可以免費搭乘捷克的火車。

Link 延伸閱讀 世界鐵道與火車百科，捷克單元。

↑布拉格的聖維塔大教堂。

↑布拉格的中央車站，濃縮成一個人孔蓋，成為布拉格的「文化圖章」。

←正跨越伏爾塔瓦河鋼拱橋，捷克的城際列車。

↑布拉格的中央車站建築，是一座很有名的建築物。

↑布拉格的中央車站圓頂裡面，有著宮廷一般的建築藝術氛圍。

↑沿著伏爾塔瓦河畔前進，布拉格的輕軌電車。

←月台上的人像銅雕，訴說著這裡發生在1939年的感人故事。雖然人已經過往，但是後方的火車依然川流不息。

↓布拉格的中央車站月台，與即將出發的列車。

↑布拉格的國立博物館，下方的M字箭頭就是地鐵車站。

↑布拉格的地下鐵，鑲著金磚的月台牆壁，非常地漂亮！

捷克的古城鐵道之旅 黛斯 布爾諾 克倫洛夫

↑捷克色彩鮮豔的鄉下地方柴油客車。注意不用加高月台，就可以上下車。

黛斯、布爾諾、克倫洛夫皆是捷克的古城小鎮，充滿悠閒的中世紀氣息。
充滿了幽靜的懷舊氣息，宛若置身在中古世紀的油畫當中。
尤其庫倫洛夫是十八世紀保留至今的古城，更是皇宮與軍事要塞的綜合體，
如今被UNESCO聯合國教科文組織登錄為世界遺產。
搭火車來到這幾個鄉鎮，尤其是它的舊城區，都是在火車站不遠處，
散步在美麗清澈的伏爾他瓦河，四周盡是起伏的丘陵及蓊鬱的森林，
零星的紅屋瓦點綴其中，一片綠意盎然，令人心醉！
捷克的鐵路開創於1839年，鐵道的路網是以布拉格為中心，
在奧匈帝國時期，連接維也納Wien至布爾諾Brno附近通車，
捷克的工業非常發達，火車製造技術一流而且價格便宜，但是帶有俄羅斯色彩。
像捷克的EMU通勤電聯車，頭尾的兩部動力車，雖然有乘客室和駕駛室，
但是長得還是像俄羅斯火車頭，電聯車像推拉式客車，無法從僵硬線條中解放，
對於看習慣流線形電車的台灣旅客來說，總是覺得有些奇怪！
捷克的鐵路值得稱道的，是將鄉間的鐵道通勤路網完整保留，加以現代化。
許多色彩鮮豔的鄉下地方柴油客車，不用加高月台，就可以上下車。
當台鐵的支線愈來愈少，只有停駛與拆除一途，或是變成自行車道。
尤其是基隆與高雄臨港線，甚至台糖鐵路，就這樣消失在都市計劃的版圖中。
其實，地方支線可以不需額外的經費蓋車站月台，甚至不需要電氣化，
只要引進低底盤柴油客車，馬上就變成一條具有輕軌功能的區域鐵路。
不但路線被完好保留，而且立刻是一條現成的捷運路線，
或許初期速度和運量不夠好，但是未來服務水準可以逐步提升，
看到捷克的鄉間鐵道，再看到台灣的鄉間鐵道，只有毀棄與消失的命運，
今日面對高雄臨港線、林口線的沒落消失，真的值得台灣深思與反省啊！

↑這是古城黛絲Telc的火車站。

↑這是捷克的古城黛絲，
整排房屋都鑲上一面牆，感覺類似像荷蘭。

↑捷克鄉下地方柴油客車的內裝，
並沒有比較簡陋或窄小。

↑克倫洛夫是個充滿建築藝術的古城。

↑捷克的通勤電聯車,頭尾兩部動力車雖然有乘客室,但是長得像火車頭一樣。

↑布爾諾 Brno 的輕軌電車與街景。

↑克倫洛夫的教堂,將祈禱翼入了天聽。

Access 圓夢之路

捷克的鐵道發達,布爾諾與克倫洛夫都是大都市,既方便住宿,也方便以火車作為交通工具。而古城黛絲則是比較鄉下的地方,建議從布爾諾或是布德杰維契,都可以搭火車前往。持 Eurail pass 可以免費搭乘捷克的火車。

Link 延伸閱讀 世界鐵道與火車百科,捷克單元。

↑布爾諾的車站,挑高的中庭大廳。

↑布爾諾 Brno 的車站,後方可以看見建築古蹟。

波蘭的城市鐵道之旅 首都華沙

1435mm

↑左上：華沙的地下鐵車站。M加上一個向下的箭頭就是代表 Metro。右上：華沙的地下鐵車廂，雖然沿襲俄羅斯風格，但是顏色鮮豔許多。
左下：波蘭華沙的中央車站，一個挑高的方形大建築，類似台北車站的結構。右下：華沙的中央車站月台也是鐵路地下化，跟台北車站相同。

華沙 Warszawa 是波蘭的首府，也是波蘭最大的都市。
也許其名包含了 Wars 而戰爭兵燹不斷，1943-1944年整個華沙幾乎毀於戰火，
如同波蘭的國旗上白下紅，大地鮮血染成，如今華沙85％的建築都是戰後重建，
也如同波蘭國鐵PKP的標誌是一隻不死鳥，歷經戰火而浴火重生！
整個國家與都市充滿愛國的氣息，到處是愛國的音樂家、科學家與文學家。
例如愛國音樂家蕭邦，波蘭科學家哥白尼，居禮夫人等等都在華沙，
居禮夫人任教的國立波蘭大學，更在人類放射線科學史上大放異彩。
而週期表上的鈽Po，它所紀念的無非是她苦難的國家「Poland」波蘭！

↑華沙中央車站前的圓環，
已經成為輕軌電車的十字交叉。

波蘭華沙的中央車站，是一個挑高的方形大建築，類似台北車站的結構。
華沙的中央車站，月台也是鐵路地下化，這點跟台北車站也是相同，
華沙的中央車站前的廣場，聳立的鐘塔建築就是波蘭文化科學館。
波蘭的捷運 Metro 路線很簡單，但是輕軌電車LRT卻非常發達！
華沙的捷運車廂，雖然沿襲傳統俄羅斯地鐵風格，但是顏色卻鮮豔許多。
LRT輕軌電車絕非只是單純的交通工具而已，

↑您發現了嗎？東歐的鐵道創意十足。輕軌電車的
車身彩繪還有「輕軌電車」，甚至輪子上方是一部
「汽車」。

它是一個都市的「活動廣告箱」，
更是都市意像的創意彩妝者。
華沙中央車站前的圓環已經取消，
但是成為輕軌電車的十字交叉。
輕軌電車的彩繪還有「輕軌電車」，
甚至輪子上方是一部「汽車」，創意十足呢！

←波蘭可愛天真的小孩，
讓人心生憐愛。

Access 圓夢之路

搭乘華沙的地下鐵，尤其是輕軌電車，即可到
達多數觀光的景點。

Link 延伸閱讀

世界捷運與輕軌百科，波蘭華沙單元。

↑華沙的中央車站前的廣場，
聳立的鐘塔建築為波蘭文化科學館。

↑愛國音樂家蕭邦的雕像。

↑布波蘭科學家哥白尼的雕像，後方背景為波蘭科
學院。

↑華沙的城堡廣場與皇家城堡。

↑居禮夫人的故居，如今成為居禮夫人紀念館。

↑古老的舊城區建築，與人魚雕像。

↑曾經在放射線科學史上大放異彩的國立波蘭大學。

波蘭最後的蒸汽普通車　波茲南的蒸汽火車之旅

↑波茲南的蒸汽火車，揚起濃煙，昂首進發！

西元1919年一次大戰結束之後，凡爾賽和約讓歐洲領土重新劃分，
波蘭得到新國土，也就是切割原本普魯士的東部的領土，波森Posen作為補償，
波森並改名為波茲南。這項歷史的改變，讓波蘭的波茲南 Poznan 至Wolsztyn，
源自過去德國的鐵道，包含波蘭這個Wolsztyn蒸汽火車的基地，
直到現在21世紀，仍有蒸汽火車在行駛，每年在四月底，
還有一場蒸汽火車嘉年華會大遊行Parada parowozów Wolsztyn。
而且最重要的一點，它不是像英國 Bluebell 或荷蘭 Hoorn 那種保存鐵道，
而它竟然是國鐵的「正常班次」，由波蘭國家鐵路公司PKP維持正常運作，
也就是為了維護國家鐵道文化，而刻意保留上下午兩往返的蒸汽普通車。
好比今天台灣鐵路的區間車，幾乎都是EMU通勤電聯車在運行，
可是在每天上下午時段，您還可以固定搭乘兩往返的蒸汽火車普通車，
它的票價也折合台幣兩百多元而已，因為這不是觀光列車，而是普通車，
這真的是太不可思議了！讓全球多少鐵道專家學者，皆不遠千里而來。
我想品味二十一世紀的蒸汽火車普通車之旅，就從波茲南車站開始吧。
您可以搭乘波蘭城際列車IC，先抵達波茲南，再換蒸汽火車的普通車而已。
透過一位德國朋友的介紹，波蘭的火車司機聽說我是台灣人，哇！好遠的地方，
毫不猶豫地拿起鏟子對我說，你想當司爐嗎？上來玩吧！
Would you be a fireman？Come on！
當然我只是笑一笑，感受他們的熱情，就猶如蒸汽火車鍋爐一般的溫暖，
還是親身搭火車，劃過東歐大地的景色，沿途懷舊的電線桿，令人回味不已！
火車抵達終點 Wolsztyn 蒸汽火車基地，就是一個扇形車庫 Roundhouse。
在Wolsztyn 蒸汽火車的扇形車庫宿舍，他們有簡易的雅房提供給觀光客，
許多來自世界各國的鐵道旅人，就喜歡住在車庫裡面，
每天被蒸汽火車的氣笛聲吵醒，聞著煤煙的滋味起床，還樂此不疲呢！

↑二十一世紀的蒸汽火車普通車之旅，
就從波茲南車站開始。

↑您可以搭乘這種城際列車IC，
先抵達波茲南，再換蒸汽火車的普通車。

↑蒸汽火車的出發告示板，17:12 開往 Wolsztyn。

蒸汽火車劃過東歐大地的景色，懷舊的電線桿，令人回味不已！

↑蒸汽火車通過東歐的美麗農莊，猶如一幅油畫。

↑別懷疑！這不是觀光列車，就是蒸汽火車牽引正常的普通車班次，即將開車。

↑司機看到我是台灣人，毫不猶豫地拿起鏟子說，你想當司爐嗎？上來玩吧！

↑終點 Wolsztyn 蒸汽火車基地，是一個扇形車庫。

↑火車即將出發，孩子的心也在期待。

→波蘭國鐵PKP的普通車內裝，十分整潔乾淨！

Access 圓夢之路

想看蒸汽火車大遊行的遊客，建議可以在波茲南市區住宿幾天，從波茲南車站搭火車，多次體會這個難得的東歐蒸汽火車之旅。另外，如果不講究住宿，也可住宿在 Wolsztyn 蒸汽火車的扇形車庫宿舍，有簡易的雅房提供，但衛浴設備是共用的，一個晚上不到台幣500元，最好得先預約。想看蒸汽火車大遊行可參閱　https://www.parowozowniawolsztyn.pl/或www.parowozy.pl

Link 延伸閱讀　世界鐵道與火車百科，波蘭單元。

通往死亡的鐵道之路 奧斯維辛集中營

1435mm

↑奧斯維辛車站裡的電力自走客車 Electric Railcar。

您是否看過電影「辛德勒」的名單，描述奧斯維辛集中營的故事？
在波蘭克拉考附近的奧斯維辛集中營，希特勒在納粹佔領波蘭的期間，
利用火車運送將近六百五十萬的猶太人，運往此地有規模地進行大屠殺，
創造歷史上最龐大的「殺人工廠」，寫下人類戰爭史上最不文明的一頁。
然而，「奧斯維辛」並非已經成為歷史名詞，OŚWIECIM火車站今日依舊存在，
根據二戰時期盟軍的空照圖，現在的奧斯維辛車站是運送猶太人的編組車站。
Birkenau 畢爾克瑙集中營，是當年屠殺猶太人最大的一個集中營，
而通往死亡的鐵道之路，火車運進來的人進入集中營，就再也出不去了，
那些集中營裡的歷史相片，猶太人用貨車被送到這裡進入毒氣室屠殺。
今日的 Birkenau 畢爾克瑙集中營，可堪與歷史相片作對照。

今日在畢爾克瑙集中營的屋舍，感覺如雞舍，其實等於是個「大型屠宰場」，
可以望見這些猶太人死難者的後代，特別來此地獻上了鮮花悼念。
您無法想像當時猶太人進來波蘭軍營集中營時，德軍還是「奏樂歡迎」的，
德文「ARBEIT MACHT FREI」，表示只要努力工作，就可以獲得自由，
其實完全是個騙局，如今還保存完好在 Auschwitz 奧斯維辛集中營門口，
只不過，當時真的沒有人能夠幸運翻越兩層鐵絲網，令人鼻酸。
有道是「做好事需要好理由，做壞事需要更好的理由」，
五十多年之後回顧歷史，不哭不笑，只是理解，人類不知道要經過多少教訓，
才能學習到和平的基礎，不過就是最基本的「人道精神」，將心比心而已。

↑「奧斯維辛」並非已經成為歷史名詞，
火車站今日依舊存在。

→這是二戰時期盟軍的空照圖，現在的奧斯維辛車站在C，
Birkenau 畢爾克瑙集中營在D，Auschwitz 波蘭軍營集中營在B，
而A是運送猶太人的貨運編組車站。

↑通往死亡的鐵道之路，
火車運進來的，
就再也出不去了。

←這是 Birkenau 畢爾克瑙集中營，
屠殺猶太人最大的一個。

↑這是集中營裡的歷史相片，猶太人用貨車被送到
這裡。

↑今日 Birkenau 畢爾克瑙集中營，可堪與歷史相片
作對照。

↑Birkenau 畢爾克瑙集中營的鐵絲網。

↑畢爾克瑙集中營的屋舍，當時猶太人住在這裡，
死難者的後代獻上了鮮花。

↑這張圖畫極度地反諷，訴說當時猶太人進
來波蘭軍營集中營時，還是奏樂歡迎的，只
要努力工作，就可以獲得自由。其實完全是
個騙局。

↑只要努力工作，就可以獲得自由，德文「ARBEIT MACHT
FREI」，如今還保存完好在 Auschwitz 集中營門口。

Access 圓夢之路 出發的前一晚建議可以住在克拉考，搭乘火車前往奧斯維辛車站，下車之後依照觀光
資訊，搭巴士前往畢爾克瑙 Birkenau 集中營，或是 Auschwitz 波蘭軍營集中營，步行
也不會太遠，但是必須買門票，團體可以預約導覽。有很多地方禁止拍照，包含焚燒
猶太人的焚化爐與屠殺的毒氣室，以及猶太人的遺物室，人體脂肪做成的肥皂，頭髮
作成的軍毯，不要冒險偷拍，心態必須莊重，請務必尊重死者與遺族感受。

Link 延伸閱讀 世界鐵道與火車百科，波蘭單元。

↑Auschwitz 集中營，當時沒有人能夠幸運翻越兩
層鐵絲網，令人鼻酸。

波蘭的古城鐵道之旅 樂斯拉夫 克拉考

↑波蘭樂斯拉夫的市區景觀，鐵道客車與輕軌電車立體交叉，上方的通勤電車剛好出站。

來到波蘭旅行多數會來到首都華沙，但是更不可錯過克拉考這個古城，
波蘭王朝在西元1038年首先建都於南部古城克拉考Krakow，
為波蘭十二世紀至十七世紀之首都，和布拉格與維也納為中歐三大文化中心。
由於克拉考並沒有在二次大戰中遭到盟軍轟炸，所以完整保存了舊城風貌，
UNESCO也在1978年將克拉考舊城登錄為世界文化遺產，
從山丘上的瓦維爾Wawel城堡居高臨下，可以眺望整個舊城區。
2010年4月10日，波蘭總統卡辛斯基夫婦等軍政要員在俄羅斯墜機身亡，
波蘭舉國上下同聲哀戚，人人不分黨派，皆為國家痛失菁英而哀慟。
卡辛斯基總統夫婦就是葬在克拉考，有一千一百年歷史的瓦維爾皇家大教堂，
這個教堂的地下墓室就是歷代國王、民族英雄、聖賢與詩人的長眠之所。
在克拉考瓦維爾舊城區裡，可以看到許多觀光馬車為遊客代步，
克拉考Krakow雖然沒有捷運Metro，卻有輕軌電車LRT穿梭於瓦維爾舊城區，
現代科技與傳統歷史揉合，交通的便利賦予了古城觀光的新生命。

↑波蘭樂斯拉夫 Wroclaw 的火車站，
活似一座古典的城堡。

↑波蘭樂斯拉夫的輕軌電車LRT，
活潑浪漫的彩繪，完全不像在東歐。

此外，克拉考的維利奇卡地下鹽城，是波蘭最古老也是全歐洲最大的岩鹽採掘場，
介紹當年如何發現鹽礦，深入135公尺地下參觀多如迷宮坑道，讓人嘆為觀止，
中古時期鹽礦如何雕出一座大皇殿，鹽殿裡更是壯觀，石階、吊燈是鹽，
連聖母像最後的晚餐都是鹽雕製成，目前已經被UNESCO登錄為世界遺產。
而波蘭另一個都市樂斯拉夫Wroclaw的火車站，活似一座古典的城堡。
感受其古典優雅的氣息，樂斯拉夫的輕軌電車LRT，還有活潑浪漫的彩繪，
鹽巴廣場四周包括最美麗的舊市街廣場，哥德式市政府，聖伊莉莎白教堂等。
尤其樂斯拉夫的輕軌電車LRT，完全沒有東歐鐵幕世界的束縛。
活潑浪漫的彩繪外觀，完全不像在東歐呢！

↑克拉考的維利奇卡地下鹽城，
已經被登錄為世界遺產。

火車都是一個樣 昔日共黨鐵幕世界的火車

1520mm
1435mm

↑ 這款俄羅斯製造Class E所改良的Er 5動輪蒸汽機車，曾經大量活躍於共黨鐵幕世界，寬軌1520mm軌距。(聖彼得堡鐵道博物館)

許多人在國際上觀察一個國家的政治與歷史，是屬於哪一個陣營？
一般人會看步槍與飛機，因為從武器很容易得到答案，
例如AK47之於M16，MIG21之於F16，就是絕佳對比。
不過熟悉鐵道的專家，從火車可以看到答案，因為交通是國家經濟的動脈，
這也是台灣很多美國GM-EMD柴電機車的由來，那是過去「美援」時代的遺跡。

↑ 俄羅斯製造的 Class FD，在1958-1961年進口至中國，但是改成標準軌，成為友好型與反修型。其動輪已經更換，今日保存 FD1979。(中國北京鐵道博物館)

今日西方世界陣營如此，昔日共黨的鐵幕世界何其不然？
舉例來說，俄羅斯製造Class E系列的5動輪蒸汽機車，寬軌1520mm軌距，
曾經大量活躍於共黨鐵幕世界，相關改良系列共製造高達11000部之多，
放眼全球無可出其右，幾乎是全世界「有案可考」，製造最多的蒸汽火車了。
當時火車以「俄援」方式輸送到前蘇聯陣營的國家。俄羅斯寬軌1520mm不變，
因為軌距代表當時的經濟交通網路，軌距相同，國際貿易陸運進出口可以相通。
後來俄羅斯改良版的Class FD蒸汽機車，在1958-1961年進口至中國，
但是被修正成標準軌1435mm軌距，成為中國的「友好型」與「反修型」，
如今保存FD1979在中國北京鐵道博物館。

↑ 當年俄羅斯製造的Class L蒸汽機車，也來到了愛沙尼亞，當時火車大量以「俄援」方式輸送到前蘇聯陣營的國家。但是1520mm軌距不變，因為軌距代表當時的經濟網路。(愛沙尼亞 塔林)

在第二次世界大戰時期，納粹的軍隊快速擴張，當時製造一款簡易實用的火車，
BR52型也是風靡歐洲的蒸汽機車，性能良好，但是相較於BR50型構造被簡化，
而且造價便宜，被大量製造高達6700部之多，但是為歐洲的標準軌1435mm。
可是當納粹打下波羅的海三小國，與俄羅斯的列寧格勒，軍隊要控制鐵路，
BR52被改成俄羅斯寬軌1520mm，在拉脫維亞被保存下來，成為戰爭的證據。
而今日M62柴電機車是匈牙利引以為傲的傑作，依然大量活躍於昔日鐵幕國家。
從東歐到亞洲的蒙古、北韓，到處可見這款柴電機車，猶如美國GM的角色，
誰說世界冷戰時代的東西陣營，火車、飛機不都是一個樣嗎？

Link 延伸閱讀

中國鐵道火車百科I，蒸汽機車單元，FD型。

德雷莎修女之路 阿爾巴尼亞與馬其頓的鐵道之旅

↑阿爾巴尼亞的旅行風景，從Elbasani前往馬其頓邊界的路途中。

談到阿爾巴尼亞，對台灣民眾而言或許並不陌生，
因為1971年中華民國退出聯合國，
正是源自於阿爾巴尼亞在聯合國提出的「排我納匪」案。
阿爾巴尼亞，位於巴爾幹半島的西邊，臨亞得里亞海，
是昔日共黨鐵幕國家，由於長年鎖國政策，成為巴爾幹半島最為窮困的國家。
如今主要鐵道樞紐車站為亞得里亞海港口城市都拉斯，
而非該國的首都提拉那，
火車多數沒有電氣化，夏天炎熱，沒有空調，搭公路的空調巴士比較方便。
而位於阿爾巴尼亞與馬其頓邊界的奧赫里德湖，非常漂亮，值得一看。

西元前336年，馬其頓原本是亞歷山大建立的歐亞大帝國，
後來成為羅馬帝國的一省，西元1371年被鄂圖曼土耳其帝國併吞，
歷史上經過非常多的戰亂，一度屬於南斯拉夫。
1991年前南斯拉夫共和國瓦解，馬其頓成為其分裂的六個共和國之一。
因此，馬其頓該國的鐵道的歷史，是誕生在西元1873年，
最早的鐵路，就是從現今首都史高比Skopje開始，
史高比更是諾貝爾和平獎得主，德雷莎修女的誕生地，
筆者對德雷莎修女非常地景仰，她的生日與我的生日是同一天26 Aug，
所以我不辭千里，就是要來到這裡向她敬禮，感受她的慈悲與偉大！

如今馬其頓史高比有連接希臘Thessaloniki，屬於昔日東方快車的路線。
鐵道多數沒有電氣化，設施也比較落後，還好軌距為標準軌1435mm，
如今很多來自西歐的火車，依然會經由本國前往希臘。

↑馬其頓的火車，停靠在首都史高比火車站。

↑馬其頓的火車內裝，夏天炎熱，沒有空調。

Access 圓夢之路

阿爾巴尼亞是個靠海的國家，由於過去的鎖國政策，沒有連結鄰國馬其頓與希臘的鐵路，用飛機與輪船，交通方便。馬其頓史高比，新的火車站採高架結構，舊火車站離德雷莎修女紀念館很近，在1963年地震發生之後，已經變成史高比博物館。

Link 延伸閱讀 　世界鐵道與火車百科。

↑位於阿爾巴尼亞與馬其頓邊界的奧赫里德湖，湖的兩邊是兩個國家。

↑這是馬其頓首都史高比新的火車站，採高架結構，舊火車站在1963年地震發生之後，已經變成史高比博物館。

↑馬其頓首都的德雷莎修女紀念館。

↑阿爾巴尼亞首都提拉娜，恩森梅清真寺。

↑世界知名的人道主義者，德雷莎修女雕像。

保加利亞的登山鐵路 Septemvri - Dobrinishte railway

760mm

↑ 保加利亞的Septemvri- Dobrinishte railway，Velinggrad火車站，鐵路為760mm軌距。

保加利亞是世界知名的玫瑰產地，農業發達，以玫瑰的產品聞名全世界。
然而，它是歐盟體系裡面物價較低的國家，鐵道之旅相對低廉。
這個國家剛好被巴爾幹山脈所橫亙，因此保加利亞有一條很精采的登山鐵道，
穿越洛多皮山脈Rhodope Mountains，德文便稱之為Rhodopenbahn，
英文名為Septemvri - Dobrinishte narrow-gauge railway。
中文名為「塞普泰姆夫里至多布里尼什特」窄軌鐵路，760mm軌距。

保加利亞在1918年經歷一次大戰之後，
從1926年修建該鐵路至1945年二戰結束，全長達125公里，
這條鐵路沿襲奧匈帝國時期760mm軌距，營運時速50公里，
最小曲線半徑60m，最大坡度千分之30，
是保加利亞國鐵Bulgarian State Railways (BDŽ)唯一仍在正常營運的登山鐵道。
可以體驗四個迴圈spiral，是沿途最精彩的重點。
最高點阿拉莫夫站Avramovo station，海拔高達1267 m，
這是歐洲巴爾幹地區的鐵道最高點，因為這段鐵路山區風景優美，
所以又被稱為巴爾幹半島的阿爾卑斯山鐵道。

↑ 注意下方有鐵道，火車通過登山螺旋線 spiral railway的上方。

↑ Septemvri - Dobrinishte railway，Sveta_petka- Avramovo登山螺旋線的地圖。

以台灣輕便鐵道的角度來詮釋，該鐵路堪稱台灣三款五分車的綜合版。鐵路的長度近似1982年以前的台東線(花蓮到台東)，鐵路軌距，運輸路網的規模近似台灣的台糖小火車，而車廂的大小，行車速度，路線結構(尤其是螺旋線)，近似台灣的阿里山鐵路，值得台灣人前往旅遊。

該鐵路與台灣的阿里山森林鐵路的比較表

	保加利亞的登山鐵路	台灣的阿里山森林鐵路
興建年代	1926-1945	1906-1912
鐵路軌距	760mm	762mm
主要鐵道路線長度	125km Septemvri - Dobrinishte	71.4km 嘉義-阿里山 (不含其他支線)
相似特色	4個螺旋鐵路的景觀，窄軌BDZ609蒸汽火車，Avramovo，海拔1267m，歐洲巴爾幹鐵道最高點。	獨立山螺旋鐵路的景觀，窄軌Shay蒸汽火車，祝山站，海拔2451m，台灣鐵道海拔最高點。

↑保加利亞的純樸鄉間鐵道風光，隨時可見馬車。

←保加利亞的鐵道平原風景，十分的迷人。

↑阿拉莫夫站 Avramovo station，海拔1267 m。

↑保加利亞的登山火車，正通過21號隧道，在螺旋線的上方，一邊轉彎一邊在爬山。
↓火車來到巴爾幹鐵路最高點阿拉莫夫站 Avramovo station。

↑該鐵路的火車來到Bansko火車站。

↑Septemvri - Dobrinishte railway.乳黃與玫瑰紅相間的普通車。

↑雖然是無空調的窄軌普通車，內裝座椅卻十分地高級，有很好的沙發座椅。

> **Access 圓夢之路** 這不是一條觀光鐵路，而是正常的運輸幹線，所以由保加利亞國鐵Bulgarian State Railways (BDŽ)所經營，因此從國鐵車站Septemvri可以轉乘。票價也十分低廉，125公里的里程，票價不到100元台幣。
>
> **Link 延伸閱讀** 世界鐵道與火車百科。

羅馬尼亞的森林鐵路 Mocanita蒸汽火車

760mm

↑羅馬尼亞的CFF Viseu de Sus維塞烏森林鐵道的迷人風光，Mocanita通過Paltin火車站，該鐵路為760mm軌距。

羅馬尼亞的國土境內，被喀爾巴阡山脈橫亘，CFF非常地多，
CFF是羅馬尼亞語縮寫為Caile Ferate Forestiere，意為「森林鐵路」，
德國稱之Waldbahn，又被稱為VASER BAHN「河谷鐵路」，
VASER字源在奧匈帝國的時代，德國地方方言中的「水」。
如今德文的水為Wasser，因此這條鐵路就稱之為Wassertalbahn，
代表以溪流導引木材放流的森林鐵道，也是以河谷風景著稱的鐵路。
這條森林鐵道最大的特色，是一種被稱為Mocanita的蒸汽火車。
Mocăniţa 羅馬尼亞語地方方言，意指窄軌蒸汽火車，鐵道也是760mm軌距。
此類型的蒸汽火車在北邊的馬拉穆列什省，與波可維納的山區保存比較完整，
而蒸汽火車行駛在山林之中的魅力，這是最吸引觀光客的地方。
而維塞烏森林鐵道CFF Viseu de Sus，位於喀爾巴阡山脈北方，
羅馬尼亞與北方烏克蘭邊境交界，馬拉穆列什Maramures國家公園裡面。
維塞烏森林鐵道CFF Viseu de Sus，建造於1933-1935年之間，
使用軌距760mm窄軌系統，如今保留21.6 km作為觀光路線。
森林鐵道沿途都是所砍伐的木材，火車沿著河谷緩緩前進，道路與村莊稀少，
不知不覺地，蒸汽火車運行於世隔絕的山區森林，進入了自然荒野的山谷之中，
帶著旅客遠離文明與塵世喧囂的紛擾，進入自然療癒的森林秘境世界。

↑維塞烏的火車基地，並以木材當火車的燃料，令人想起嘉義的北門車庫。

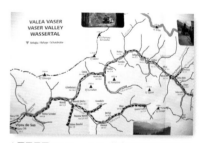

VALEA VASER
VASER VALLEY
WASSERTAL

↑羅馬尼亞CFF Viseu de Sus維塞烏森林鐵道的地圖。

BOX 這條登山鐵路的旅行的小驚喜

自從2007年以來，維塞烏森林鐵道成為歐洲保護馬拉穆列什(Maramures)國家公園的一部分，在全球森林鐵路幾乎已經全面沒落之時，儼然是歐洲最後少數保存的森林鐵路，在喀爾巴阡山脈鐵路60公里長的森林鐵道網路，如今仍然有不少蒸汽機車正在運行，還有許多木材被砍伐輸送下來，不論是軌距或景觀，與762mm軌距的阿里山森林鐵路十分相似，好似穿越時空，回到古老的阿里山森林鐵路。

該鐵路與台灣的阿里山森林鐵路的比較表

	維塞烏森林鐵路	台灣的阿里山森林鐵路
興建年代	1933-1935	1906-1912
鐵路軌距	760mm	762mm
主要鐵道路線長度	21.6 km Vişeu de Sus-Paltin (主線與支線 約60 km)	71.4km 嘉義-阿里山 (不含其他支線)
相似特色	森林鐵路的景觀 Mocanita蒸汽火車 轉型觀光鐵道營運	森林鐵路的景觀 Shay蒸汽火車 轉型觀光鐵道營運

↑這裡是蒸汽火車的出發地，Viseul de Sus維塞烏火車站。

←蒸汽火車Mocanita在此地，中途利用溪水引流加水，不用水鶴。

↑蒸汽火車Mocanita在維塞烏火車站升火待發。

↑維塞烏森林鐵道，蒸汽火車Mocanita的迷人風光。 ↓羅馬尼亞Resita所製造的窄軌蒸汽機車，頗受好評，以0-8-0 Outside Frame steam locomotive結構而聞名於世。

↑蒸汽火車Mocanita加水休息，駕駛員的迷人丰采。

↑直到今日這裡仍然有木材產出，堪稱是東歐最後的森林鐵路。

Access 圓夢之路 先搭巴士到馬拉穆列什國家公園裡面，住宿維塞烏飯店一晚，隔天請飯店排接駁車到維塞烏火車站，蒸汽火車固定一天一往返，上午9:00從Vişeu de Sus車站出發，中途會在Water stop停靠加水，還會有其他停靠站，約11:30 抵達終點Paltin車站。這個蒸汽火車觀光鐵道套裝行程，除了車資，也包含旅客吃中餐與傳統民俗跳舞等表演，午餐之後原班火車返回，15:00回到Vişeu de Sus車站。若是假日則加開一兩班火車，時間會有所變動。

↑維塞烏森林鐵道的木造車廂，充滿著濃濃的懷舊風情。

塞爾維亞的登山鐵路 Mokra Gora and the Šargan 8

760mm

↑左上：塞爾維亞的登山鐵路 Mokra Gora and the Šargan 8，該鐵路為760mm軌距。右上：塞爾維亞的登山鐵路 Šargan 8，動態保存的JZ-83型蒸汽火車。
左下：塞爾維亞的登山鐵路 Šargan 8，火車停在登山起點Mokra Gora火車站。右下：海拔最高806m的Šargan Vitasi火車站。

我們台灣的阿里山鐵路，鐵路在獨立山路段迴旋三圈半，起訖落差兩百多公尺
是以獨立山的三角點，呈現單一同心圓的結構，
尤其是獨立山山頂上的8字形迴圈loop，這是除了之字形之外最特別的重點。
8字形迴圈loop line "figure of 8" 這種結構在世界上非常地少，
台灣卻不是世界唯一的，在世界上還有另一個地方跟阿里山鐵路一模一樣，
最有名的是前南斯拉夫共和國Yugoslavia的塞爾維亞Serbia。
最有趣的是，塞爾維亞該鐵路，就是以此8字形迴圈特徵命名，
它就稱為Mokra Gora Šargan Eight或是The Šargan Eight Railway。
在這條登山鐵路旅程中，火車一路峰迴路轉，看到下方的車站，
類似阿里山鐵路從獨立山車站往下看到樟腦寮的體驗，鐵道呈現8字形迴圈。
我們將Šargan Eight Railway與阿里山鐵路的8字形鐵路相比較，
海拔567m的Mokra Gora車站，類似台灣阿里山鐵路海拔543m的樟腦寮車站。
海拔806m的Sargan Vitasi車站，類似台灣阿里山鐵路海拔743m的獨立山車站。
而半山腰Golubici車站可以往下看鐵路，類似阿里山鐵路的獨立山第三觀景台。

↑塞爾維亞的登山鐵路 Šargan 8，火車通過第50號隧道。

其實The Šargan Eight Railway 這條登山鐵路本身就是個傳奇。
在第一次世界大戰結束之後，原屬奧匈帝國的大片領土開始遭到瓜分。
1918年塞爾維亞人、克羅埃西亞人和斯洛維尼亞人組成了南斯拉夫王國，
這條鐵路就是在這個南斯拉夫時期開始興建，1925年之後才誕生，
當時以登山鐵道的技術，鐵道也是窄軌的760mm，
跨過Mokra Gora的Šargan山區，從烏日采連接到亞得里亞海的出海口。
1991年蘇聯鐵幕瓦解之後，前南斯拉夫Jugoslavija開始分裂成六個國家，
如今這條鐵路還保留國際路線，從塞爾維亞Serbia境內的Mokra Gora，
可以延伸到鄰國的波士尼亞Visegrad，因為兩邊昔日同屬南斯拉夫王國呢。

↑ Mokra Gora and the Sargan 8的8字形鐵路隧道地圖。

↑從37號隧道口觀景台，看8字形鐵路隧道特寫，
左39號隧道，右42號隧道。
←從42號隧道口的Golubici火車站的觀景台，看山
下的Mokra Gora火車站。

↑最長的31號隧道口，有隧道門，以避免追煙效應。

↑從Mokra Gora火車站往山上看，可以看到登山螺旋線，一列火車正停在半山腰的Golubici火車站。

↑站在半山腰的37號隧道口上方，往下看8字形鐵
路隧道的線形結構，下山火車先通過前方鐵路，再
經過左邊鐵路隧道，最後經過右邊鐵路開下山去。

BOX 這條登山鐵路的旅行的小驚喜

The Šargan Eight Railway，最有意思的是，在這裡莫過於找到阿里山森林鐵路百年前的舊有景觀，鐵路隧道有門。在日治時期與光復初期，阿里山的蒸汽機車行駛時通過「長隧道」時，設有專人於上行車進入隧道後，關門遮閉隧道的入口，利用活塞效應藉以減緩隧道內強烈空氣對流，所造成的追煙現象，避免汙染車廂內的空氣。最有名的一個，就是昔日阿里山森林鐵路的13號隧道。然而今日阿里山鐵路再也看不到隧道有門，The Šargan Eight Railway 還有蒸汽機車在運行，隧道有門的景觀被保留下來，就在長1667m的32號隧道口。

Access 圓夢之路 　塞爾維亞也不是歐盟申根公約國，沒有免簽，台灣人過去成本很高，不但得另外辦昂貴的簽證（透過日本辦事處），而且個簽容易被退回。The Šargan Eight Railway 在台灣知名度不高，該鐵路在塞爾維亞，更是地處深山偏遠處，交通非常地不方便，一般人其實無緣得見。最好透過旅行社以組團辦團簽的方式，這樣會比較安全。

Link 延伸閱讀 　世界鐵道與火車百科。作者所寫的阿里山森林鐵路相關著作。

該鐵路與台灣的阿里山森林鐵路的比較表

	Šargan Eight鐵路	台灣的阿里山森林鐵路
興建年代	1925	1912
鐵路軌距	760mm	762mm
主要鐵道路線長度	15.44 km Mokra Gora-Sargan Vitasi （不包含後面延伸到鄰國的波士尼亞的主線）	71.4km 嘉義-阿里山 （不含其他支線）
相似特色	8字形登山鐵路的景觀 JZ 83蒸汽火車 轉型觀光鐵道營運	獨立山8字形登山鐵路的景觀 Shay蒸汽火車 轉型觀光鐵道營運

東方快車的鐵道傳奇 *從倫敦巴黎到伊斯坦堡大搜奇*

1435mm

↑前南斯拉夫的軍事強人狄托Tito，專用牽引蒸汽火車JZ11-022，曾經牽引專車行走東方快車的路線旅行，如今停在貝爾格勒火車站。

我們很難想像，在一百五十多年前，搭火車橫越歐洲至少要四五天的時間，1883年開始的東方快車，從倫敦經巴黎到伊斯坦堡，堪稱是經典的代表。也成為文人筆下的靈感，電影的題材，例如東方快車謀殺案，便是代表作。

如今航空的時代，交通便利，橫越歐洲大陸不過是數小時至半天的時間。如下圖所示，東方快車至少有五條路線，若計入藍線東南歐支線則有六條，首先紅線最為經典，從巴黎到伊斯坦堡，1883年至1962年分三個時期。藍線最長，從倫敦到布加勒斯特，東南歐支線則從布達佩斯到希臘的雅典。奧地利的維也納與匈牙利的布達佩斯，是東方快車紅線與藍線的必經之地。而羅馬尼亞的布加勒斯特，則是東方快車紅線與藍線的重要分歧點。綠線是專走南歐與南斯拉夫的經典路線，避開德國，走瑞士的新普林隧道，經義大利的米蘭，貝爾格勒，保加利亞的索菲亞，終點還是伊斯坦堡。最後兩條現代觀光縮短版，紫線是綠線的一半縮短版，終點只到威尼斯。黃線是紅線的一半縮短版，終點只到維也納，也是EN在2001年最後才停駛。然而，隨著土耳其伊斯坦堡歐洲區的火車站，Sirkeci Railway Station地下化，曾經為東方快車的終點，如今已經變成了鐵道博物館，往事已然不再。如果時間許可，可以搭火車或飛機，把東方快車昔日經過的城市親身走過，那是一場歷史文化與古蹟的壯遊，我花了十年才將這三十多個城市都走完。東方快車的鐵道傳奇，從倫敦到伊斯坦堡大搜奇，推薦您也可以嘗試看看。

↑東方快車的東歐旅途停靠站，匈牙利布達佩斯東站 Budapest Keleti。

↑伊斯坦堡歐洲區的火車站Sirkeci Railway Station，曾經為東方快車的終點，如今已經變成了鐵道博物館。

Access 圓夢之路 善用Eurailpass，西歐的城市有高速列車，東歐的城市沒有高速列車，掌控時間特別的辛苦。把這些都市都走過：倫敦，巴黎，史特拉斯堡，慕尼黑，蘇黎士，茵斯布魯克，洛桑，米蘭，威尼斯，維也納，布達佩斯，貝爾格勒，布加勒斯特，索菲亞，終點伊斯坦堡，還有一個最南邊的雅典。

Link 延伸閱讀 世界鐵道與火車百科，世界捷運與輕軌百科。

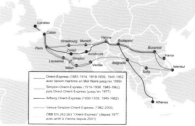

↑東方快車的歷史上，五條主要路線的地圖。(維基百科)

↑東方快車的東歐旅途停靠站，羅馬尼亞的布加勒斯特北站，這是東方快車紅線與藍線的分歧點。

←東方快車的昔日東歐停靠點，奧地利的維也納。東方快車紅線與藍線的必經之地。

↑東方快車的東南歐終點站，希臘的雅典火車站。

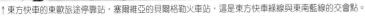

↑東方快車的東歐旅途停靠站，塞爾維亞的貝爾格勒火車站，這是東方快車綠線與東南藍線的交會點。
↓羅馬尼亞鐵道博物館東方快車的特展，1883-1983年，從倫敦到伊斯坦堡。

↑東方快車的東歐旅途停靠站，保加利亞的索菲亞火車站，不過已經改建。

↑東方快車的南方路線停靠站，義大利的米蘭火車站，莊嚴氣派。

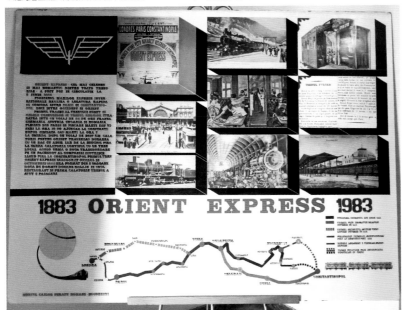

↑東方快車的木造車廂與標誌，如今保存在匈牙利布達佩斯鐵道博物館。

東南歐
Southeastern
Europe

土耳其的鐵道旅行 從伊斯坦堡到安卡拉

760mm

↑土耳其的海灣經典風景，遠方可見藍色清真寺與蘇菲亞博物館。

土耳其的鐵道旅行，是一個別具意義的地方。
尤其是伊斯坦堡，位於歐亞大陸的交界，博斯普魯斯海峽，分隔了歐亞兩洲。
伊斯坦堡亞洲區的Haydarpasa火車站，為東方來自遠東絲路列車的終點。
伊斯坦堡歐洲區的Sirkeci火車站，為來自巴黎東方快車的終點。
不過，兩個火車站分居博斯普魯斯海峽的對岸，遙遙相對，卻沒有火車相通。
直到2013年10月29日，歷史性的一刻終於來臨，
穿越博斯普魯斯海峽的海底隧道完工，歐洲到亞洲最快的鐵路通車了，
土耳其跨越歐亞大陸的馬摩拉鐵路Marmaray，火車跨越歐亞只要4分鐘。
從此原本兩個鐵道的終點，合併成為一個新起點。
不過，Marmaray目前只限鐵路客運，但是貨運暢通歐亞大陸，未來指日可待。

↑伊斯坦堡的地鐵，從高架橋上通過，下方是古城牆的遺址。

另外一個土耳其的鐵道旅行的重點，就是土耳其的高鐵，全長533公里，
從伊斯坦堡到埃斯基謝希爾，2009年3月13日開始營運，
埃斯基謝希爾到首都安卡拉，2014年7月25日開始營運，
全程旅行時間將從6～7小時，縮短至3小時10分。
Turkey土耳其的高鐵，採用西班牙CAF製造的class 120 Alvia，
稱之為TCDD HT65000型，最高營運時速250公里，成就歷史的里程碑。
從安卡拉火車站的換成柴油火車頭，
開往土耳其東部城市，並可連接阿富汗。
如果不是動亂與難民之故，
真想搭火車沿著古絲路經哈薩克，回到中國的新疆。
土耳其的鐵道，讓遠東的絲路列車，
西方的東方快車，終於連接起來！

↑從歐洲到亞洲最快的鐵路，火車穿越博斯普魯斯海峽隧道，跨越歐亞只要4分鐘。

Access 圓夢之路

從土耳其伊斯坦堡的歐洲區，搭輕軌電車T1線，來到Sirkeci火車站，轉乘Sirkeci Railway Station火車站到地下深處，搭Marmaray到亞洲Ayrilik Cesmesi，火車跨越歐亞大陸的海底隧道只要4分鐘，然後轉車到Pendik，才能去搭高鐵。不過如今，這一段高鐵即將與馬摩拉鐵路結合起來，鐵路橫貫歐亞不再是夢想！

↑伊斯坦堡歐洲區的火車站Sirkeci Railway Station，為東方快車的終點。

←歐亞大陸的交界，博斯普魯斯海峽。

↑今日土耳其首都安卡拉火車站。

↑停靠安卡拉火車站的TCDD HT 65000型高鐵列車。

↑伊斯坦堡亞洲區的火車站Haydarpasa車站，為絲路列車的終點。與博斯普魯斯海峽的對岸的Sirkeci Railway Station，遙遙相對。

↑土耳其TCDD HT 65000型高鐵列車的內裝。

↑土耳其跨越歐亞大陸的火車，穿越博斯普魯斯海峽的Marmaray。

↑安卡拉火車站的區間車與柴油火車頭，柴油火車頭即將開往土耳其東部城市。

希臘的城市鐵道之旅　首都雅典建築古蹟之旅

1435mm

↑歷史悠久的雅典的地下鐵體系。

許多歐洲的建築，跟希臘雅典的建築都頗有淵源，
包含台灣許多明治與大正時期的經典建築，亦然相同。
例如國立台灣博物館、臺中州與臺南州廳，都可以看到希臘建築的樣貌。
而雅典神殿的山牆，正門口六柱或八柱，也在全球各地古蹟處處可見。
我真的覺得希臘雅典的城市鐵道之旅，就是人類建築古蹟的知性之旅。
例如希臘建築所用的三種柱頭形式，可以從各種不同建築物去觀察，
雅典的國立圖書館，其柱頭為陶立克式。
雅典的國家科學研究院，其柱頭為愛奧尼亞式。
雅典的奧林匹亞宙斯神殿，其柱頭為科林斯式。
而搭乘1904年通車的雅典地下鐵 Metro，與現代的輕軌電車 LRT，
就是最好的城市觀光交通工具。
不過雅典地下鐵沒有設閘口，自己要有榮譽心去買車票。
雅典衛城 Akropolis 這座世界遺產古城，雖然歷史悠久，
歷經戰亂被重砲轟擊，目前仍然在重建之中，但是觀光客依然絡繹不絕。
您可從街頭藝術家所繪畫的雅典衛城 Akropolis，從油畫中還原其原貌。
從雅典衛城的居高角度，可以觀賞雅典市區的風光，包含海法斯提昂神殿，
還可以看到愛琴海，讓許多遊客飄飄然，不自覺地浪漫起來。

↑這是街頭藝術家所繪畫的雅典衛城 Akropolis，
從油畫中還原其原貌。

↑這是現在的雅典衛城 Akropolis。

←雅典的地下鐵等候座椅，
成了趣味的公共藝術。

> ### Access 圓夢之路
> 搭飛機來到希臘首都雅典，買一張雅典地鐵一
> 日券，即可市區觀光。

> ### Link 延伸閱讀
> 世界捷運與輕軌百科，雅典單元。

↑ 從雅典衛城的居高角度，觀賞雅典市區的風光，前方為海法斯提昂神殿。

↑ 雅典的輕軌電車體系，後方山丘還有許多白色的建築。

↑ 從雅典衛城的高度可以看到愛琴海，讓許多遊客不自覺地浪漫起來。

↑ 憲法廣場 Sindagma square 前的衛兵，其裙裝十分特別。

↑ 雅典的國立圖書館，其柱頭為陶立克式。

↑ 雅典的國家科學研究院，其柱頭為愛奧尼亞式。

↑ 雅典的奧林匹亞宙斯神殿，其柱頭為科林斯式。

希臘伯羅奔尼撒島與柯林斯運河 愛琴海鐵路之旅

1435mm

↑伯羅奔尼撒島 Peloponnese 的希臘火車，從1000mm修正為1435mm標準軌距。

台灣的宜蘭線與南廻線鐵路，火車穿越大海的風光，令人沉醉！
在法國是蔚藍海岸鐵路之旅，在希臘就是愛琴海鐵路之旅。
其實希臘首都雅典的中央車站 Athens Larissa Station，其建築規模很小，
實在很難與這個國家悠久的歷史，龐大的古蹟建築相提並論。
雅典的中央車站月台，長途的客車IC與短程通勤客車都沒有鐵路電氣化，
車站荒涼的程度不太像在南歐，比較是像在北非如埃及。
但是南歐國家人們的熱情與溫馨，卻依然絲毫未減！
現在搭火車從雅典的中央車站 Athens Larissa，開往伯羅奔尼撒島的 Kiato，
鐵道沿途就可以看到蔚藍的愛琴海。
原本伯羅奔尼撒島 Peloponnese 是屬於窄軌的鐵路，
如今已經從1000mm窄軌，全面拓寬修正為1435mm標準軌距。
窗外蔚藍的愛琴海與橙白色建築呈現明顯對比，總是令人驚艷不已！
這段旅程中還有一項驚奇，火車會跨越最有名的哥林斯運河 Korinthos Canal，
現在從火車上可以觀賞到的舊版鐵橋，跨越哥林斯運河。
不過鐵道改軌距之後，鐵路移向了公路這一側，
火車改走新的水泥橋，與舊版的鐵橋相比，實在相形失色不少。

↑希臘首都雅典的中央車站 Athens Larissa Station，其建築規模很小，實在很難與其悠久的歷史，龐大的古蹟建築相提並論。

↑雅典的中央車站月台，長途的客車IC(左)與短程通勤客車(中)，荒涼的程度不太像在南歐，比較是像在北非如埃及。

←希臘的鐵道旅行，
溫馨的親子互動，
在小女孩的眼中，
正盡情擁抱鐵道大地。

Access 圓夢之路　從雅典的中央車站 Athens Larissa Station，
搭乘區間柴油客車前往Kiato即可。

Link 延伸閱讀　世界鐵道與火車百科，希臘單元。

↑火車開往伯羅奔尼撒島，窗外蔚藍的愛琴海與橙白色建築對比，令人驚艷！

↑從雅典 Athens 抵達 Kiato 的希臘柴油客車。

←希臘柴油客車的內裝。

↑希臘鐵路跨越最有名的哥林斯運河 Korinthos Canal，改軌距之後移向了公路這一側。（曾翔 攝）

→現在從火車上觀賞到的舊版鐵橋，跨越哥林斯運河。

從雅典到拉里薩與塞薩洛尼基　希臘山岳的鐵道祕境

1435mm

↑左上：開往塞薩洛尼基 Thessaloniki 的長途客車，彩繪文化依然不可免。右上：從雅典 Athens Pireaus 經過拉里薩 Larissa，到塞薩洛尼基 Thessaloniki 的長途火車 IC。
左下：西希臘長途客車的包廂。右下：這是希臘的長途柴聯車 DMU，從塞薩洛尼基 Thessaloniki 抵達雅典 Athens。

希臘有一條祕境的山岳鐵道，風景非常地漂亮！
從雅典 Athens Pireaus 經過拉里薩 Larissa，到塞薩洛尼基 Thessaloniki，
您必須花上五六小時，搭乘開往塞薩洛尼基 Thessaloniki 的長途客車去體驗。
這段旅程中火車行經坦匹谷(Tempi Valley)，從車窗望去宛如搭機一般。
當火車行經帕爾納索山 Parnassos 高原，山景十分地壯觀！
從車窗可以看到有許多高架的鋼梁橋，可以體會火車正在翻山越嶺。
火車包廂中同行的希臘少女，看到亞洲自由行的旅客不禁充滿好奇，
從她們沉睡的神韻，再去回想描述古希臘神話的油畫，更多了一份親切與真實。
當火車抵達 Larissa 之後，我就轉車到 Volos 車站，
目的就是去尋找一批 600mm 軌距，恰似台糖蒸汽火車的窄軌鐵路。
然而出發之前，我不知道 Volos 的蒸汽火車已經停駛了，
結果，希臘國鐵人員就送給了我這本雜誌，告訴我說：你來晚了，
雜誌封面就是恰似台糖蒸汽火車，Volos 的蒸汽火車的畫面。
果不其然，Volos 真的停放了許多淘汰的蒸汽火車，默默吟唱著悲歌。
也許從伯羅奔尼撒島改軌距的政策，鐵道文化與窄軌火車在希臘未受保護，
他們跟台灣的輕便鐵道一樣在飲泣，同是天涯淪落人吧！

↑這是火車包廂中同行的希臘婦女，從她們沉睡的神韻，再去回想描述古希臘神話的油畫，更多了一份親切與真實。

↑旅程中火車行經坦匹谷(Tempi Valley)，從車窗望去宛如搭機一般。

↑火車上熱情活潑的希臘少女，看到亞洲自助行遊客，感到十分地好奇。

Access 圓夢之路　從雅典的中央車站 Athens Larissa Station 搭火車出發。由於希臘國鐵規定長途列車 IC 必須強迫訂位，所以請先規劃好行程，事先訂好來回車次為妥。

Link 延伸閱讀　世界鐵道與火車百科，希臘單元。

↑搭火車可從 Larissa 到 Volos，這是知名的 Volos
火車站。

↑火車停靠在 Volos 火車站。

↓Volos 的蒸汽火車停駛了，希臘國鐵人員給了我
這本雜誌。

↑Volos 停放了許多淘汰的蒸汽火車，默默吟唱著悲歌。

↑當火車行經帕爾納索斯山高原，從車窗可以看到有
許多高架的鋼梁橋。

↑火車行經帕爾納索斯山Parnassos高原一帶的風光。

從德國漢堡到丹麥哥本哈根　搭火車過波羅的海

↑這是德國的漢堡車站，9點28分開往丹麥的 EC(Euro City)IC3，已經進站在月台等待。

您聽過搭火車過大海嗎？那幾乎是存在於上一代記憶的事，
火車開到港口旁邊等待，然後開進船艙裡面鎖緊輪子，旅客下車在船上遊玩，
船開到了另一個國家港口，旅客再次回到了火車上，火車自船腹中開出，
此時火車再次奔馳在另一塊土地上，遙遠的大海，已經拋諸於腦後。
日本自從關門與青函海底隧道通車之後，這樣的運輸方式在日本已經消失，
加上今日航空的發達，這樣體驗的機會真的變得很少。

↑這是 IC3 的頭等艙，2+1排座已十分寬大。

不過，搭火車過大海這款情節，現今仍然在北歐真實上演，
從德國漢堡到丹麥哥本哈根的路線，就是搭火車IC3上船，下船繼續搭火車IC3。
尤其丹麥IC3這種高速關節式柴聯車，它的特徵就是列車兩端的「黑色緩衝墊」。
1991年IC3才正式上路，它是丹麥鐵道DSB的特有土產，最高時速180公里，
據說這種黑色緩衝墊會讓火車即使相撞，只要速度不會太快，幾乎都不會壞！
有趣的是IC3這種火車，駕駛室是連著車門，車門一開，駕駛室就關到牆壁去了，
然後兩節客車之間就接通了起來，旅客可以來回走動，煞是有趣！
如果列車相連接，「黑色緩衝墊」Rubber Diaphragm 就緊緊地靠在一起，
當火車開進入船艙裡面固定好，還跟旁邊的大卡車做鄰居，
原來列車前後的黑色橡膠環是做為緩衝用途，對於船舶運行的安全也有幫助。

↑今日9點28分與17點28分兩班車，
已經改由 ICE-VT 所取代。

等火車上了船行駛於波羅的海，請旅客下車遊玩，就是一段郵輪之旅。
船上有歐式自助餐，還有百貨公司，賣著各類流行服飾，應有盡有。
當船快要靠岸時，又趕快廣播請旅客上火車，因為火車準備一靠岸就要開，
今日歐洲時刻表上一天有六班這樣的火車。不過，改變已經悄悄來臨，
如今9點28分與17點28分兩班車，已經改由ICE-VT所取代。
我不知道，是否有那麼一天，這樣的旅行記憶也會從這個世界上消失？

搭火車過波羅的海示意圖。

↑船的上層甲板可以看海，欣賞波羅的海的風景。

←IC3 在 Puttgarden 這一站停車，火車準備上船去，可以看到駕駛室前方的視野，火車鐵軌直接銜接到船裡面。

↑船上還有百貨公司，賣著各類流行服飾。

↑這是船上的步道指標，最有趣的竟是搭「火車」請往此處走。

↑火車進入船艙裡面固定好，跟旁邊的大卡車做鄰居，終於明白列車前後的黑色橡膠環緩衝墊，是做為前後的緩衝用途，對於船舶運行的安全也有幫助。直到丹麥港Rodby才開出。

↑船上的歐式自助餐，不過得額外付費。

↑經過長途跋涉，14點11分IC3列車終於抵達哥本哈根車站。

Access 圓夢之路 從德國的漢堡車站，或是丹麥的哥本哈根車站都可以搭乘IC3。不過2009年起，9點28分與17點28分兩班車，已經改由德國ICE-VT所取代。

Link 延伸閱讀 世界鐵道與火車百科，丹麥單元。

從哥本哈根到歐登塞 丹麥安徒生的童話之旅

↑這是猶如童話夢幻城堡一般，哥本哈根的中央車站。

談到哥本哈根最有名的地標，莫過於美人魚銅像，在哥本哈根港口，
談到美人魚就會想到安徒生，他的童話作品被傳頌世界各地，
安徒生的一生寫出168篇童話故事，膾炙人口，使丹麥成為世人心中的童話王國。
1805年4月2日，安徒生出生在丹麥的歐登塞 Odense，一個貧窮鞋匠的家庭。
由於成長環境的困苦，鍛鍊他的心智，使他成為一個偉大的人道主義者，
在「國王的新衣」這個童話中，點出人類社會偽善與維護既得利益的虛假。
安徒生也是一位偉大的旅行者；他認為旅行即生活，搭火車來回歐洲29次，
從1840年至1841年，他第一次搭乘火車，穿越了德國等多國到達君士坦丁堡。
1842年他的重要著作《一個詩人的市場》，公認是他寫過最好的旅行遊記。

↑哥本哈根中央車站的內部，
候車室上方有著透光的鋼架弧拱屋頂。

其實哥本哈根的中央車站，造型猶如童話城堡一般夢幻，
您想循著安徒生的領悟之路去旅行，就搭一段從哥本哈根到歐登塞的火車吧。
IR4電聯車正在月台上待發，北歐的落日正悄悄西沉，
火車通過海上大橋，穿越波羅的海就在窗外，那種感動不可言喻。
而北歐的物價是全世界最昂貴的地區。
頭等艙內可享用免費的礦泉水、咖啡與果汁，在物價高昂的北歐真是一大福音。
而IC3與IR4都是丹麥鐵道的特有土產，也都是有「黑色緩衝墊」的火車，
差別只在IC3是3輛一組關節式柴油客車，IR4是4輛一組關節式電聯車。
搭乘IR4電聯車前往歐登塞，車門是紅色的，車廂的中間是關節式結構，
來往丹麥各大都市您會搭乘IR4，從哥本哈根前往德國您會搭乘到IC3，
都是來到丹麥旅行不可錯過的兩款火車。只不過在一百多年以前，
安徒生是否也曾看著眼前一樣的窗景，因為搭火車而領悟人生呢？

↑這是IR4高速電聯車，車門是紅色，
注意車廂的中間是關節式結構。

→IR4高速電聯車的頭等艙內裝，座椅特別寬大。

Access 圓夢之路　從丹麥的哥本哈根中央車站搭車，即可抵達歐登塞Odense。

Link 延伸閱讀　世界鐵道與火車百科，丹麥單元。

↑歐登塞 Odense 是安徒生的童話故鄉與出生地，火車站是如此莊嚴的矗立著。

↑IR4高速電聯車的二等艙，這對母子興致勃勃地加入火車體驗的旅程。

↑頭等艙內可享用免費的礦泉水、咖啡與果汁，對物價高昂的北歐而言，真的是一大福音。

↑安徒生的美人魚雕像在哥本哈根港口。

↑從哥本哈根到歐登塞，望向火車窗外的鐵道雪景，北歐的落日正悄悄西沉。

↑歐登塞 Odense 火車站的月台上，丹麥小女孩天真無邪的笑容，像個洋娃娃。

從哥本哈根到瑞典馬爾摩 歐雷松德大橋

1435mm

連結丹麥至瑞典的歐雷松德大橋 Öresund Bridge的夕陽景色。

您可知道從丹麥與德國可以不用搭飛機，光是搭火車就可以到瑞典嗎？
其實只要從德國先搭火車到丹麥哥本哈根，再通過歐雷松德大橋就可以到瑞典。
當今北歐鐵路最偉大的工程，首推丹麥至瑞典的歐雷松德大橋 Öresund Bridge。
Öresund Bridge 歐雷松德大橋，是世界頂尖的海上鐵公路共用橋，
1995年開始動工，1999年8月14日完工，2000年7月1日通車啟用。
連接丹麥與瑞典兩國，橫跨波羅的海 Baltic Sea，橋身長7845公尺。
橋上方是歐洲E20公路，橋裡面是鐵路，如瀨戶大橋一樣讓火車在裡面通行，
該橋在丹麥這端是海底隧道，長4050公尺，瑞典這端則是海上大橋，
中間利用斜張索與預力混凝土預鑄的新式工法，在海上拉出一線美麗的長虹。
中間的斜張橋，橋塔高204公尺，可以讓波羅的海的大型船艦通過，十分壯觀！

今日從丹麥哥本哈根搭電車前往瑞典的馬爾摩Malmö，就會通過海上大橋，
除了可以搭乘X2000的高速鐵路列車以外，還有 Öresund Bridge 的專用電車。
這款標示 Ö 的 IR4 高速電聯車，代表往來 Öresund Bridge 歐雷松德大橋，
因為是國際線列車，電車還配備丹麥與瑞典兩國不同的電壓，
由於電車也會經過哥本哈根國際機場，還有低底盤的乘坐空間方便放行李，
此外，車廂中間有特別寬大的窗戶，旅客可以盡情觀賞波羅的海的景色。
當您搭乘高速火車通過該座橋時，望向橋下大海波濤，無不驚嘆！
讓旅人誤以為自己化身海鷗的羽翼，翔翔於波羅的海，恣意飛行。

↑跨國大橋的另一端，瑞典的馬爾摩Malmö 車站。

↑搭火車跨越歐雷松德大橋的旅程，就從哥本哈根站出發。

↑Ö 高速電聯車有低底盤的乘坐空間，特別寬大的窗戶可以觀賞波羅的海。

Access 圓夢之路 可以搭火車到哥本哈根中央車站，直接轉車搭開往瑞典的Ö高速電聯車即可。外國人持 Eurail Pass 可以免費。該大橋的觀景台在瑞典這一邊，可以從馬爾摩火車站搭公車過去參觀。

Link 延伸閱讀 世界鐵道與火車百科，瑞典單元。

瑞典的斯德哥爾摩地鐵 X2000北歐特快車

1435mm

↑瑞典的X2000型高速列車，穿越瑞典首都斯德哥爾摩的風光。

瑞典這個以諾貝爾獎聞名全球的北歐國度，科技水準相當地高，
1990年推出的瑞典X2000型高速列車，從首都斯德哥爾摩到馬爾摩，
堪稱是義大利Pendolino的ETR系列外，歐洲最知名的傾斜列車品牌。
X2000型列車它最大的建樹，在於客車的自導式活動轉向架(Flexible Bogie)，
車軸可順應軌道曲率而移位，減少輪緣的磨耗與阻力。
相較於義大利ETR族群，這樣的動力集中式構造更為經濟環保，
X2000型整組出力僅為3260KW，最高時速卻可達210公里。

↑瑞典首都斯德哥爾摩的中央車站。

斯德哥爾摩地鐵Stockholms Tunnelbana，第一條線路早於1950年啟用，
該地鐵有「世界最長的藝術館」之美譽，吸引全球的觀光客前來。
幾個地鐵車站特意將地鐵的基石露出，不加修飾，作為車站天然的裝潢，
尤其是T Central中央車站與Kungstradgarden 國王花園站，其車站藝術
堪稱為斯德哥爾摩地鐵的重要代表作。

↑瑞典的X2000型高速列車，停靠在馬爾摩車站。

↑瑞典的斯德哥爾摩地鐵。
←瑞典的斯德哥爾摩地鐵，T Central中央車站。

Access 圓夢之路　到斯德哥爾摩中央車站，搭乘高鐵與地鐵即可。

Link 延伸閱讀　世界鐵道與火車百科，世界捷運與輕軌百科，世界高速鐵路百科。

→X2000型來自斯
德哥爾摩的告示。

挪威的弗萊支線　俯視松恩峽灣的鐵道

1435mm

↑挪威的弗萊支線Flåmsbana，兩部挪威火車頭，用一推一拉的方式一路爬高，翻山越嶺的精彩畫面。

所謂的冰河峽灣 Fjord 在哪裡？在地球靠近南北兩極被冰河切割的地形。
挪威是以峽灣景色知名的國家，紐西蘭的南島也是峽灣聞名全世，
前者靠近北極，後者靠近南極，緯度都相當高，才能擁有冰河切割的壯麗峭壁。
包含挪威的松恩峽灣 Sogne Fjord，及紐西蘭的米佛峽灣 Milford Fjord 最負盛名，
而遊覽挪威的松恩峽灣 Sogne Fjord，是搭火車俯瞰峽灣山光水色的最佳選擇。
旅客先搭乘 Flåmsbana 的火車下降到 Flåm 港口，然後從奧爾蘭斯峽灣 Aurlandsfjord
開始搭船遊松恩峽灣。這條 Flåmsbana 登山鐵路，它並沒有使用齒軌，
在短短20公里之內要下降海拔866公尺，其中16公里長的坡度都維持在55‰，
號稱世界上路線「平均坡度」最陡的登山鐵道，高達43.2‰。
所以路線上的火車前後端都有電力機車頭，一推一拉，
以平均時速20公里緩慢下降，深恐有任何差錯，旅行時間大約55分。
這也讓車上的遊客可以從容地欣賞，無與倫比的峽灣峭壁風景，
搭乘 Flåmsbana 這條鐵路，從海拔866公尺的米爾達 Myrdal 出發就開始下降，
搭火車猶如飛機落地般，緩緩飄降在山谷中，停在海拔2公尺的 Flåm 港口前，
成群的海鷗，遊輪的汽笛，早已在峽灣渡船口，向遊客招手呢！
嚴格來說，Flåmsbana 並非規模很大的登山鐵路，海拔落差僅只864公尺，
最大的坡度維持在55‰，也遠不如瑞士RhB與日本箱根登山鐵道的80‰，
但是挪威政府卻找到「平均坡度」最陡，這個比較少見的立論點，
由此可見政府行銷登山鐵路，一定要找到它的無可取代性，不是嗎？

↑弗萊支線的鐵道路線圖。
（挪威國鐵的網頁提供）

Access 圓夢之路　建議出發前一晚可以住在卑爾根 Bergen，一早搭丹麥的城際列車抵達米爾達 Myrdal，換搭 Flåmsbana 的火車即可。火車在瑞那加 Reinunga站
會一度停車，讓遊客下車去欣賞奇歐斯福森 Kjosfossen 大瀑布，以及有女子站在岩石上吟唱，最後火車停在 Flåm 港口，還可以考慮去搭船
欣賞峽灣。由於旅程時間很長，得注意回程的火車，以及晚上回到卑爾根最後一班火車的時間。外國人持 Eurail Pass 可以免費。

Link 延伸閱讀　世界山岳鐵道，歐洲篇，北歐單元。

↑這裡是米達爾火車站Myrdal，海拔866公尺。

←火車一度停靠Kjosfossen，觀賞奇歐斯福森瀑布，等紅衣女子唱完歌才上車。。

↑弗萊火車站外面即是松恩峽灣的水道，大型郵輪可以停靠。

↑火車與水運交通相連，弗萊火車的終點，銜接松恩峽灣的郵輪。

↑每一節Flåm車廂的數字都在講故事，最大坡度千分之55。

↑搭乘弗萊登山鐵路Flåmsbana的窗景，火車蜿蜒於山谷之中。

↑弗萊港灣的地圖。

↑這裡是弗萊火車站Flåm海拔2公尺，弗萊支線火車要爬到後面的山上，米達爾Myrdal海拔866公尺，落差驚人。

挪威的精靈鐵道傳奇 勞馬鐵路之旅

1435mm

↑左上：勞馬鐵道沿線的精彩的Trollvegge精靈之牆。右上：勞馬鐵路Raumabanen的德國製柴油客車Railcar。
左下：鐵道沿線可見精采的瀑布。右下：勞馬鐵路的起點Åndalsnes車站，海拔4公尺。

勞瑪鐵路 Rauma Railway是一條挪威知名的登山鐵路。
電影哈利波特之「混血王子的背叛」曾赴此取景，而使其知名度大增，
這段鐵道被旅遊聖經《寂寞星球》，列為全歐洲十大最佳景觀鐵道。
從奧斯陸至波多的鐵路上，Rauma Railway從棟巴斯Dombas站分歧而出，
一路下降到西岸峽灣的都市，翁達爾斯內斯Andalsnes。
這條鐵路全長114公里，1924年通車，火車經過許多大彎U-turn，
和近乎180度彎道horseshoe curve的Stavem Tunnel，最引人注目，
鐵道沿線精彩的Trollvegge精靈之牆，訴說著可愛淘氣的挪威精靈。
鐵路幾乎是建在峭壁上，右臨河谷深淵，以大坡度一路緩降，
鐵路還經過海拔2286公尺的Snohetta山，視野遼闊，
火車通過Rauma 河的石拱橋Kylling Bridge奇林拱橋，景色壯麗，
堪稱是這條鐵路的代表性風景。

↑勞馬鐵路的地圖，可以看見奇林拱橋上面有個
horseshoe curve 馬蹄彎。

↑可愛的挪威精靈。

Access 圓夢之路

從棟巴斯Dombas站搭挪威國鐵火車，
到翁達爾斯內斯Andalsnes。

Link 延伸閱讀

世界鐵道與火車百科。

勞馬鐵路的經典代表
Kylling Bridge奇林拱橋。

BOX 極光與永晝的鐵路

在北歐有許多靠近北極的鐵路，鐵路進入北極圈並不稀奇。挪威曾經是地球上最北的鐵路northernmost railway世界紀錄的保持者，長8.5公里 Kirkenes–Bjørnevatn Line(Sydvarangerbanen)的貨運用線路為世界最北，不過在2010年，俄羅斯的 Obskaya–Bovanenkovo 完工營運而取而代之。不過這都是貨運鐵路，極地的客運用鐵路就相對來得少，冬看極光與夏觀永晝，看似浪漫，但是營運的舒適要求較高，觀光也具有季節性。

挪威的卑爾根鐵道之旅　北角極光與永晝

↑左上：挪威的Bergensbanen鐵道之旅，行經哈丹格高原Hardangervidda的風光。右上：挪威貨運火車行經哈丹格高原，為了避免冬天積雪影響轉轍器，故設置防雪斗篷，以利運作。左下：挪威的Signatur快車，停靠海拔最高的Finse車站，海拔1222m。右下：挪威的卑爾根火車站 Bergen，一個美麗的世界遺產港灣都市。

挪威的卑爾根鐵道之旅，這是欣賞挪威山岳鐵道風景最佳的路線，
幾乎世界各國觀光客來到挪威，都會安排一段Bergen Express的鐵道之旅。
這段鐵路貫穿挪威山岳東西兩岸，從卑爾根Bergen至奧斯陸Oslo全長471公里，
西元1883年開始動工，施工的難度極高，歷經24年至1907年才修築完成，
這段鐵路一路上盡是美麗的挪威森林、湖泊，全程搭完至少需要6小時40分。
火車從奧斯陸出發，開始爬高，行經哈丹格高原Hardangervidda，
卑爾根鐵道最高點在Taugevann，海拔1303公尺，在Finse附近，
芬塞Finse是路線上海拔最高的車站，車站還豎立著海拔1222公尺的石碑，
隨後火車開始下降，到達海拔866m的米爾達Myrdal，
這裡有一條支線Flåmsbana，通往北方的松恩峽灣Sogne Fjord。（參閱p.186）
不少旅行團是在此地下車搭火車到Flåm，搭乘郵輪欣賞美麗的峽灣景色，
最後再從古德凡根Gudvangen上岸，接回這條鐵路。
火車沿著勞達爾河Raudalselva下降，至福斯Voss之後望見對岸的峽灣，
經過最長的卓爾科納Trollkona隧道8.7km到Dale，最後火車抵達卑爾根Bergen。
卑爾根是UNESCO核定的世界遺產都市，中世紀建築與峽灣景色豐富，
有一條登山索道鐵路Fløibanen，可以到達山頂遠眺卑爾根海灣全景。
從卑爾根或奧斯陸，都可以搭機到北角的機場，北角是歐洲陸地北方的盡頭，
在挪威的北角，在夏天午夜十二點可欣賞永晝，在冬天全天可欣賞極光。
這裏可是全球旅人鍾情一生的尋夢聖地呢！

↑號稱地球陸地天涯海角的盡頭，挪威的北角，夏天深夜十二點是永晝。

↑挪威的北角一帶，冬天便可欣賞極光。

Access 圓夢之路

從卑爾根Bergen至奧斯陸Oslo全長471公里，全程搭完至少需要6小時40分。挪威北角的阿爾塔Alta機場，皆有航班飛往卑爾根與奧斯陸。

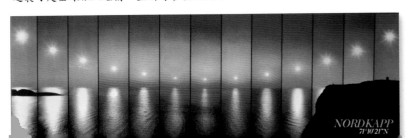

←挪威北角的永晝，午夜時刻日不落海的明信片。

1524mm

芬蘭的聖誕老人火車傳奇　北極特快車之旅

↑芬蘭的聖誕老人火車，停靠Tampere火車站。芬蘭國鐵的標誌是VR，火車頭正是知名的VR Class Sr2。

芬蘭Santa Claus Express 聖誕老人快車，是一個非常浪漫的觀光火車名詞，
營運路線從首都的赫爾辛基Helsinki，到北極圈的羅凡納米Rovaniemi，
讓鐵道旅行深入北極圈內Arctic Circle，成為芬蘭最經典的觀光列車。
北歐國家包含芬蘭與挪威在內，都喜歡使用瑞士製造SBB class460電力機車，
在芬蘭稱為VR Class Sr2，不但具備抗寒雪地的特性，牽引力與速度兼備，
而Class Sr2 正是牽引芬蘭"北極特快車"的火車頭，最高營運時速210公里。
不過，作風比較樸實的芬蘭國鐵VR，並沒有像日本有許多裝潢與創意，
Santa Claus Express聖誕老人快車，裡面完全沒有聖誕老人，
臥鋪的床單上只有貓頭鷹，臥鋪的裝潢和歐洲夜臥火車並無差異，
也不會像湯姆漢克主演的北極特快車，Polar Express有些故事性的鋪陳，
只是用一般的火車頭，牽引一般的雙層臥鋪包廂客車，就拉到北極去了，
這讓許多千里迢迢而來的觀光客，大呼實在太不過癮了！

↑在夏天接近永晝的北歐，深夜的聖誕老人火車，
餐車依然人聲鼎沸。

←Santa Claus Express
的臥鋪車廂內裝。

→芬蘭的聖誕老人火車的時刻表，越過
Rovaniemi羅凡納米，火車就進入北極圈。

→芬蘭的聖誕老人村，這一條線越過北緯
66°32'35"就進入北極圈，本書作者就站
在此北極圈線上。

Access 圓夢之路　從赫爾辛基Helsinki搭到北極圈的Rovaniemi或是Kolari即可，不過注意班次會隨著季節而有所不同，夏季接近永晝的時段，火車班次比較多。芬蘭的聖誕老人村，位於羅凡納米，這一條線越過北緯66°32'35"就進入北極圈，是個必去的景點。

Link 延伸閱讀　世界鐵道與火車百科。

芬蘭的赫爾辛基　世界最北的高鐵與地鐵之旅

↑左上：赫爾辛基的港灣風光。　右上：連結芬蘭赫爾辛基與俄羅斯聖彼得堡的高鐵Sm6，又稱為快板Allegro。採用1524mm軌距。
左下：赫爾辛基的中央車站。右下：赫爾辛基的輕軌電車，1000mm軌距。

芬蘭雖然地處北歐，卻鄰近俄羅斯與波羅的海，與俄羅斯關係密切。
芬蘭其祖先來自西伯利亞，1362年芬蘭一度納入瑞典的版圖，
西元1809年芬蘭戰爭，俄羅斯擊敗瑞典，芬蘭成為俄羅斯大公國。
隨著俄國十月革命爆發，芬蘭於1917年12月6日宣佈獨立，
芬蘭隨即在內戰之後，1919年成立芬蘭共和國。
談到首都赫爾辛基，他擁有地球上最北的地下鐵，最北的高鐵，
包含他的首都鐵路中央車站，都是地球上最北的鐵路中央車站。
雖然冰島的首都雷克雅未克，是全世界最北的首都，
卻因為沒有上述的鐵道元素，所以讓芬蘭的赫爾辛基全部包辦。
不過在這寬軌的國度，赫爾辛基的輕軌電車卻是窄軌1000mm，
且由於芬蘭尚有更北的輕軌城市，否則也能成為地球最北輕軌。

而連結芬蘭的高鐵有兩款，分成國內版與國際版，
國際版為赫爾辛基與俄羅斯聖彼得堡的高鐵Sm6，又稱為快板Allegro，
在俄羅斯境內路段最快200km/h，在芬蘭境內最高可以達到220km/h。
國內版為赫爾辛基連接芬蘭各大都市的高鐵Sm3，是地球上最北的高鐵，
芬蘭的兩款高鐵都採用1524mm軌距，也就是西伯利亞寬軌，
西伯利亞寬軌可通俄羅斯聖彼得堡，莫斯科，甚至穿越西伯利亞，
這個寬軌的國度，可以從波羅的海，到達遠東地區海參崴的太平洋岸呢！

↑世界最北的高鐵，芬蘭國內的高鐵Sm3。

↑芬蘭高鐵提供的Sm6的路線圖與時刻表。

Access 圓夢之路　從首都的赫爾辛基Helsinki中央車站即可搭乘高鐵，地鐵與輕軌電車。

Link 延伸閱讀　世界鐵道與火車百科，世界捷運與輕軌百科，世界高速鐵路百科。

↑世界最北的地鐵，赫爾辛基的地下鐵電車，
1524mm軌距。

俄羅斯謎樣的地下鐵 莫斯科紅場與克里姆林宮

1520mm

↑莫斯科的紅場，左邊是克里姆林宮，為沙皇、蘇維埃、現今俄羅斯共和國的權力中心，有超過20個瞭望塔的城牆，自1367年起即戍守莫斯科的安全。
中間建築為俄羅斯國家歷史博物館。

莫斯科的紅場與克里姆林宮，為昔日沙皇、蘇維埃、現今俄羅斯的權力中心，
克里姆林宮城牆有超過20個瞭望塔，自1367年起即戍守莫斯科的安全迄今。
對於受西方英語教育的台灣人來說，昔日共黨鐵幕的世界是一個謎樣的世界，
那是一個走在路上講英語不通的社會，充滿電影中紅色恐懼的想像小宇宙。
其實那是偏見，我想打破生命的疆界，思考的疆界，更甚於地理的疆界。
莫斯科第一個值得看的是地下鐵空間，宛若皇宮一般裝飾華麗，教人驚嘆！
每個地下鐵車站都有不同的藝術造型，包含燈飾與柱飾與壁畫，
這些深達地下百米的地下鐵，也是戰爭空襲時最佳的避難場所。
前後的出入口都是非常深邃的電扶梯，因此從電扶梯的方向就決定了出入動線。

↑位於紅場前面，別懷疑這間大宮殿，
竟然是俄羅斯GUM國營百貨公司。

莫斯科的地下鐵列車，前方總是六個燈，把地鐵隧道內照得燈火通明！
雖然是傳統鐵路電車，加速卻非常凌厲，經營成本卻比高科技捷運便宜。
他們完全不迷信地下鐵要ATO自動駕駛，也不在意要裝設自動月台門，
在社會主義國家，那些想辦法減少人力開銷的科技，不過是資本主義的玩意，
他們認為那只是制度上，刻意去圖利捷運製造廠家，減少人力卻造成社會失業，
所以，東歐與鐵幕國家是完全沒有中運量捷運系統，只用輕軌LRT來代替，
他們認為台灣做中運量捷運問題層出不窮，造價卻比傳統鐵路捷運貴是不智的。
而且有趣的是，東歐與鐵幕國家的捷運幾乎都是均一制 Flat Fare，沒有里程制，
他們認為窮人沒有錢才會住到郊區，如果住得遠還得付更多錢更造成貧富不均，
這些突破性思維，如果沒有親自探訪與交流，還真無法理解；我們總會自以為是。
不過莫斯科的地下鐵標誌還是用M，俄文仍是 Metropolitan，也就是 Metro，
這可以說是鐵幕世界與西方世界，比較能夠溝通的名詞吧。

↑位於莫斯科河中央的彼得大帝雕像。

↑雖然是鐵幕世界，但是地下鐵標誌還是用M，上方的俄文是 Metropolitan。

←莫斯科的地下鐵空間，明亮璀璨的大吊燈，宛若皇宮一般裝飾華麗。

↑莫斯科的輕軌電車LRT。

↑從列寧格勒車站開出的俄羅斯長途列車。

↑莫斯科的地下鐵列車，前方總是六個燈，雖是傳統鐵路電車，加速卻非常凌厲。

↓莫斯科的東正教第一名景，聖瓦西里大教堂。據傳說恐怖伊凡大帝為了防止建築師建出比它更美麗的建築，而挖掉設計師的眼睛。

↑莫斯科的地下鐵，前後的出入口都是非常深邃的電扶梯。從電扶梯的方向就決定了動線，深達地下百米的地下鐵，也是戰爭時最佳的避難場所。

| Access 圓夢之路 | 先搭火車或飛機到莫斯科，然後乘地下鐵與輕軌電車展開市區觀光。 |
| Link 延伸閱讀 | 世界捷運與輕軌百科，莫斯科單元。 |

↑聖瓦西里大教堂的夜景更加迷人，宛若童話的城堡。

俄羅斯的城市鐵道之旅 聖彼得堡

1520mm

↑位於聖彼得堡的莫斯科火車站的月台，高速的城際火車往返於莫斯科與聖彼得堡。

聖彼得堡的舊地名是列寧格勒，是俄羅斯除莫斯科外的第二大都市，
它比較靠近歐洲，感覺更加開放與濃厚的歐洲氣息，鐵幕的氛圍比較少。
這個城市是西伯利亞大鐵路原本的西邊起點，後來在1917年之後改成莫斯科。
聖彼得堡的輕軌電車，不止是路面電車，更是連接郊區的重要鐵路體系，
聖彼得堡的莫斯科火車站，高速火車 Velaro RUS 從這裡往返莫斯科與聖彼得堡，
聖彼得堡的波羅的海火車站，國際列車可以開往北歐芬蘭的赫爾辛基，
不過最為重要的，典藏蘇聯時代機密的俄羅斯鐵道博物館，就在這裡不遠處。
聖彼得堡的地下鐵，車廂與莫斯科的地下鐵車廂很接近，
但是少了裝潢華麗，多了簡潔明亮，顏色與線條變得比較單純，
不過和莫斯科的地下鐵一樣，出入口都是非常深邃的電扶梯，
但是少了一些古典裝飾，增加更多的商業氣息。

↑位於聖彼得堡，最大的一個莫斯科火車站。

建於1714-1723年的彼得大帝夏宮，其實搭輕軌電車就可以前往，
有華麗王宮、上花園、下花園，階梯式瀑布與噴泉、有俄羅斯的凡爾賽宮之稱。
而冬宮的廣場就位於聖彼得堡市中心，冬宮博物館的藝術收藏更可比美羅浮宮，
冬宮氣派宏偉的建築外觀，富麗堂皇的設計，說明俄羅斯帝國雄厚的國力，
不論是冬宮或夏宮，都是聖彼得堡最值得一遊的建築名景。
此外聖以薩克教堂以及復活教堂，有九個五彩繽紛的東正教「洋蔥頭」圓頂，
由於沙皇亞歷山大二世，曾在此地被暗殺身亡，故稱此教堂為「血腥教堂」。
搭乘涅瓦河畔的郵輪，出海之後就是芬蘭灣與波羅的海，俄國艦隊從此地出海。
1904年的日俄海戰，俄國波羅的海艦隊不幸戰敗，從此改寫了歷史，
從此日本成為亞洲首強的大國，也為後來俄國1917年紅色十月革命埋下伏筆，
因此來到聖彼得堡不可不看，紅色十月革命與日俄海戰出擊的 Aurora 戰艦呢！

↑聖彼得堡的波羅的海火車站。

↑聖彼得堡的地下鐵，車廂與莫斯科的地下鐵接近，
但是少了華麗，多了明亮。

↑聖彼得堡的輕軌電車，
是連接郊區的重要鐵路體系。

←俄羅斯的凡爾賽宮，聖彼得堡的夏宮。
其實搭輕軌電車就可以前往。

↑聖彼得堡知名的聖以薩克大教堂。

↑來到聖彼得堡不可不看，關係紅色十月革命與日
俄海戰的 Aurora 戰艦。

↑聖彼得堡的冬宮與廣場就位於市中心。

↑涅瓦河畔的郵輪，出海之後就是芬蘭灣與波羅的海。

↑和莫斯科的地下鐵一樣，出入口都是非常深邃的電扶梯。但是少了一些古典裝飾，增加更多的商業氣息。

Access 圓夢之路 先搭火車或飛機到聖彼得堡，然後搭乘地下鐵與輕軌電車展開市區觀光。

Link 延伸閱讀 世界鐵道與火車百科，俄羅斯單元。

↑涅瓦河畔的俄羅斯Kilo基洛級潛艇，屬於波羅的
海艦隊。

世界最長的洲際鐵路 俄羅斯西伯利亞大鐵路

1520mm

↑來自北京的K3次列車，停靠在西伯利亞的烏蘭烏德站，繼續開往莫斯科。

一般人很難體會，莫斯科到北京是一個怎樣的漫長旅程，但是它真的存在，現代人真的很難去想像，從莫斯科到海參崴搭一趟火車，竟然要七天之久？俄羅斯最為膾炙人口的鐵路，就是西伯利亞大鐵路 Trans-Siberian Railway。西元1891年，在沙皇亞歷山大三世的宣告下興建，軌距為寬軌1520mm，從俄羅斯東西兩端同時動工，至1916年完工通車，全長9288公里，跨越8個時區，旅程需時7天之久，是世上最長的洲際鐵路。

西伯利亞鐵路是從俄羅斯首都莫斯科的 Yaroslavski 雅羅斯拉夫斯基車站，穿越西伯利亞，到太平洋岸的 Vladivostok 海參崴車站。

它在貝加爾湖附近曾經截彎取直，所以造成路線長有9288、9298km不同版本，此外，它還有一條支線從貝加爾湖到蒙古進入中國，然後抵達北京以及平壤，這段支線的火車必須在蒙古中國的邊境二連浩特，變更為標準軌距才能進行。

西伯利亞大鐵路曾經是許多旅人橫跨歐亞大陸的夢想鐵道。
如今這條鐵路已經完全高速電氣化，拜俄羅斯地大物博所賜，
俄羅斯曾是全世界鐵路電氣化長度最長的國家。(中國高鐵路網今日已超越)
在莫斯科的 Yaroslavski 車站，是西伯利亞大鐵路的起點「里程碑」0 km，
「里程碑」的側面為9298 km，紀錄了這個寫下歷史上的里程長度。
雖然我只是搭乘一段火車，找到它9298 km的紀念碑，就讓我驚歎不已！
當航空的時代來臨，漫長的鐵路旅程費時太久，已經逐漸沒落，
所以現在有更豪華的觀光列車行駛，卻比一般列車要價高出數倍之多，
貧窮的平民搭不起，只剩往返中俄蒙三國經商人士，和慕名而來的旅客來搭乘。
目前搭西伯利亞鐵路，旅客有三種路線選擇，詳見P.208，
時間從七天至六天，單程從9259Km到7692Km，就看旅客自己的選擇了。

↑西伯利亞大鐵路的路線圖，紅色是現在的路線，藍色是原始的前段路線，深綠色是另外延伸的路線。(取材自維基百科 英文版)

Access 圓夢之路

從莫斯科的 Yaroslavski 雅羅斯拉夫斯基車站，或是太平洋岸的 Vladivostok 海參崴車站，兩邊都可搭乘火車，也都可以找到西伯利亞大鐵路的起點與終點「里程碑」。不過考慮到當地氣候、飲水與諸多生活條件問題，除非是很執著的鐵道愛好者，個人亦不建議搭完全程，局部體驗一下西伯利亞鐵路，搭一段俄羅斯火車從新西伯利亞往返莫斯科，淺嚐即止其實也不錯。

Link 延伸閱讀 世界鐵道與火車百科，俄羅斯單元。

↑ 西伯利亞鐵路的西邊起點，莫斯科的亞羅斯拉夫斯基車站。

← 貝加爾湖環湖鐵路紀念碑。用隧道口及鐵道，與湖的形狀組合，十分地漂亮。

↑ 美麗的貝加爾湖，湖的邊際一望無垠，環湖火車沿湖邊行駛。

↑ 如今復駛於西伯利亞鐵路，俄國L型蒸汽機車Л 4253，斯柳江卡火車站。

←亞羅斯拉夫車站的月台終端處，西伯利亞大鐵路的起點「里程碑」0 km，該碑的側面為9298 km，放大於右上角。

↑ 海參崴Vladivostok火車站的月台上，西伯利亞鐵路紀念碑，標示9288公里。

↑ 或許一般人很難想像，莫斯科到北京是一個怎樣的漫長旅程，這是來自北京，西伯利亞大鐵路的客車，K19和K20次的行李車。

↑ 西伯利亞鐵路的東邊起點，海參崴Vladivostok火車站。

↑貝加爾湖環湖火車 Circum-Baikal Railway，停靠在湖邊的Kirkiry火車站，這裏是西伯利亞鐵路熱門的觀光景點。

↑西伯利亞鐵道之旅選擇一，從海參崴至莫斯科的路線。（時間以2016年為準）

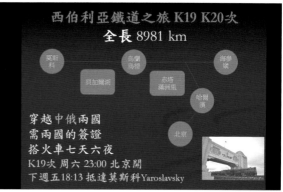

↑西伯利亞鐵道之旅選擇二，從北京哈爾濱至莫斯科的路線。（時間以2016年為準）

↑西伯利亞鐵道之旅選擇三，從北京烏蘭巴托至莫斯科的路線。（時間以2016年為準）

↑西伯利亞鐵道之旅的路線相片地圖，您可以把每一個節點都走完，留下相片的地理組合才是無憾。

西伯利亞鐵路的延伸 從莫斯科到聖彼得堡高鐵 Velaro RUS

↑連結俄羅斯首都莫斯科，與聖彼得堡的高鐵列車Velaro RUS Sapsan，莫斯科的列寧格勒Leningradsky火車站的月台，1520mm寬軌距。

搭乘西伯利亞大鐵路，從海參崴來到了莫斯科，旅程是否結束了？其實不然。
因為西伯利亞大鐵路興建的當時，是連通到沙俄首都聖彼得堡的。
所以還要繼續搭火車聖彼得堡，從太平洋到波羅的海，旅程才算結束。
從莫斯科到聖彼得堡這條俄羅斯西北部的交通幹線，全長649.7公里，
原採用西伯利亞1524mm軌距，後來修正為1520mm寬軌距。
該路線自1931年開始，採用知名的「紅箭號」夜臥火車，
晚上23:55由莫斯科列寧格勒站，和聖彼得堡莫斯科站同時開出，
翌日早上07:55，兩班火車幾乎同時抵達終點站，直到現在還依然存在。

直到2009年10月26日，高鐵列車Velaro RUS開始營運。
這段鐵路終於不用耗費七八小時的旅行，而有了高速的新選擇。
不僅車頭裝置除雪鏟，具備零下20-40度抗寒行駛的能力，最高時速250公里，
Velaro RUS採用1520mm寬軌，是德國西門子Velaro家族，唯一的寬軌版，
高鐵列車Velaro RUS俄文為：Сапсан (Sapsan)，代表遊隼peregrine falcon，
遊隼飛行速度很快，俯衝時速可達每小時389公里，
是世界上飛得第一快的鳥類呢！

↑莫斯科的列寧格勒火車站，Velaro RUS從此地開往聖彼得堡。

↑列寧格勒的莫斯科火車站，Velaro RUS從此地開往莫斯科。

Access 圓夢之路

搭俄國高鐵要先理解俄文地理位置的含意，莫斯科列寧格勒火車站在莫斯科，Velaro RUS從此地開往聖彼得堡。列寧格勒莫斯科火車站在列寧格勒，Velaro RUS從此地開往莫斯科。而聖彼得堡舊地名為列寧格勒Leningradsky，以紀念紅色十月革命。莫斯科至聖彼得堡直達車時間約為3小時40分鐘，停靠丘多沃、奧庫洛夫卡、博洛戈耶、上沃洛喬克及特維爾的列車，需時約4小時10分鐘。

Link 延伸閱讀
世界鐵道與火車百科，俄羅斯單元。
世界高速鐵路百科。

↑俄羅斯 Velaro RUS火車的內裝，十分地寬敞。

鐵道夢幻的極限武裝 列車砲與洲際彈道飛彈

↑這是前蘇聯製造，TM-3-12的305mm列車砲，重達340公噸，有效射程可達30公里之遠。

如果有那麼一天，原本只是博物館的模型或是歷史書籍上的傳奇，
真的活生生地出現在你的面前，那種驚奇與感動，該如何用言語去形容？
就在聖彼得堡鐵道博物館裡面，發現了兩個鐵道「夢幻」的極限武裝。
一個是前蘇聯製造，TM-3-12的305mm列車砲，重達340公噸。
原本的炮管是用於亞歷山大三世的軍艦，後來從海上移置到陸地來使用，
有效射程可達30公里之遠，更重要的他是可以移動的軍事基地。
而SS-24洲際彈道飛彈發射車，於戈巴契夫時代，1987-1991年之間被製造。
在美國與前蘇聯的冷戰時期，雙方都部署核子洲際彈道飛彈瞄準對方大都市，
雙方也都掌控彼此核子飛彈基地位置，只有一些無法掌控的「移動基地」，
例如核子潛艇，以及洲際彈道飛彈的發射車，成最後反擊的「關鍵少數」。
當SS-24洲際彈道飛彈的發射車編組集合成一列，以M62型機車三重連運行，
就變成RT-23 UTTH 洲際彈道飛彈ICBM移動基地。
但是戰爭勢必是相互毀滅的，若不能掌握關鍵的反擊少數，則不敢輕啟戰端。
或許該感謝這種火車在西伯利亞鐵路上亂跑，人類的核戰因此而未曾爆發。
將艦炮與飛彈裝到火車上快速移動，打了就跑，讓敵人摸不著發射位置。
大家不難理解鐵道的重要性，為何過去兩世紀鐵道真的是「軍事設施」呢！
今生有幸站在這兩個鐵道歷史龐然大物面前，更讓人感傷不已，
和平真的不是一廂情願，唾手可得，而是實力所贏得的「武力均衡」。

↑這是德國K-5列車砲的模型，利用鐵道的線形移動車體，以取得射擊方位。(作者的交通科學技術博物館)

↑這是SS-24洲際彈道飛彈發射車，1987-1991年之間被製造。

↑這是匈牙利製M62型機車三部重連牽引，遂成為RT-23 UTTH 洲際彈道飛彈ICBM移動基地。

Access 圓夢之路 先搭火車或飛機到聖彼得堡，然後轉搭地下鐵到波羅的海火車站，即可找到俄羅斯國家鐵道博物館，也就是Baltiysky Railway station。過去，這個博物館昔日是個管制參觀的祕境之地，直到2017年11月1日，以俄羅斯國家鐵道博物館之名Russian Railway Museum重新開放。參閱https://rzd-museum.ru/en，或本書P.253的介紹。

Link 延伸閱讀 世界鐵道與火車百科，俄羅斯單元。

從俄羅斯連接歐洲 從波蘭華沙通往聖彼得堡及莫斯科

1520mm

↑這就是聖彼得堡的莫斯科火車站,牆壁俄羅斯鐵道路線圖,正中央是莫斯科,上面是聖彼得堡,左上角的終點都市就是柏林與華沙,銜接西歐的高鐵之路。

在聖彼得堡的莫斯科火車站,就是代表開往莫斯科的車站,
入口大廳宛如劇院一般的莊嚴華麗,牆壁上展示著俄羅斯鐵道路線圖,
那是個令人驚嘆的「歐亞鐵路」大幅員,一個令人驚嘆的鐵道大格局!
圖的正中央是莫斯科,中央上面是聖彼得堡,俄羅斯鐵道的輻輳點。
右向可達海參崴,右下角銜接北京與平壤,這也就是西伯利亞大鐵路。
左上角的終點都市就是柏林與華沙,這也是銜接西歐的高鐵之路。

其實2009年俄羅斯高鐵已經開始營運,使用德國高鐵ICE3的寬軌版,
旅客可以從聖彼得堡搭乘 Velaro RUS 往返莫斯科。
不過,在波羅的海三小國加入歐盟之後,立陶宛的地位變得更加重要,
因為該國的交通地位與白俄羅斯相同,都是歐洲標準軌距1435mm的邊境國。
波蘭火車經過立陶宛、拉脫維亞里加與愛沙尼亞,鐵道可連接聖彼得堡。
立陶宛成為俄羅斯寬軌1520mm與歐洲標準軌1435mm的銜接之地,
只不過火車經過 Mockava 至 Sestokai 這個路段必須變換軌距。
歐盟計劃從德國柏林、波蘭華沙修築鐵道新路線直通聖彼得堡,
這是1851年沙皇時代的期望,卻成為未來歐盟鐵路網TEN即將完成的夢想。

↑莫斯科到聖彼得堡的高鐵路線已經通車,並公佈在時刻表上。

↑俄羅斯高鐵 Velaro RUS,在正式啟用之前,曾經在聖彼得堡火車站展示。

←聖彼得堡火車站的入口大廳,宛如劇院一般的莊嚴華麗。

Access 圓夢之路 搭乘飛機或火車來到聖彼得堡,或是搭乘地下鐵來到聖彼得堡的莫斯科火車站,即可看到俄羅斯鐵道路線圖。2009年起俄羅斯高鐵已經開始營運,旅客可以從聖彼得堡搭 Velaro RUS 乘至莫斯科。

Link 延伸閱讀 世界高速鐵路百科,俄羅斯單元。

愛沙尼亞的城市鐵道之旅 首都塔林

1520mm

↑愛沙尼亞 Ulemiste Railway station 的鐵道風光，這款俄製的柴聯車為推拉式列車，軌距是俄羅斯寬軌1520mm。

愛沙尼亞是波羅的海三小國中最小的一國，原本屬於帝俄時代的一省，
北邊與俄羅斯接壤，十月革命之後1918年，曾經一度脫離而獨立。。
鐵道源起於帝俄時代，軌距為俄羅斯寬軌1524mm，
僅鐵道鄰近芬蘭灣，只有少數路段修改成1520mm，而且多數維持迄今。

從首都塔林搭船到芬蘭的赫爾辛基，跨越芬蘭灣只需要兩個小時，
成為一條歐洲鐵道捷徑，塔林更是過去東歐火車通往聖彼得堡的必經之地。
而愛沙尼亞的火車，多數是蘇聯時代的柴聯車，頭尾車都是柴油動力客車之外，
2002年起在首都的塔林附近，也導入美國製的新式通勤電聯車。
由於愛沙尼亞歐化的程度很高，首都塔林車站的建築，反而像一間百貨公司，
您可從旅客的穿著，可以感受加入歐盟之後，他們西化開放的程度。

↑首都塔林車站的月台，從旅客的穿著可以感受加入
歐盟之後，西化開放的程度。

↑首都塔林車站的建築，各種品牌羅列於玻璃外牆，
反而像一間百貨公司。

東歐地區的都市只要有舊城區，幾乎都是在離火車站不遠處，塔林亦不例外，
這類的都市多半不會大興土木蓋捷運，而是用輕軌電車串連市區的交通網路。
首都塔林 Tallinn 的舊城區，下城區是市政廳廣場，有許多古蹟建築，
塔林的上城區是 Toompea「圖姆皮山」，是貴族與教士的住宅區，
圖姆皮古堡則是十二、十三世紀，丹麥和日耳曼人所建的古堡，
愛沙尼亞最古老的「圓頂教堂」Toomkirik 在此，由此可望向整個塔林古城。
而亞歷山大涅夫斯基教堂，則是沙皇亞歷山大三世所建的東正教教堂。
它的奶油球形屋頂，有著濃濃的俄羅斯風味。
環繞塔林周遭的古城牆，是由日耳曼人興建，共有2.35公里長，
躲過二次世界大戰的轟炸，27個城塔中仍有18個倖存至今呢！

Access 圓夢之路

搭飛機或火車來到愛沙尼亞的首都塔林，利用
輕軌電車遊覽塔林，十分方便。愛沙尼亞已經
加入歐盟，適用申根簽證，不過鐵道尚未在
Eurail pass所涵蓋的範圍。

Link 延伸閱讀

世界鐵道與火車百科，愛沙尼亞單元。

↑塔林的舊城區，下城區的市政廳廣場。

↑愛沙尼亞新式的電聯車。

↑從塔林搭船到芬蘭的赫爾辛基，跨越芬蘭灣只需要兩個小時。

↑塔林上城區的亞歷山大涅夫斯基大教堂，奶油球形屋頂，有著俄羅斯風味。

↑塔林的輕軌電車，外觀彩繪成表演的舞台，其創意令人會心一笑。

拉脫維亞的城市鐵道之旅　首都里加

1520mm

↑拉脫維亞的俄製柴聯車，清晨跨越道加瓦河 Daugava River 的美麗風光，軌距是俄羅斯寬軌1520mm。而道加瓦河的鋼拱橋，更是里加的鐵道地標。

拉脫維亞的鐵道屬於帝俄時代的路線，軌距為俄羅斯1520mm，
1861年從首都里加 Riga 到 Daugavpils 通車，
鐵路電氣化與愛沙尼亞相同DC3300V，這兩國的鐵道都有強烈的前蘇聯色彩。
拉脫維亞的首都里加火車站，建築十分地現代化，周邊街道也十分地繁榮。
尤其是拉脫維亞的俄製柴聯車，單邊有動力車，跨越道加瓦河的鐵橋相當漂亮！
尤其是首都里加的輕軌電車風情，是遊覽里加不可或缺的交通工具。
跨越道加瓦河 Daugava River 的鋼拱橋，更是里加的鐵道地標。

拉脫維亞 Latvia 是波羅的海三小國中的夾心餅乾，
首都里加 Riga 遠比其他三小國的城市更為都會化，擁有更多的財富，
它也是中世紀重要的「漢薩同盟」城市，商人階級的宅邸眾多，
包含俄羅斯、瑞典、波蘭、德國等國的人會到此地做生意，
不過，里加的舊城區有著建築博物館之稱，許多中世紀建築都保存完好，
包含哥德式、巴洛克，到文藝復興式建築，里加古城都應有盡有，
因此1997年里加古城被登錄為世界文化遺產。
從拉脫維亞里加的市政廳廣場、自由廣場、步兵廣場開始徒步觀光，
高123.25公尺的聖彼得教堂，是這個都市的地標，上面還有一隻黃金風向雞。
中世紀民宅如「三兄弟居」、「貓之屋」，都擁有其特殊的外觀與獨特的故事。
而「瑞典門」是瑞典人在1698年統治時期所建的城門。
而里維廣場的大基爾特之屋 Great Guild，
更讓人感覺彷彿進入童話的世界。

↑拉脫維亞的首都里加火車站，
建築十分地現代化，周邊街道也十分地繁榮。

↑首都里加的輕軌電車風情，
是遊覽里加不可或缺的交通工具。

Access 圓夢之路　搭飛機或火車來到拉脫維亞的首都里加，可以利用輕軌電車，是遊覽里加不可或缺的交通工具。拉脫維亞雖然已經加入歐盟，適用申根簽證，不過鐵道尚未在Eurail pass所涵蓋的範圍。

Link 延伸閱讀　世界鐵道與火車百科，拉脫維亞單元。

↑拉脫維亞的電聯車，跨越道加瓦河 Daugava River的鋼拱橋。

↑里加的道加瓦河畔風景，類似帆船的大廈建築。

↑拉脫維亞里加的自由紀念碑，是象徵拉脫維亞的自由、獨立和主權的重要地標。

↑里維廣場的大基爾特之屋 Great Guild，彷彿進入童話的世界。

↑拉脫維亞的總統府步兵交接儀式。

↑拉脫維亞里加的步兵廣場。

立陶宛的城市鐵道之旅　首都維爾紐斯

1520mm

↑立陶宛的電車，行駛經過維爾紐斯附近的風光。

立陶宛是波羅的海三小國中最大的一國，十月革命之後立陶宛一度脫離而獨立，
但是旋即在1940年，與拉脫維亞、立陶宛成為蘇聯的體系的附庸國。
1991年在蘇聯發生政變時，立陶宛與其他波羅的海兩小國一起宣佈獨立，
而且立陶宛的動作最大，發起波羅的海三小國百萬人民牽手護衛家園，
贏得國際社會的支持與同情，1994年俄軍終於撤離，終於成功獨立，
2004年波羅的海三小國一起加入歐盟。
立陶宛北接拉脫維亞，東接白俄羅斯，南接波蘭，成為舊蘇聯連接東歐的門戶。
1851年沙皇時代，俄羅斯沙皇決定建造從波蘭華沙到聖彼得堡的鐵路，
1858年鐵路通到首都維爾紐斯 Vilnius，
立陶宛成為波羅的海三小國最早鐵路通車的國度。
日本電影來自日本的救命簽證，杉原千畝搭乘火車含淚離開，
故事就是發生在立陶宛的維爾紐斯。
如今，在波羅的海三小國加入歐盟之後，立陶宛的地位變得更加重要，
因為該國的交通地位與白俄羅斯一樣地重要，
成為歐洲標準軌距1435mm與俄羅斯寬軌1520mm的轉換銜接之地，
由於立陶宛比較靠近歐洲，鐵道色彩不同於其他兩國，比較偏向歐洲，
包含立陶宛的電車，鐵路電氣化都用西歐常見的AC25kV電壓。
以波羅的海三小國的首都來比較，塔林與里加都是比較靠海的都市，
維爾紐斯卻靠向山邊，在立陶宛一望無際的平原上，只有一顆顆的牧草捲。
而十字架山更是立陶宛知名的觀光景點，連教宗都曾親自到訪。
維爾紐斯附近的「特拉凱國家公園」，
是一座水中古堡建立在清澈的湖水中，
是立陶宛非常著名的風景渡假區。

↑在立陶宛一望無際的平原上，
只有一顆顆的牧草捲。

↑立陶宛的鄉間鐵道風景，
軌距一樣是俄羅斯寬軌1520mm。

Access 圓夢之路　搭飛機抵達立陶宛的首都維爾紐斯，展開市區鐵道之旅。立陶宛已經
加入歐盟，適用申根簽證，不過鐵道尚未在Eurail pass所涵蓋的範圍。

Link 延伸閱讀　世界鐵道與火車百科，立陶宛單元。

↑十字架山是立陶宛知名的觀光景點，連教宗都曾親自到訪。

↑維爾紐斯附近的特拉凱國家公園。

↑這是首都維爾紐斯的風景，河流穿越其中。

↑立陶宛的總統府。

↑立陶宛的鐵道有著重要的地位，是歐洲標準軌距與俄羅斯寬軌的銜接國家。所以立陶宛的電車，鐵路電氣化都用西歐常見的AC25kV電壓。

加拿大的國家公園鐵道 加拿大太平洋鐵路

1435mm

↑兩部柴電機車二重連(Double heading)，穿越加拿大太平洋鐵路。

加拿大太平洋鐵路 Canadian Pacific Railway，是加拿大最值得旅遊的鐵路。
它於1881年開始興築，工程費時近五年，當時許多興建者是來自中國的華工。
1885年在完成最後一根釘the last spike被敲下後，宣告全線落成。
它的最大特色，在於火車翻越加拿大落磯山的美麗景觀，
這條鐵路連結班夫 Banff、傑士伯 Jasper、幽鶴 Yoho、庫特尼 Kootenay國家公園，
1985年UNESCO還將加拿大的四大國家公園登錄世界遺產。
目前主要的火車有兩種，Canadian Pacific Railway VIA的銀藍號 Silver Blue；
以及另外一種是 Rocky Mountaineer Rail tour 落磯山登山者號RMR。
前者是從溫哥華經 Kamloops 到 Jasper，經過黃頭隘口 Yellow Head Pass；
後者是從溫哥華經甘露市到 Banff 與 Calgary，經過踢馬隘口 Kicking Horse Pass。

↑溫哥華的加拿大太平洋鐵路車站 Pacific Central。

加拿大太平洋鐵路最值得一看的，莫過於 Spiral Tunnel 螺旋形鐵道隧道，
這條路線原本經過 The Big Hil，坡度高達千分之45，很多火車爬不上去。
在西元1909年，就新建 Spiral Tunnel 螺旋形隧道，來解決登山的坡度問題，
這條鐵路登山先往上方打一個α字形，繞到下方再打一個反α字形。
當這條新線完成之後，本來鐵路僅長6.6公里，大幅度延長為13.2公里，
而坡度從原本千分之45，大幅降到千分之22，瓶頸解決，運輸能力大幅增強。
今日加拿大在這條高速公路的旁邊，為了觀看 Spiral Tunnel 螺旋形隧道，
還特別設置觀景台與解說牌，看加拿大太平洋鐵路的貨運列車從下方鑽入隧道，
火車頭已經從上方隧道出洞，而列車尾端還露出於下方隧道外，實在蔚為奇觀！
如此一來，同一列火車因為路線結構的關係，出現在上下不同的高度，
一列火車「頭已出洞而尾未進洞」的傳奇，成為遊客到此觀賞的重點！
這會讓我想到台灣的阿里山火車，在獨立山段有三個螺旋，也設置觀景台車站，
從觀景台俯視方才所通過的路線，政府實在應該加以宣傳推廣才是啊！

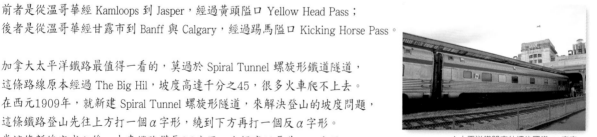

↑太平洋鐵路車站裡的國鐵VIA客車，
客車外面還有楓葉標誌。

Access 圓夢之路

觀光火車只有集中於夏季與前後有開，從溫哥華的加拿大太平洋鐵路車站 Pacific Central，即可購票上車。國內有旅行社代理，可以事先購票。

Link 延伸閱讀

世界山岳鐵道，美亞澳篇，加拿大單元。

↑加拿大太平洋鐵路的最後一根釘所在地。

←班夫國家公園的壯麗雪景。

↑從班夫國家公園的驚奇角，觀賞班夫的城堡飯店。

↑加拿大國家公園裡，CP(Canadian Pacific) 加拿大太平洋鐵路的貨運列車。

↑螺旋隧道 The Spiral Tunnel 觀賞地點的解說圖。

THE SPIRAL TUNNELS

OLD LINE
NEW LINE

Lower Spiral Tunnel 891m

to Field
Tunnel 55m
Yoho Spur
3rd safety switch
Upper Spiral Tunnel 992m
2nd safety switch
1st safety switch
KICKING HORSE RIVER
to Hector

Old Line: — distance 6.6km, grade 4.5%.
New Line: — distance 13.2km, grade 2.2%.
On old line 4 engines could haul 710 tons.
On new line 2 engines could haul 980 tons.

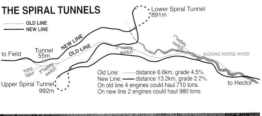

↑這是當地買的明信片 The Spiral Tunnel，訴說著火車「頭已出洞而尾未進洞」的傳奇。

↑溫哥華的知名觀光景點蒸汽鐘，不禁令人聯想到小樽運河旁也有一座。

加拿大的東岸的鐵道之旅 從多倫多到魁北克

↑從加拿大多倫多CN塔的上面，俯視多倫多市區與多倫多火車站。

加拿大的西岸的鐵道之旅，就是太平洋鐵路登洛磯山與四大國家公園，
而加拿大的東岸的鐵道之旅，從多倫多到魁北克，也是相當的精彩！
加拿大國鐵CN(Canadian National Railway)，也稱Via Rail Canada，
搭加拿大國鐵Via的火車，多倫多到魁北克，大約需要8～9小時的車程，
旅程中間會經過加拿大首都渥太華，以及加拿大國鐵CN總部蒙特婁。
首先，從多倫多CN塔的上面，可以俯視多倫多市區與多倫多火車站，
多倫多鐵道博物館是個扇形車庫，與國鐵CN塔，都非常值得一看。
這裡屬於安大略省，許多通勤的雙層火車，都是綠色與白色相間的塗裝。
然後火車來到加拿大首都渥太華，看陣亡將士紀念碑National War Memorial，
接著來到蒙特婁，這是個非常美麗的都市，也有RTRT型態的地鐵系統。
最後來到加拿大東岸，Fleuve Saint-Laurent聖勞倫斯河口的魁北克QUEBEC。

↑加拿大東岸，安大略省的雙層火車。

這段旅程首先一定要看的是魁北克火車站QUEBEC VIA，造型優美猶如夢幻城堡。
第二要看的是魁北克芳堤娜城堡飯店Château Frontenac，
這座城堡飯店曾經屬於加拿大太平洋鐵路公司，為東岸旅客住宿的豪華名所，
地位如同西岸的鐵道之旅，班夫的城堡飯店Château Banff，只是如今都易主。
第三要看的即是加拿大東岸的鐵道第一名景，Quebec Bridge魁北克鐵橋，
魁北克鐵橋跨越聖勞倫斯河上，為鐵路、公路與步行的共用橋。
魁北克鐵橋寬29m，高104m，結構像是英國愛丁堡福斯鐵橋的擴大版，
該橋兩邊長177m的懸臂，支承著長195m的中間段，1917年通車，
魁北克鐵至今仍保持著世界第一的懸臂梁橋跨徑記錄。
但是1907年8月29日發生了一場崩塌意外，造成75名工人不幸喪生！
這些倒塌的鋼材再利用，後來發給工程師和學生們莫忘教訓，引以為戒，
也就是世界知名工程師之戒（Iron Ring）的由來。

↑加拿大國鐵CN總部設於蒙特婁，這是蒙特婁舊港區的CN貨運火車。

Access 圓夢之路

搭飛機到加拿大多倫多或魁北克機場，然後搭國鐵火車旅行即可圓夢。

Link 延伸閱讀

世界鐵道與火車百科，世界捷運與輕軌百科。

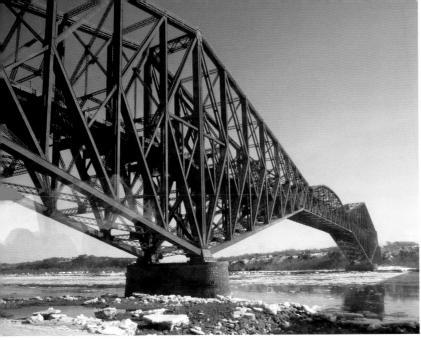

↑加拿大東岸，魁北克省議會的建築。

←加拿大東岸的鐵道第一名景，Fleuve Saint-Laurent 聖勞倫斯河上的Quebec Bridge魁北克鐵橋，為鐵路與公路共用橋。

↑曾經屬於加拿大太平洋鐵路公司，魁北克芳提娜城堡飯店Château Frontenac。

↑加拿大魁北克火車站QUEBEC VIA，猶如夢幻城堡的外觀。

↑加拿大首都渥太華，陣亡將士紀念碑National War Memorial。

↑加拿大魁北克火車站的內部。

↑ 加拿大國鐵CN(Canadian National Railway)，也稱Via Rail Canada，扮演東岸到西岸鐵道運輸的角色。

↑從加拿大多倫多CN塔的上面，俯視多倫多扇形車庫，變成鐵道博物館。

穿越美國與加拿大邊境的鐵道 尼加拉大瀑布

1435mm

↑美國火車Amtrak穿越美加邊境鐵路橋，來到尼加拉瀑布的加拿大火車站。

Niagara Falls尼加拉瀑布，是許多旅人一生欣賞大瀑布的首要夢想。
尼加拉瀑布位於美國加拿大之間，與伊瓜蘇瀑布(巴西與阿根廷之間)、
維多利亞瀑布(尚比亞與辛巴威之間)，並稱為世界三大(跨國)瀑布。
尼加拉瀑布跨越加拿大的安大略省和美國的紐約州，一共有三座瀑布，
三座瀑布分別為馬蹄瀑布(加拿大瀑布)，美國瀑布，布里達爾維爾瀑布。
美國這邊的布里達爾維爾瀑布因為最小，所以經常被旅人忽略。
而馬蹄瀑布的水量最大，在黃昏映射出彩虹的美景，總令人拍案叫絕。

現在多數人來到尼加拉瀑布，都是選擇公路的彩虹橋Rainbow bridge，
其實過去百年前，遊客來到尼加拉瀑布，是選擇搭火車來的。
從美國的紐約，加拿大的多倫多，都有火車來到尼加拉瀑布站，
兩個瀑布火車站分屬不同國家，中間的尼加拉河即是國界分隔之處。
尼加拉瀑布的加拿大火車站Niagara Falls station VIA，屬於安大略省。
尼加拉瀑布的美國火車站Niagara Falls station Amtrak，屬於紐約州。
橫跨在尼加拉河上的鐵路橋，Whirlpool bridge，南邊即是尼加拉瀑布，
如今搭火車來到該鐵路橋，從橋上即可看見南邊的馬蹄瀑布，
無獨有偶的，非洲的維多利亞瀑布，也是有一個看瀑布的鐵路橋呢！

↑尼加拉瀑布的加拿大火車站Niagara Falls station VIA(安大略省)。

↑橫跨在尼加拉河上的鐵路橋，Whirlpool bridge，橋的對面即是尼加拉瀑布的美國火車站Niagara Falls station Amtrak(紐約州)。

 Access 圓夢之路 從美國的紐約，或加拿大的多倫多，搭火車來到尼加拉瀑布站。Whirlpool bridge與Rainbow bridge都可以看到，建議旅客選擇加拿大這邊的希爾頓飯店，面向瀑布的高樓層房間，或是搭加拿大側的摩天輪，可以看見完整的瀑布風光。

Link 延伸閱讀 世界鐵道與火車百科。

→第二次大戰之前，昔日蒸汽火車通過Whirlpool bridge鐵路橋的情景。（英文版維基百科）

↑尼加拉加拿大瀑布的經典畫面，也就是馬蹄瀑布，黃昏映射出彩虹的美景。

↑從加拿大側的飯店與摩天輪的角度，看尼加拉美國瀑布的美景。

↑清晨上從希爾頓飯店面向瀑布，可以看見瀑布的晨光。

↑尼加拉瀑布的旅遊地圖。左邊是加拿大，右邊是美國，中間是尼加拉瀑布與尼加拉河。

↑一隻海鷗停在瀑布上，右後方是美國瀑布，左後方是彩虹橋。

美國航空母艦的博物館之旅 聖地牙哥港與紐約港

↑美國聖地牙哥港,USS Midway CV-41中途島號航空母艦博物館。

來到美國旅行,不可錯過的是,許多戰爭歷史故事與好萊塢電影的場景。
首先搭火車來到聖地牙哥的火車站,火車站不遠處即為聖地牙哥港,
隨即可見USS Midway CV-41中途島號航空母艦博物館與勝利之吻雕像,
這是為了紀念在1942年中途島,美國扭轉太平洋戰爭局勢的一場海戰,
SBD俯衝轟炸機擊沉日本赤城號航母,而一戰成名,如今放在下層甲板。
下層甲板有許多二次大戰的戰鬥機,上層甲板有許多現代除役的噴射戰鬥機。
例如在越戰的期間,美國對北越轟炸表現優異的F-4 phantom幽靈式戰鬥機。
電影碧血長天,不可錯過的是USS Enterprise F-14A穿越時空作戰的劇情,
企業號航空母艦CVN-65的F-14A Tomcat雄貓戰鬥機就在這裡。
還有美國電影Top Gun,從此F-14A雄貓戰鬥機與湯姆克魯斯成了最佳拍檔。
其次是搭紐約的地鐵,來到紐約曼哈頓哈德遜河畔的美國無畏號航空母艦,
USS intrepid CV-11,原屬Essex艾塞克斯級航空母艦的三號艦,
如今成為無畏號海事航空暨太空博物館(The Intrepid Sea,Air & Space Museum),
無畏號甲板上的飛機更多更精采,包含超音速客機協和號,超音速偵察機黑鳥,
美國最早的E-1B空中預警機,以及許多現代除役的噴射戰鬥機。
尤其是美國電影國家寶藏,薩利機長,都曾經以無畏號作為故事背景。
推薦您來一趟美國航空母艦的博物館之旅,一圓登上航空母艦的夢想。

↑聖地牙哥的輕軌電車Trolley。

↑中途島號航空母艦下層甲板,二次大戰的 F4U-4
戰鬥機。

Access 圓夢之路 中途島號航空母艦博物館,就在西岸聖地牙哥的火車站外面港區,從LA洛杉磯每天都有許多班次的巴士,以及火車可以到聖地牙哥。無畏號航空母艦博物館,在東岸紐約的曼哈頓哈德遜河畔,搭紐約地鐵到34th Street-Hudson Yards Subway Station或50th Street- Station,走過去不會太遠就可抵達,交通很方便!

Link 延伸閱讀 世界捷運與輕軌百科,華盛頓單元。

↑在1942年中途島海戰中,擊沉日本赤城號航母而
一戰成名的SBD俯衝轟炸機。

↑中途島號航空母艦上層甲板上的F-8 crusader 戰鬥機。

↑在1945年戰爭結束，紐約時代廣場的勝利之吻，如今成了紀念雕像。

↑在越戰的期間，美國對北越轟炸，表現優異的F-4 phantom幽靈式戰鬥機。

↑美國航空母艦上，飛機從甲板彈射起飛，領航員的動作，成了一種航空母艦文化與標誌。

↑從紐約Empire State帝國大廈，觀賞曼哈頓哈德遜河的風光，箭頭處正前方就可以看見無畏號航空母艦博物館。

↑美國無畏號USS intrepid CV-11，原為Essex艾塞克斯級航空母艦的三號艦，如今放在紐約港哈德遜河畔當成博物館。

↑無畏號航空母艦，美國最早的E-1B空中預警機。後來實用化E-2空中預警機Hawkeye的前身。

↑原服役於企業號航空母艦USS Enterprise CVN-65的F-14A雄貓戰鬥機。

美國的博物館城市鐵道之旅　首都華盛頓

1435mm

↑華盛頓特區的地標之一，美國的國會大廈。

雖然美國的大都會很多，但是我特別喜歡華盛頓特區 Washington DC。
它有非常完善的地鐵網路，買一張地鐵一日券就可以到任何景點參觀，
美國華盛頓的地下鐵標誌用Metro，以M為標誌，而非 Subway。
整潔乾淨的華盛頓地下鐵，與複雜髒亂的紐約地下鐵截然不同。
而且華盛頓是個偉大的博物館都市，有很多免費的博物館可以參觀，
因為 Smithsonian Castle 史密森蘇尼博物館組織的總部，就設在華盛頓。
包含藝術與工業博物館、美國歷史博物館、美國航空太空博物館都是一時之選。

↑美國華盛頓的地下鐵標誌用 Metro，
以M為標誌，而非 Subway。

華盛頓不止是建築物值得觀賞，精采博物館更是讓人流連忘返！
許多美國電影當中會看到的場景，例如林肯紀念館 Lincoln Memorial，
華盛頓紀念碑與周邊廣場，都是值得親身目睹的地點。
而華盛頓特區的地標，美國的國會大廈，許多人會把這棟建築物當成是白宮。
此外，二次大戰的傷痕，硫磺島紀念碑Iwo Jima Statue，都值得來緬懷歷史。
尤其是世界權力的中樞，美國總統白宮White House，
不止是周遭員警戒備森嚴，白宮屋頂上面有軍隊持槍戒護呢！

↑整潔乾淨的華盛頓地下鐵。

←林肯紀念館 Lincoln Memorial，
以及宣示效忠的美國軍人。

Access 圓夢之路

搭乘華盛頓地下鐵，則多數的市區景點與博物館都可以抵達，建議購買一日券。參觀博物館資訊，請參考史密森蘇尼博物館組織 http://www.si.edu/。

Link 延伸閱讀

世界捷運與輕軌百科，華盛頓單元。

↑世界權力的中樞，美國總統白宮 White House，屋頂上面有軍隊持槍戒護。

↑華盛頓紀念碑與周邊廣場。

↑硫磺島紀念碑 Iwo Jima Statue，戰爭的歷史傷痕。

↑Smithsonian Castle 史密森蘇尼博物館組織的總部。

↑美國歷史博物館。

↑美國航空太空博物館。

↑藝術與工業博物館。

美國橫越大陸的鐵道經典路線一　加州和風號

↑左上：美國火車加州和風號行駛的畫面。(金展旅遊提供 Amtrak廣告圖)。右上：火車翻越落磯山，路程艱險，可以看見火車的隧道。
左下：這是 Superliner 全列車中最精采的一節，Parlour Car 景觀客車。右下：Parlour Car 景觀客車的上層觀景席，座椅是直接面向窗戶，擁有最佳視野。

雖然美國的鐵道客運不發達，而且票價又貴，但是外國人持 Railpass 卻很便宜，
如果有機會自助行，千萬不要錯過搭乘美國最有名的列車「加州和風號」，
1949年通車的加州和風號 California Zephyr，是美國鐵道橫越大陸的經典路線，
從舊金山 Emeryville, California 到芝加哥 Chicago, Illinois，長達3924公里，
不誤點的話需要三天兩夜53小時又40分，是典型的長程觀光鐵道。
雖然今日美國鐵道串聯東西兩岸，有五條長途跨州的鐵路，都得翻越落磯山脈，
不過在這五條路線中，以加州和風號通過海拔2816公尺，Moffat魔法特隧道為最高，
Moffat魔法特隧道全長10公里，多部柴油火車重連翻山越嶺，最為膾炙人口！
過了一夜來到丹佛 Denver 下了火車，強烈建議在此地住宿觀光，
科羅拉多州有許多經典的登山鐵道，包含阿里山鐵路的 Shay 火車這裡都有，
然後繼續搭乘加州和風號前往芝加哥，稍事停留遊覽之後，繼續往東岸的華盛頓，
不知不覺間您已經從美國西岸搭火車來到東岸，是一趟風景殊勝的奇妙旅程。

↑ 即使是在長途旅程，還可以邊欣賞風景邊打電話。

這些橫越美洲大陸的州際長途客車，經常都是用 Superliner 不銹鋼的客車，
每次搭乘美國的 Parlour Car 景觀客車，透過火車的圓弧大窗，透視廣闊大地，
我總是會想起自己的家鄉台灣，花東線與南迴線是那麼樣的美麗，
對於景觀客車運行，實在再適合也不過，即使美國以公路與航空為主的國度，
Amtrak 依然找到屬於他們的客運市場，不追求速度，但求過程舒適完美。
原來沿線的山岳風景，蘊含歷史與風土人情，就是這趟旅程的最佳賣點啊！

↑美國長途的火車，精緻的包廂臥房與服務。(金展旅遊提供 Amtrak廣告圖)

Access 圓夢之路　美國的長途火車是非常昂貴的，強烈建議外國人持 Amtrak pass 去劃位，則價格相對非常便宜。如果只是乘坐一般座椅是免費的，座椅夠寬大其實睡覺也很舒服，但是最好自備毛毯或外套當棉被。如果是使用精緻的包廂臥房與服務，得額外收取費用，以兩人以上同行比較適合。可以搭飛機進入美國舊金山，然後搭 California Zephyr 和 Capitol Limited，從紐約或華盛頓飛回台灣剛剛好。

Link 延伸閱讀　世界山岳鐵道，美亞澳篇，美國單元。

美國橫越大陸的鐵道經典路線二 芝加哥到華盛頓

1435mm

↑左上：美國華盛頓的中央車站，氣勢非凡，正門這條路直接通到國會大廈。右上：華盛頓的中央車站的內部，不止是個車站，而像是個劇院與演藝廳。
左下：從華盛頓開往芝加哥的火車出發，兩部柴電機車牽引雙層的Superliner。右下：這是芝加哥火車站的內部。(陳美筑 攝)

美國鐵道串聯東西兩岸，從太平洋到大西洋，主要西部有 Rocky 落磯山脈，
Coast 海岸山脈以及 Nevada 內華達山脈，而東部有 Appalachian 阿帕拉契山脈。
就只有搭乘華盛頓開往芝加哥的 Capitol Limited，稱為首都圈特快車，
火車會經過阿帕拉契山脈，沿途的風景很漂亮。
因此就在某一年的冬季，我就搭乘華盛頓開往芝加哥的長途火車。
特別去體驗一段，搭火車過夜的廉價鐵道旅程。

您可以選擇最便宜的方式，在寬大座椅上自備毛毯就睡了，持 Railapss 不必加錢，
也可以選擇在精緻的火車包廂臥房內，
裡面有盥洗設備與廚房，適合家庭旅遊。
這條路線的兩端都是非常經典的火車站，華盛頓與芝加哥車站，都是氣勢非凡，
尤其是華盛頓的中央車站，不止是個火車站，內部更像是個劇院與演藝廳。

兩部柴電機車牽引雙層的 Superliner，出發鐘聲鏗鏗作響後，從華盛頓開往芝加哥，
一路上火車轟隆隆地聲響，火車奮力爬升穿越阿帕拉契山脈。
某些路段速度超過150公里，晚間火車來到了匹茲堡車站，會停留一段時間，
這班火車會結合來自紐約與費城的另一班火車，整列車的編組就更長了。
深夜時分大家都睡了，來到克里夫蘭，某些車廂拉走去水牛城或去尼加拉瀑布，
這樣過了一夜清晨醒來，火車還是繼續行駛，曙光下的景色是一片平原，
這段一路火車高速前進，最後慢慢接近了密西根湖，終於抵達芝加哥火車站。
這個都市有全美國最漂亮的高架捷運系統，
也是歐巴馬競選總統的出身之地呢！

↑華盛頓開往芝加哥的鐵道窗景，冬季時窗外
一片大雪。

↑精緻的包廂臥房內，有盥洗設備與廚房，適
合家庭旅遊。(金展旅遊提供 Amtrak廣告圖)

Access 圓夢之路　美國的長途火車非常昂貴，強烈建議外國人持 Amtrak pass 去劃位，
則價格相對非常便宜，詳細請見附錄單元。

Link 延伸閱讀　世界山岳鐵道，美亞澳篇，美國單元。

美國西海岸的鐵道之旅 從舊金山到洛杉磯 海岸星光號

1435mm

↑左上：這是海岸星光號 Coast Starlight 的列車經過加州的畫面。右上：聖地牙哥的鐵道與電車 San Diego Trolley。
左下：行駛於西海岸的 Pacific Surfliner，San Diego -San Luis Obispo。右下：海岸星光號 Coast Starlight 的列車，行經太平洋的海岸風景。

搭台灣的南迴線火車，從大武到台東，沿著美麗的東海岸北上，
那種浪花拍打著太平洋沙灘的美麗畫面，教人動容！
您知道嗎？當你搭南迴線火車時，隔著太平洋的對岸，
也有一列柴油火車，隔著太平洋與您遙遙相望，就是美國的海岸星光號。

在美國西海岸的鐵道之旅，有兩條主題路線，最值得推薦。
一條是從北邊西雅圖，開往加拿大的國際列車 Cascade。風景也相當優美。
另外一條是北邊西雅圖，開往舊金山與洛杉磯的 Coast Starlight。
海岸星光號，是一段心動的旅程，經過數天晝夜，抵達下方的聖地牙哥，
中間會經過幾座經典大都市如舊金山與洛杉磯，
是美國西岸穿越海岸山脈的代表性風景線鐵路。
洛杉磯LA的聯合車站 Union station，是一座白色西班牙風格的特色建築。
旅客們登上 Superliner 列車，從景觀車廂的上方，穿透玻璃的遼闊視野，
海岸星光號的列車，行經太平洋的海岸風景，實在是動人心魄！
未來美國加州將計劃斥資43億美元，自舊金山至洛杉磯，
興建一條748公里的高速鐵路，預計在2020年通車。
或許屆時 Coast Starlight，將喪失它部分的觀光優勢。
然而我想，何時台灣的南迴線火車，也能名聞全世界，
也能有我們自己的台灣海岸星光號 Taiwan Coast Starlight？

↑LA的聯合車站 Union station 的候車室大廳。

Access 圓夢之路 美國的長途火車非常昂貴，強烈建議外國人持Amtrak pass去劃位，未必需要訂臥鋪，一般座椅則非常寬大舒適，價格相對非常便宜，詳細請見附錄單元。

Link 延伸閱讀 世界山岳鐵道，美亞澳篇，美國單元。

↑LA的聯合車站 Union station外觀。

美國東海岸的鐵道之旅 從華盛頓到波士頓 美國高鐵Acela

1435mm

↑左上：美國高鐵 Acela 行經美國東北走廊的雪景。右上：美國高鐵 Acela 的內裝，除了座椅以外還有商務用折疊桌。
左下：費城火車站 Philadelplphia 30st Station。右下：紐約的時代廣場 Time Square。

在以航空與汽車當道，鐵道客運已經沒落的美國，終於有第一款高鐵。
在2000年美國鐵路公司 Amtrak，結合法國 Alstom TGV 的動力技術，
和加拿大 Bambadier 的傾斜列車科技，推出最新的Acela高速列車。
Acela 是 Acceleration 加速和 Excellence 卓越的結合，
列車全部為商務等級的服務，可吸引部分航空的旅客，
行駛於美國東北走廊，從波士頓至華盛頓特區之間，最高營運時速240公里。
這一段從華盛頓、紐約到波士頓的鐵道之旅，
相當於美國東海岸的精華都市之旅。

↑美國高鐵 Acela 的競爭者，就是行駛於東北走廊的傳統列車。

雖然，Acela 算是高鐵列車，但是並沒有搭配高速新線的興建，
而是單純以傾斜列車方式，提高現行路線的營運速度。
而且持 Amtrak pass 的旅客不能使用，只能搭乘 Reginal 的次級列車。
目前 Acela 從波士頓至紐約大約需時3小時，
但是從紐約至華盛頓特區約需時2小時30分，僅僅快半個小時而已，
由於 Acela 高速列車與次級列車 Regional 同為標準軌車輛，速度差異不大，
後者在東北走廊亦可達時速160公里以上，Acela 只是停靠站較少一點，
車內服務較好而已，實際上從紐約至華盛頓特區比後者快不到一小時。
更何況美國傳統列車非常寬大，
也有電源插座與收折的小桌，服務不亞於 Acela。
所以 Acela 的競爭效用十分地有限，充其量只能說是較快的豪華列車罷了。
因此美國歐巴馬總統在2009年，宣示要提升美國全國的鐵道客運品質，
不再讓日本、歐洲與中國的高鐵專美於前，
美國的高鐵建設，也要開始動了起來！

↑傳統列車非常寬大的座椅，也有電源插座與收折的小桌，服務不亞於 Acela。

Access 圓夢之路

注意持 Amtrak pass 不能使用，只能使用次級列車 Reginal 的經濟艙。所以必須在現場購票。

Link 延伸閱讀

世界高速鐵路百科，美國Acela單元。

美國的Shay蒸汽機車與森林鐵道 阿里山鐵路的原鄉

1067mm

↑美國Shay蒸汽機車在森林中啟航,這裡是阿里山森林鐵路的原鄉。

美國的森林鐵道,以其獨特的蒸汽機車與木構橋等風貌而聞名,
其中以直立式汽缸 Shay 蒸汽機車,最為赫赫有名,
包含台灣的阿里山森林鐵路,也是十九世紀末美國森林鐵道的海外輸出。
無可置疑的,美國的森林鐵道,是阿里山森林鐵路的原鄉。
二次大戰之後隨著汽車公路運材發達,森林資源短少等因素,鐵道遂急遽沒落,
然而 Shay 的沒落是無可阻擋的趨勢,包含製造原廠 Lima 也已經關廠,
也包含台灣的阿里山鐵路,Shay蒸汽機車至1984年時也曾局部停用。
至1999年26號復出為止,它曾經在台灣森林鐵道的舞台上短暫消失。
1980年代之後,隨著保存鐵道的思維蓬勃發展,Shay是美國鐵道的重要印象,
美加地區也逐漸將舊有路線與Shay蒸汽火車修復,
Shay蒸汽火車才重拾他的觀光鐵道新舞台。

目前全美國仍然保存 Shay 直立式汽缸蒸汽機車,
動態復駛的鐵道至少有8處,
截至2006年為止,全球 Shay 蒸汽火車動態保存運行的鐵路,總計為11條,
包含美國有8條,加拿大有2條,以及唯一一條在美洲以外的鐵路,
就是亞洲的台灣,美麗的阿里山森林鐵路。
很特別的是,在這全球11條Shay蒸汽火車仍然動態保存的鐵路中,
阿里山森林鐵路還是全球三項唯一的紀錄,唯一762mm軌距Shay,
唯一高海拔鐵路(超過海拔2200公尺),以及主線長度最長者(72.7公里)。

↑美國森林鐵道開放式的客車廂,
十分特別,車廂上方的視野無限遼闊。

↑列車長隨時透過英語廣播,解說沿途風景。

→歡迎大家來到 Roaring Camp 羅林紅杉
公園的森林鐵道,1067mm軌距,這裡從
西元1890年就開始營運了。

←Shay蒸汽火車到達終點之前，會有一段噴煙水汽秀，將蒸氣壓力釋放。

↑蜿蜒於原始森林的鐵道，沐浴在芬多精的世界裡。

↑台灣阿里山森林鐵路的 Shay 蒸汽機車，值得國人用心珍惜。

↑優瑟美地國家公園的 Shay 蒸汽機車15號，914mm軌距。(林恆立 攝)

既然阿里山鐵路包辦了三項唯一，不禁令人感嘆，為何我們過去一直不珍惜它？

還好舊政府時代草率的 OT 政策，終於在2010年4月落幕了！

阿里山鐵路在2018年7月有了自己的專責機關，得以保存永續並推動登錄世界遺產。

希望有朝一日，阿里山森林鐵路的 Shay 能夠與美國的 Shay 結盟交流，

不止是阿里山森林鐵路找到它的原鄉，更要推動阿里山鐵路登上國際舞台。

Access 圓夢之路

美國典型的森林鐵道保存 Shay 正常復駛營運者

Roaring Camp & Big Tree Railroad 羅林紅杉公園的森林鐵道 914mm軌距 http://www.roaringcamprr.com/

Yosemite Mountain Sugar Pine Railroad 優瑟美地國家公園鐵道 914mm軌距 http://www.ymsprr.com/

Georgetown Loop Railroad 喬治城迴圈森林鐵路 914mm 軌距 http://www.gtownloop.com/

Cass Scenic Railroad 蓋斯鎮景觀鐵路 1435mm軌距 http://www.cassrailroad.com/

美國附屬於博物館鐵路 Shay 不定期行駛營運者

Midwest Central Railroad Mt Pleasant, IA 1067mm軌距 http://www.mcrr.org/engines.html

Rail town 1897 state Historic Park Jamestown, CA 1067mm軌距 http://www.csrmf.org/railtown/doc.asp?id=165

The North Carolina Transportation Museum 1435mm軌距 http://www.nctrans.org/

Mt. Rainier Scenic Railroad, 萊尼爾山景觀鐵路 1435mm軌距 http://www.mrsr.com/roster-steam.html

Link 延伸閱讀　世界山岳鐵道，美亞澳篇，美國單元。世界鐵道與火車百科，森林鐵道單元。

美國加州的鐵道之旅 那帕酒鄉的火車之旅

1435mm

↑那帕酒鄉的火車之旅，Napa Wine Train Excursion。

您相信嗎? 搭火車可以是純用餐與賞景之旅，服務非在終點，盡在過程。
以餐車為主題鐵道之旅，可以十分地浪漫，邊用餐邊欣賞風景，
美國加州的 Napa Wine Train Excursion，那帕酒鄉火車之旅，就是這樣的旅程。
這是充滿葡萄酒香的旅程，精緻非凡的餐車，令人不禁怦然心動。
旅客桌上的精緻餐具與目錄，有各式各樣的排餐可供選擇。
依照慣例，全列車一定會掛 Parlour Car 景觀客車，景觀最為精采的一節。
用完西餐就是來到這裡品酒暢飲，但是使用高檔的葡萄酒得自己付費。
品酒的車廂就是掛在最後一節，有瞭望台設計的客廳車。
火車行駛一來一回不過十幾公里，鐵道的沿途可見葡萄園的風景。
品酒的客廳車內，豪華的內裝，幾乎令人忘記這是一趟火車之旅。

這是一趟慢速，沒有壓力，沒有客艙座椅，只有餐車享受的旅程。
尤其是在以航空與汽車當道，鐵道的客運已經很少的美國，
不禁讓我靜思，究竟觀光鐵道的價值與競爭力在何處?
3S的元素，Story主題故事、Service 精緻服務、Surprise 處處驚喜。
這種類似有瞭望台設計的客廳車，台鐵也有，只是很少在運用，
但是為什麼在台灣，鐵路觀光就只能外包給旅行社，而非在業務範圍內，
台鐵若能組織再造，獨立經營此一部門，相信必有向上提升競爭力的空間。

↑充滿葡萄酒香的旅程，這是餐廳的工作人員。

↑旅客桌上的精緻餐具與目錄，有各式各樣的排餐可供選擇。

↑火車上提供香醇的咖啡。

Access 圓夢之路　雖然一般散客可以參加那帕酒鄉的火車之旅，但是基本上還是以團體行程，包下整節火車車廂居多，而且團體價格比較優惠。這條鐵路台灣的旅行團有安排，建議經由旅行社安排為佳。

Link 延伸閱讀　世界山岳鐵道，美亞澳篇，美國單元。

↑精緻非凡的餐車，令人不禁怦然心動。

↑用完西餐就是來到這裡品酒暢飲，但是高檔的葡萄酒得自己付費。

PLEASE WAIT

↑依照慣例，全列車一定會掛Parlour Car景觀客車，景觀最為精采的一節。

↑品酒的車廂就是掛在最後一節，有瞭望台設計的客廳車。

↑火車一來一回，鐵道沿途可見葡萄園的風景。

↑品酒的客廳車內，豪華的內裝，幾乎令人忘記這是一趟火車之旅。

大洋洲 Oceania

澳大利亞的鐵道之旅　墨爾本的帕芬比利森林鐵道

762mm

↑ 蒸汽火車通過木棧橋，火車上的旅客大家驚呼，火車下拍照的人也歡呼！

Puffing Billy Railway 位於維多利亞省 Victoria 墨爾本市 Melburne 的東方，
這條鐵路採用窄軌762公厘軌距，還有木棧橋都與阿里山森林鐵道相同；
於西元1900年10月18日正式通車。沿途共設 Monbulk(Belgrave)、
Menzies Creek、Emerald、Devon(Cockatoo) & Gembrook 六個車站，
通車之初主要是將 Dandenong 山裡的林木、馬鈴薯、水果等農產運下山去，
然而隨著沿線居民及旅行者的需要，在1919年增設了火車客運，
和阿里山森林鐵道初以伐木運輸為主，從1918年起提供旅客便乘，極為相似。
Puffing Billy 和台灣的阿里山鐵路還頗有淵源，阿里山鐵路當年的14號蒸汽機車，
1972年被送到這裡運行，最後放在 Menzies Creek 這一站的窄軌火車博物館保存。
有朝一日，阿里山鐵路能夠國際化，應該跟同軌距的 Puffing Billy Railway
以及三段之字形的 The Zig Zag Railway 締結姊妹鐵道才是。

Puffing Billy 的蒸汽火車，是二十世紀初開拓時期所遺留的，共有五部火車，
全部使用古老的「蒸汽」火車和「木造」客車，是它最引人入勝的賣點，
同樣是762mm軌距的蒸汽火車，上面有三個圓頂，令人想到台東線的LDK59。
而 Puffing Billy 鐵道經營的最大特色，就是它的木造客車窗戶，完全沒有玻璃，
只以兩個鐵欄杆圍著，民眾不僅可以親近大自然、呼吸森林的芬多精，
甚至可以手腳伸出車外舞動。這項特色在全球各地十分少見，
甚至成為它的一種標誌，搭乘手腳可以伸出車外的火車，
是它最有趣也最富代表性的特點，旅客都覺得親切有趣，很適合親子同遊歡樂。
不過，這最大的關鍵是在於 Puffing Billy 鐵路全程沒有隧道，路線起伏亦不大，
這原本是個路線過於平凡的「缺點」，竟成為別人學不來的「優點」，
因此，鐵道的行銷往往是打破成規的思維與創意，找出屬於它最大的特點，
當台灣總是說鐵路賠錢就BOT，經營者的巧思才是生存最大的關鍵。

↑ 墨爾本最經典的古蹟車站，Flinder Street Station。

↑ 要前往帕芬比利森林鐵道，搭捷運到 Belgrave站
下車，走接駁步道即可抵達。

↑ Puffing Billy Railway 的木棧橋，讓台灣的阿里山
鐵路找回失落已久的熟悉。

↑旅客手腳可以伸出車外，擁抱大自然，就是這條鐵路的特色。

↑公元2000年時這條鐵路正慶祝通車一百週年。車頭特別掛上一百週年Logo。

↑雖然這是一條森林鐵道，沿途風景卻有類似英國莊園的丘陵景色。

↑阿里山14號蒸汽機車被送來這裡靜態保存。

←7A這部蒸汽火車正在調車中。同樣是762mm軌距，蒸汽機關車上有三個圓頂，不禁令人想到台灣東線的LDK59。

Access 圓夢之路
要前往帕芬比利森林鐵道，搭墨爾本的捷運到 Belgrave 站下車，走接駁步道即可抵達，建議出發前先掌握火車開車時刻。此外1972年台灣省林務局為了敦睦邦誼，特別送了一部阿里山鐵路14號蒸汽火車，來到窄軌火車博物館，如今依然放在館內，遠嫁的女兒似乎流落異鄉，可以過去看看。

Link 延伸閱讀
世界山岳鐵道，美亞澳篇，澳大利亞 Puffing Billy Railway 單元。
阿里山森林鐵路百年車輛史。

澳大利亞的鐵道之旅 雪梨的雙層電車與單軌電車

↑雪梨的單軌電車不止是大眾捷運，還是重要的都市觀光景點，可惜今日已經停駛。

澳大利亞給人的感覺，是一個到處複製英國文化的國度，
從雪梨、墨爾本、阿德雷得到凱恩斯，到處都可以看到複製英國的地名，
例如雪梨 Sydney 捷運有王十字車站、聖瑪莉大教堂與海德公園，都是在倫敦。
雪梨的中央車站有著雄偉的鐘樓，彷彿來到了英國倫敦的車站一般。
而聖瑪莉大教堂的正面，感覺像是來到了歐洲英國，不像是在澳洲。
不過雪梨的大眾捷運系統，就有自己的獨特風格，完全沒有沿襲自英國，
例如雪梨的大眾捷運 City Rail，是比較特別的雙層電車，
雪梨的單軌電車 Monorail，不止是大眾捷運，也是都市知名的觀光工具，
搭乘雪梨的雙層電車與單軌電車，幾乎可以涵蓋都市主要的觀光景點。
此外，雪梨的輕軌電車LRT，在郊區路段還提昇路權成為輕軌捷運，
高架的路段用極為罕見的磚拱橋，科技與古典的巧妙結合，感覺非常地舒服。

對雪梨這個都市來說，港灣大橋與雪梨歌劇院幾乎成為他們的地標。
雪梨港灣大橋的黃昏，華燈初上，港灣一旁的雪梨歌劇院，真的是美不勝收。
尤其，雪梨歌劇院的夜景，夜間投射各種顏色的燈光不停地變化，十分地漂亮！
然而雪梨歌劇院當年的徽圖，是來自一位丹麥籍的設計師，當時他尚未成名，
也有人說如果當年美國籍的評審沒有遲到，現在的雪梨歌劇院就永遠不會誕生，
因此，他的作品是在一片不看好中，逐步克服艱難，而最後獲得掌聲與肯定。
不過，他的一生沒見過他完工的作品就悄然離世，
然而雪梨歌劇院卻登錄為世界遺產，
是世界遺產建築中最年輕的一個。
所以人生見證自己的風格，不畏艱難的堅持，
礁石不過就是為了激起浪花而存在。

↑雪梨的中央車站，有著雄偉的鐘樓，
彷彿來到了英國一般。

↑雪梨的大眾捷運 City Rail 是雙層的電車，
1435mm標準軌距，
正從地下化路段出口回到地面。

Access 圓夢之路　搭飛機或火車來到雪梨，使用大眾捷運 City Rail 雙層電車、單軌電車 Monorail、輕軌電車 LRT，即可以完成各項市區的觀光旅程。

Link 延伸閱讀　世界捷運與輕軌百科，雪梨單元。

↑雪梨的聖瑪莉大教堂與海德公園，
處處都複製許多英國的地名。

↑單軌電車Monorail即將進站，後方高聳的建
築物即是雪梨塔。

↑聖瑪莉大教堂的正面，感覺來到了歐洲，不像是在澳洲。

↑從雪梨港灣大橋上看雪梨歌劇院。

↑雪梨歌劇院的夜景，夜間投射各種顏色的燈光不
停地變化，十分地漂亮！

←雪梨的輕軌電車LRT，郊區路段
提昇路權成為輕軌捷運，高架的
路段為紅磚拱橋，科技與古典結
合，感覺非常地舒服。

→雪梨港灣大橋的黃昏，美不勝收。

澳大利亞的鐵道經典 藍山國家公園的蒸汽火車

↑山頂 Clarence 進站中的1049號蒸汽火車。

談到澳大利亞的最知名的鐵道經典，就是藍山國家公園的之字形的鐵路。
The Zig Zag Railway 位於澳大利亞的新南威爾斯省 New South Wales，
也就是在雪梨東方的 Blue Mountain 藍山國家公園裡面。
在西元1860年代，澳大利亞為了開闢大西部鐵路 the Great Western Railway，
從海岸邊的雪梨，穿越藍山地區來到 Lithgow Valley 溪谷，有很大的海拔落差，
於是當時授命約翰懷頓先生 Mr. John Whitton 進行設計，以三段之字形的方式，
從山頂 Clarence 海拔高3658 ft，至最低點 Bottom Points 海拔2971 ft，
兩站之間上下落差高達209公尺，1869年10月18日通車啟用。

然而隨著時代的進步，以及貨運需求的增加，之字形路線成為運輸的瓶頸。
西元1910年10月16日，另外打通一條雙軌與10個隧道的新路線通車，
坡度從千分之23.8下降至11.1，運輸時間也節省30分鐘，原有路段便不再使用。
不過，後來澳洲當地的人們，非常地珍惜這項古蹟的歷史價值，

↑Zig Zag Railway 的路線圖，
上圖為之字形路線大圖，下圖為新舊路線對照圖。

1975年逐步修復與局部開放這個路段，
作觀光鐵路復駛，
1988年10月29日 The Zig Zag Railway
重新營運對外開放。
因此，今日從雪梨搭火車可以到達當年
之字形路線的底部 Bottom Points 車站，

The Zig Zag Railway的之字形鐵道。

換搭觀光蒸汽火車上山，經過 Top Points 車站折返，至頂端的 Clarence 車站，
沿途火車會通過三座石拱橋(Viaduct)與目睹上下層路線，是最大的觀光勝景。

←約翰懷頓是當時這條鐵路的設計建造者，紀念碑位於雪梨中央車站。

↑這是在 Top Points 折返點的觀景台所見，上下層路線在此交會，上層火車正好出發，特別注意到上下層路線都有臂木式號誌管制。

←從路線的火車窗景，可以看到三段不同高度的路線，最下面的電氣化路線是 Sydney 通往 Lithgow 的高速新線。

↑別懷疑這裡不是英國倫敦的 King Cross，9又3/4月台在 Zig Zag Railway 的 Clarence，這又是一處複製英國的景點。

↑在 Top Points 折返點，注意右側臂木式號誌，下方的擺臂下擺，蒸汽火車正利用右線鐵路調車中。

↑蒸汽火車行經石拱橋的風景。

←每年的七月澳洲的冬季，會舉行所謂的「湯瑪士火車節」。（Zig Zag的網頁廣告）

每年的七月澳洲的冬季，會舉行所謂的「湯瑪士火車節」，
藍色蒸汽火車就會戴上可愛的「面孔」，
為淡季的冬天注入一股觀光的新人氣。
其實，澳洲的 The Zig Zag Railway 與奧地利的 Semmering Bahn，
有諸多相似之處，包含興建年代、石拱橋等古蹟保存都是重點。
然而後者更偏重於之字形路線的奇觀，
由此可知登山鐵路五大工法的普世價值。
這麼多年來，世界各國對於之字形路線的文化維護，都登上了檯面，
我想到阿里山鐵路有五個之字形折返點，不禁感慨，為什麼我們不好好珍惜？

←這是在 Bottom Points 之字形底層的車站，來自雪梨的電車路線在此地銜接。

Access 圓夢之路　從雪梨的中央車站，搭往 Lithgow 方向的火車，大約要一兩個小時左右，來到The Zig Zag 車站，從這裡直接步行轉乘，到上方的 Bottom Points 車站即可。

Link 延伸閱讀　世界山岳鐵道，美亞澳篇，澳大利亞單元。
世界鐵道與火車百科，保存鐵道的單元。

↑ Zig Zag Railway 的鐵道女孩，躍身跳入火車頭與車廂間，掛上連結器。　　↑ 這位鐵道女孩掛好連結器之後，微笑地站起來。

Zig Zag Railway
鐵道女孩的故事

↑ 鐵道女孩工作永遠保持笑容，如同她的敬業精神一般。

↑ 鐵道女孩不止是掛連結器，還得幫忙火車加水、加煤當司機助理。

　　澳大利亞的 Zig Zag Railway 其實是一條保存鐵道，保存鐵道同時具備交通工具與文化資產兩種屬性，不是以賺錢為主要目的，而是以保存鐵道文化資產為目標。它的經營方式最常見的有兩種，一種是國家級的古蹟，國家賦予法定的財源，不計代價去維護。第二種是鐵路公司轉讓其經營權，給民間團體經營，用觀光鐵道的名義，靠周邊商品的營收去維持經營。由於通常鐵道的維護成本很高，往往必須透過退休人力，甚至義工組織去維護，不乏有許多NGO/NPO非政府組織去經營，政府給予適度的財源補助。

　　在英國、德國、澳洲這類的例子最多，Zig Zag Railway 是屬於後者。因此，有許多年輕的女性投入義工服務，或是只領取很低的薪資，在英國 Blue Bell Railway 與澳大利亞的 Zig Zag Railway，我都發現有年輕的鐵道女孩，負責拆掛連結器，與擔任司機助理的工作。

　　誰說火車的世界裡只有男性？或許您不知道，女性的操作細膩，超乎您的想像。這些女性動作非常勤快，不怕油污與煤灰，跟她們拍照不但親切微笑，而且甘之如飴。在我某一次帶團的過程中，澳洲這位鐵道女孩的工作勤快，而且她的態度親切，把全團的台灣旅客都感動了！她受歡迎的程度，絲毫不亞於那部蒸汽火車。

　　其實，台灣包含舊山線與阿里山森林鐵道，都是具備保存鐵道的特質，政府過去卻一直以交通工具的觀念去經營，沒想到後來成為台灣世界文化遺產的潛力點。因此，舊山線與阿里山森林鐵道能否永續經營，政府應在文資法之外，另擬「保存鐵道法」來規範產權與財源，方是正本清源之道啊！

↑ 英國Blue Bell Railway的鐵道女孩，跳入火車頭與車廂間，掛上連結器。

↑ 這位鐵道女孩掛好連結器之後，從月台的縫隙中走了出來。

紐西蘭的鐵道之旅 雪山湖泊相連 阿爾卑斯號的火車

1067mm

↑停靠在亞瑟隘口的阿爾卑斯號的火車,最高點海拔737公尺。

紐西蘭跟台灣都是屬於有高山阻隔東西的島嶼國度,
而且紐西蘭跟台灣的軌距相同,都是1067mm窄軌的鐵道,
只不過,紐西蘭與澳洲都是公路與航空發達,鐵道路網比較不綿密的國家,
來到紐西蘭的最知名的鐵道之旅,就是搭乘 Tranz Alpine 阿爾卑斯號的火車。
Tranz Alpine 是位於紐西蘭南島,跨越南阿爾卑斯山的火車,
一路雪山湖泊風景相連,並穿越10座隧道,全長231公里。
Tranz Alpine 用兩部柴油火車頭,拉著淺藍色的客車翻山越嶺,
彷彿是南美洲與歐洲鐵道風情巧妙的揉合,與台灣東部鐵道風光頗有近似。

↑阿爾卑斯號的車廂停靠於月台,
注意Tranz Scenic 這個的標誌。

火車從東岸的基督城 Christchurch 出發,火車沿著 Waimakariri 河谷上升,
在冬季可以望見猶如歐洲阿爾卑斯山的雪景,鐵道窗外盡是雪山與牧場,
從阿爾卑斯山的地名從歐洲被複製來看,不難想像有著濃濃的歐洲氣息。
Canterbury Plains 草原風景令人激賞,可以望見紐西蘭山岳與羊群的美麗風光。
Tranz Alpine 在穿越春田鎮 Springfield 之後,鐵道竄升的海拔愈來愈高,
隨後火車進入亞瑟隘口國家公園 Arthur's Pass National Park 的境內,
停靠於三角形建築的亞瑟隘口 Arthu's Pass站,全線海拔最高點737公尺,
可以看見橫亙中央的雪山,海拔高2270公尺 Mt. Rolleston。
緊接著火車進入隧道裡面,下降坡度至Otira站,
這一段是鐵道全線坡度最大的一段,長達四千多公尺的長隧道區間,
還曾經利用電力機車來回穿梭接送,不過這樣的設施已經成為往事。
Tranz Alpine 通過 Moana 湖之後,又回到紐西蘭的草原風景,
最後終於來到南島的西岸大城,格雷茅斯Greymouth。

↑由於火車與台灣軌距相同,
阿爾卑斯號的車廂內部感覺很熟悉。

Access 圓夢之路

Tranz Alpine一天只有一往返,不論從西岸的格雷茅斯
Greymouth,或是東岸的基督城Christchurch,都可以搭乘。這
條鐵路台灣的旅行團有安排,建議以跟團的方式比較經濟。

Link 延伸閱讀 世界山岳鐵道,美亞澳篇,紐西蘭單元。

紐西蘭南島的高山峽谷　皇后鎮的蒸汽火車　驚艷米佛峽灣

1067mm

↑Kingston Flyer 的蒸汽火車，在南半球的夏季時奔馳於青青草原上。

紐西蘭風光明媚，雪山峰峰相連，倒映在鏡泊般的湖面上，
尤其是紐西蘭南島的米佛峽灣，風景非常壯麗，湖泊與峽灣地形十發發達，
遊客喜歡搭乘米佛峽灣的遊船，後方還掛著紐西蘭國旗，到出海口再繞回來。
但是，您是否聽過皇后鎮 Queen's Town之星，Kinston Flyer？
這是紐西蘭最有名的蒸汽火車之旅，但是僅限於紐西蘭的夏季行駛。
從南島的皇后鎮 Queen's Town 到 Fairlight，短短14公里的旅程，
蒸汽火車噴著白煙，奔馳於南島的高原上，草原上的綿羊，卻像石頭一般安靜。
由於它的動輪結構是2-8-2，讓我想到台灣的DT650型蒸汽火車，
火車沿著雪山與高山湖泊 Lake Wakatipu 奔馳，風景十分漂亮！
蒸汽火車牽引綠色古典木造客車，十足懷舊風情，吸引許多外國人前來觀賞。

↑這是搭乘 Kingston Flyer 的觀光鐵路車站。

不過很可惜在2009年的年底，由於鐵路財務上出了問題，
Kingston Flyer不幸宣告停駛了，令人不禁擔心蒸汽火車的未來，可能被拍賣，
也讓我想念起當年，我曾經親身目睹她的那段歲月。
或許對於鐵道不發達的國度，保存鐵道都要有政府財政與法律的支持，
相較於英國與澳洲的制度完善，台灣與紐西蘭都得好好地加油！

←2009年的年底，
Kingston Flyer 不幸停駛了，
令人擔心他的未來。

↑米佛峽灣的遊船，
後方還掛著紐西蘭國旗，
風景的確殊勝。

Access 圓夢之路	2009年的年底 Kingston Flyer 暫時停駛，目前只能以公路運輸的方式，去觀賞紐西蘭的雪山與米佛峽灣。由於紐西蘭鐵道不發達，自助行得租汽車旅行，建議以跟團的方式比較經濟。
Link 延伸閱讀	世界山岳鐵道，美亞澳篇，紐西蘭單元。

紐西蘭南島風光明媚，雪山峰峰相連，草原上的綿羊，卻像石頭一般安靜。

紐西蘭南島的米佛峽灣，風景非常壯麗，左側的尖峰高出水面1301公尺。

埃及尼羅河的鐵道之旅 從開羅到亞斯文的火車

1435mm

↑從開羅 Giza station 裡面，即將出發開往亞斯文的夜臥火車。

基本上在非洲大陸除了埃及與南非以外，絕大多數都是貧窮的國家，
埃及因為蘇伊士運河與歐洲大陸運輸的緣故，埃及的鐵路最早創立於1856年，
鐵道不同於非洲國家的窄軌體系，屬於標準軌距的國家，
而且火車的聯結器使用緩衝器之故，所以鐵道的感覺像極了歐洲。
然而，因為鐵路電氣化的比例相當低，絕大多數為柴油動力的路線。
因此有許多台灣鐵道所熟悉的畫面，類似R150型的美國GM柴電機車，
雖然，埃及的鐵道並不發達，然而埃及卻有一條非常著名的觀光路線，
從開羅 Cairo 經路克索Luxor 到亞斯文 Aswan，是經典的尼羅河鐵道之旅。

↑清晨醒來窗外，尼羅河畔的日出。

夜臥火車晚間從埃及開出之後，經過一夜的時間，清晨抵達亞斯文。
就是一條以鐵道和遊輪平行的觀光路線，搭火車去然後搭郵輪返回。
這些火車的內裝，非常像歐洲的臥鋪夜快車 EN(Euro Night)，
火車還沒有變成床鋪之前，裡面是高級的包廂與座椅，
每間房間除了兩張床鋪以外，還有自己獨立的洗面抬。
這些觀光客所搭乘的豪華夜臥火車與觀光列車，要價動輒數百美元。
就好像開羅的高級觀光飯店，是一般老百姓兩個月以上的薪水，
只要你付美金，火車司機不但讓你拍照，
而且請你進駕駛室參觀，還幫你拍照。
從觀光列車的車窗看出去，竟是一樣的國土，
兩樣的世界，體會人類的貧富懸殊！

↑鐵道沿著尼羅河前進的風光。

Access 圓夢之路 從開羅搭火車到路克索Luxor以及亞斯文Aswan，台灣旅行社有辦團體行程。

Link 延伸閱讀 世界鐵道與火車百科，埃及單元。

↑路克索Luxor車站的月台。

↑旅行的起點──開羅的中央車站，號稱非洲最大的火車站。

↑夜臥火車的頭等車廂。

↑夜臥火車還沒有變成床鋪之前，是高級的包廂與座椅。

↑只要你願意付美金，火車司機不但讓你拍照，而且請你進駕駛室參觀，還幫你拍照。

↑埃及開羅車站的內部，是類似歐洲終端式火車站，也像泰國曼谷車站。

↑類似台灣R150型的柴電機車出現在埃及，找到另外一種鄉愁。

↑旅行的終點亞斯文火車站。

沿著尼羅河探訪古埃及金字塔與神殿 世界遺產公約誕生地

1435mm

↑埃及開羅的吉薩金字塔，是到埃及必訪的景點。

您知道何謂世界遺產公約？世界遺產又是如何誕生的呢？

其實它的誕生就是從尼羅河上游，阿布辛貝Abu Simbel 大神殿有密切關聯。

1960年代埃及亞斯文水壩完工以後，許多來不及搶救的古蹟將被淹在水底，
而倖存於水面上的古蹟屈指可數，因而促使世界遺產公約的誕生。

為了保護及保存世界珍貴的自然遺產、文化遺產，傳承給人類下一個世代，

1972年聯合國世界教科文組織UNESCO，在大會中決議通過世界遺產公約。

世界遺產公約的正式名稱為世界文化遺產暨自然遺產保護公約，

於1972年11月16日在UNESCO巴黎本部召開的第十七次大會中，

在場國家一致決議通過，並於1975年12月17日正式生效。

凡具有普世價值的珍貴地景，不應為經濟之開發或為戰爭之手段而破壞，

不分國界與種族，只要合乎普世價值而被登錄者，皆受世界遺產公約保護，

直到2018年為止，全世界共有1092處世界遺產。

↑這張T恤的觀光地圖，剛好是
所有埃及重要的觀光景點。

因此來到埃及觀光，搭火車到尼羅河上游，參觀阿布辛貝大神殿實不容錯過！

除了阿布辛貝大神殿，開羅的吉薩金字塔，更是到訪埃及必訪的景點。

而開羅的穆罕默德清真寺，與土耳其伊斯坦堡頗有神似，

此外，位於路克索Luxor，發現圖塔卡門墓室的帝王谷 Valley of King，

虎加達Hurgada紅海的風景，尼羅河的帆船風光都很精采。

您將發現埃及撒哈拉沙漠的警騎，竟然不是騎馬或開車，而是騎駱駝巡邏。

如果運氣不錯，還可以親眼目睹，撒哈拉沙漠的海市蜃樓呢！

↑開羅的穆罕默德清真寺，
與土耳其伊斯坦堡頗有神似。

Access 圓夢之路　非洲由於語言、治安與衛生問題，不建議自助行，台灣旅行社有辦團體行程。

Link 延伸閱讀　世界山岳鐵道，美亞澳篇，登山鐵路與世界遺產單元。

↑路克索神殿 Luxor Temple 與入口的巨象。

←位於路克索 Luxor，發現圖塔卡門幕室的帝王谷 Valley of King。

↑撒哈拉沙漠的警騎，不是騎馬，而是騎駱駝巡邏。

↑撒哈拉沙漠的海市蜃樓，遠方的綠洲與水面是假的，眼見不能為憑。

↑尼羅河上游靠近蘇丹的阿布辛貝 Abu Simbel 大神殿，與1972年世界遺產公約的誕生有密切關聯。

↓虎加達 Hurgada 紅海的風景。

↑尼羅河的帆船風光。

↑亞斯文水壩完工後，許多來不搶救的古蹟被淹在水底，倖存於水面上的屈指可數。

139 英國　約克鐵道博物館 National Railway Museum in York

英國是世界鐵路的發源地，西元1804年 Richark Trevithick 在英國製造出全世界第一部蒸汽動力機車，從此開創人類鐵道公共運輸的歷史。這是號稱全球第一，規模也最大的鐵道博物館－約克國家鐵道博物館 NRM（National Railway Museum in York），現在又增加國家鐵道博物館第二個分館 NRM in Shildon。

約克鐵道博物館於西元1975年正式成立，它裡面的各式鐵道文物，不少源自於1857年成立的倫敦科學博物館（The Science Museum）。後來由於鐵道相關的蒐藏品不停地增加，因此英國政府決定另外成立分館，有系統地陳列展覽這些將近二百年逐年累積的古物。其實，約克鐵路博物館就在約克火車站旁邊，博物館本身其實就是原有的機車庫，和檢車段的修理工廠改建而成。館裡面利用扇形車庫的輻射狀股線陳列各式車輛，連中間的轉車台也陳列解剖蒸汽機車，作科學教育展示。在二組轉車台集合而成四十股巨大火車展示場中，地上是整潔乾淨的地板，天空是龐大的棚架建築，不僅有效地利用舊有車站設施和空間，更為鐵道設施轉型鐵道博物館，建立世界性成功的典範。約克鐵道博物館除了保存十九世紀的元老級蒸汽火車以外，對於柴油化、電氣化機車動力的演進，也別具巧思地依時間序列排列，宛如經歷時光隧道一般，世界的火車進化史一目瞭然。

> **Access 圓夢之路**　約克鐵道博物館就在約克車站後面，而且完全免費參觀，實在物超所值！http://www.nrm.org.uk/

140 德國　紐倫堡鐵道博物館 Verkehrsmuseum Nürnberg

大多數科技文明國家的鐵道博物館，其設館的選址都是很有意義的，他們都會選址在該國最早的鐵道誕生地附近。而德國第一條鐵路起始於1835年，從紐倫堡 Nürnberg 到福斯 Furth 之間，因此，德國的國家鐵道博物館，也就理所當然選址在紐倫堡。西元1899年，Royal Bavarian Railway Museum 在紐倫堡成立，也就是今日紐倫堡鐵道博物館 Verkehrsmuseum Nürnberg 的前身，這不止是德國最早的鐵道博物館，幾乎也是歐洲大陸最早的博物館，因此它的外觀就如同火車站一般，是一座經典的古蹟建築。

德國不論是在大眾捷運，高速鐵路，磁浮列車，各類車輛製造各方面，都是走在世界的科技尖端，包含德國的火車等級分類方式，也影響全歐洲，因此，德國紐倫堡鐵道博物館的內部展示，未必都是最舊的火車，也有很多最新的科技，可以窺見德國鐵道發展的科學文明史。

除了鐵道車輛以外，還有各式的鐵路相關文物，如號誌、銘板、站牌、海報等應有盡有。而德國全國擁有好幾十處鐵道保存設施，民眾對於蒸汽機車動態復駛，始終興緻不減，受限於場地無法動態復駛，因此，紐倫堡鐵道博物館充其量，只是德國最基本的鐵道博物館而已。

> **Access 圓夢之路**　德國紐倫堡鐵道博物館，就離德國鐵路DB紐倫堡站不遠，大約數百公尺遠。
> https://www.dbmuseum.de

英國 A4 Mallard 是全球蒸汽機車，當今的世界速度紀錄保持者。1938年7月3日，創造202.8 km/h的記錄。

德國紐倫堡鐵道博物館的內部，有許多知名的蒸汽機車。

瑞士最早的蒸汽機車，為保持登山時水平，鍋爐必須直立。

141 瑞士　盧森交通博物館 Verkehrshaus der Schweiz

從每個國家的交通博物館或鐵道博物館，都可以看到展現該國工業實力的驕傲，而瑞士的盧森交通博物館 Verkehrshaus der Schweiz，就是最典型的實例；因為瑞士的登山鐵道技術，就是屬於該國的「鐵道科技」特產。因此，在盧森交通博物館您可以看見，1871年瑞士最早也是歐洲最早的 Rigibahn 蒸汽機車，為保持登山時水平，鍋爐必須直立。同時，由於瑞士的 Rack Rail 齒軌鐵道相當地多，最知名者如皮拉特斯山鐵道 Pilutas Bahn，坡度高達千分之480，為全球最陡的登山鐵道；而西元1912年通車的少女峰鐵路 Jungfrau Bahnen，終點海拔3454公尺為歐洲鐵路最高點的頭銜，成為瑞士鐵道觀光的代表。所以在盧森的交通博物館，特別展示 Rack Rail齒軌登山鐵道的四種型式，以及上下縱列四汽缸的

Rack Rail 蒸汽機車，都是屬於瑞士的獨有產物。

當然，登山鐵道技術不止是齒軌，還有精采的螺旋路線，瑞士鋪設登山鐵路的工法，也堪稱一絕！2008年瑞士的阿布拉線，還因此登錄世界遺產。因此盧森交通博物館特別展示，1882年人類首度貫通阿爾卑斯山的 Gotthard 隧道工程。該館在二樓還特別製作了一套精彩的火車模型，模擬 Gotthard Bahn 的螺旋路段 Spiral route，登山火車是如何翻山越嶺的。還有行駛於聖歌達線 Gotthard Bahn，專屬的關節式電力機車鱷魚 Crocodile，這是盧森交通博物館的鎮館之寶。

> **Access 圓夢之路** 盧森的交通博物館，離火車站有一段距離，可以搭乘 S-Bahn 的火車到 Verkehrshaus 站下車。
> https://www.verkehrshaus.ch/besuchen/museum.html

142 法國　摩洛斯鐵道博物館 Cite du train

法國的國家鐵道博物館 French National Railway Museum/ Cite du train，1971年在摩洛斯 Mulhouse 誕生。誠如前面所述，鐵道博物館會選址於鐵道起緣地，法國第一條鐵路是在1841從史特拉斯堡到摩洛斯，所以設址於此。無可諱言的，世界各國的鐵道博物館，尤其在「科技歷史」和「科學教育」這兩個部份格外強調，宣揚其國家榮耀。因此，法國的摩洛斯鐵道博物館特別展示，1955年3月29日，當時世界最快的法國電力機車頭BB9004，時速高達331公里，經過大約五十年，2007年4月3日，TGV-V150在東歐線，再次刷新自己保持的世界紀錄，時速574.8公里，直逼磁浮列車的世界紀錄581公里。目前2007這項世界最快的火車紀錄，迄今尚未被任何輪軌式的火車所打破，整個影音過程與相片都完整展示於館

內，因為TGV一直是世界火車速度的締造者，也是法國鐵路永恆的驕傲。

此外，法國的國家鐵道博物館，也有其溫情與藝術的一面，例如有許多東方快車的車廂與車頭，裡面的裝潢依舊豪華，還有許多假人乘坐其中，因為最早的東方快車，就是從巴黎東站出發的。還有二次大戰法國成為德國的佔領地，敵後人員必須破壞鐵路讓法國火車翻覆，這是大環境下不得不為的自殘，所以現場還真的把一部蒸汽機車放倒，還會冒煙與發出爆炸聲，這是在世界各國的鐵道物館中，比較少見的創意陳列方式。

> **Access 圓夢之路** 摩洛斯的鐵道博物館，離摩洛斯火車站有相當的距離，連公車也只有少數抵達，建議直接搭計程車會比較快。
> http://www.citedutrain.com/

143 美國　巴爾的摩鐵道博物館 Baltimore B&O Railway Museum

世界各國的鐵道博物館，無論是英國、德國、法國、瑞士、美國或日本，都有將該博物館作為培育下一代的教育資源，讓多少小男孩在參觀時，眼睛為之一亮，立志長大要從事鐵道事業，成為後來許許多多優秀鐵道員與交通科技人才的啟蒙搖籃。而美國華盛頓公益博物館的史密森尼組織 (Smithsonian Institute)，提供免費的博物館科學教育，對全球影響相當地大，位於巴爾的摩的鐵道博物館 Baltimore B&O Railway Museum，堪稱全美國最古老的鐵道建築與鐵道博物館。先進國家對博物館的投資之大，毫無保留，令人稱羨！

美國的第一條鐵路於1830年，開通於巴爾的摩 Baltimore，因此，這個博物館的所在位置也就是美國鐵道發源地，是最具代表性的鐵道博物館。博物館裡面處處是經典的歷史古蹟，例

如 The Mt. Clare Shops 設置於1829年，是全世界最古老的鐵路商店；又如 The Mt. Clare Depot 修理機廠設置於1851年，尤其主館建築本身是一座扇形車庫 Roundhouse，這是興建於1884年的古老建築，而且也是全世界少見的360度扇形車庫，扇形車庫裡面保存著許多蒸汽火車。

> **Access 圓夢之路** 先搭火車到巴爾的摩火車站，再搭公車與輕軌電車到附近的馬里蘭大學，然後下車步行600公尺。建議直接搭計程車比較快。 http://www.borail.org/

144 中國　北京鐵道博物館　China Railway Museum

中國鐵道博物館是一座國家級專業博物館,位於北京市朝陽區酒仙橋北路,於2002年11月2日啟用,原名為鐵道部科學技術館,2003年9月正式更名為中國鐵道博物館。中國鐵道博物館主體包括機車車輛展廳、綜合展廳和鐵路專題展廳。館內除有關中國鐵路歷史展外,還設有機車車輛陳列廳,陳列廳建築面積達16500平方米,廳內有8條展示線路,可以同時展示80-90輛鐵路機車車輛,包括歷代鐵路機車、客車等。此外,博物館外面還是中國鐵道的高速「環形鐵道」試驗線,中國的高速列車是在此地完成試車,才會開始交付營運。

無可諱言的,北京鐵道博物館絕不止是北京當地的博物館,而是中國最具代表性的國家鐵道博物館。北京鐵道博物館的館藏十分豐富,主要有中國1881年第一部蒸汽機車0號,最早使用於唐胥鐵路的火車。博物館內有8條展示線,展示了中國鐵路不同歷史時期的機車車輛近60台,其中有中國現存最早的蒸汽機車,有以革命領袖的名字命名的機車,包含朱德號與毛澤東號蒸汽機車,具有政治性意義以外,還有中國自行設計製造的中國第一代內燃和電力機車,以及中國的東風5型柴電機車等不同種類的鐵路硬座車、臥車、餐車、行李及貨車。這些展品充分反映了中國鐵路發展的光輝歷程,是中國鐵路從無到有,從落後到現代發展的歷史見證。

> **Access 圓夢之路**　中國鐵道博物館　北京正陽門館　請參閱中國鐵道火車百科II。地址:北京市朝陽區酒仙橋北路1號院北側,可搭乘公共汽車403路(北京站東街-環行鐵道),到達環形鐵道站之後,往東步行600公尺可達。
> http://www.china-rail.org

145 日本　東京鐵道博物館　The Railway Museum Saitama

英國是全球鐵道的發源地,如果說英國的約克鐵道博物館,是最受矚目的鐵道博物館,那麼全亞洲最具代表性的鐵道博物館,我想日本東京的交通博物館,應該當之無愧。一次大戰結束後1921年,正值日本現代化國力鼎盛之時,適逢日本鐵道開業五十週年,在東京站北口成立「鐵道博物館」,同年10月14日正式開館。後來經過多次變遷,戰後另名為「交通博物館」,並且加入局部的其他陸運、海運及航空工具,展示地也遷移至今日的秋葉原。不過館內主要展示內容仍以鐵道文物為主,成為日本現今優秀鐵道員與科技人才的啟蒙搖籃。

當年日本東京交通博物館的大門,以D51和新幹線0系並列,前者是遠東地區製造最多的蒸汽火車,後者是全球高速鐵路的肇始者。由於受限於空間,東京交通博物館館藏的蒸汽火車其實並不多,卻樣樣是重量級的國寶。在科學教育方面,博物館裡陳設許多機械解剖構造模型,甚至不乏真實的電車、集電弓、轉向架、號誌及平交道,可以實地操作,鐵道紀念文物、火車模型、駕駛模擬體驗,全部都應有盡有。

2007年10月14日在大宮另建新址,以日本的「鐵道博物館」重新開幕。不禁驚訝日本在博物館資源方面的投資驚人,真的是教人敬佩不已!

> **Access 圓夢之路**　東京大宮鐵道博物館　請參閱日本鐵道經典之旅160選
> 地址:埼玉縣さいたま市大宮區大成町3丁目47番
> 交通:搭乘JR火車到JR大宮站,換搭埼玉新都市交通(膠輪捷運)大成站下車。　http://www.railway-museum.jp

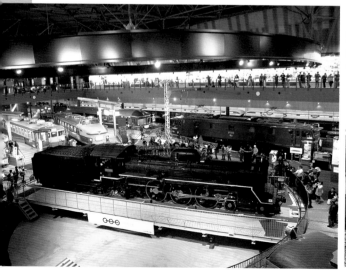

↓今日的埼玉縣大宮的鐵道博物館裡面,C57135正進行火車的旋轉秀。

↓昔日俄羅斯的聖彼得堡鐵道博物館,有著非常開闊的戶外場地,保存各型火車。2017年以後,這裡加蓋大型建築,已經轉型為俄羅斯國家鐵道博物館。

146 印度 德里鐵道博物館 National Rail Museum in Chanakyapuri

全世界的鐵道博物館，基本上還是以1435mm標準軌體系的居多。不過，由於日本的鐵道工業非常發達，拜日本的鐵道實力強大之賜，博物館眾多，所以1067mm窄軌體系的鐵道博物館也不會寂寞。然而，世界上寬軌體系的鐵道博物館，就實在真的很少，因此印度德里的國家鐵道博物館 National Rail Museum in Chanakyapuri, New Delhi, 為寬軌1676mm體系，而且是全世界最寬的軌距，這樣的鐵道博物館，就顯得十分珍貴。

雖然印度的鐵道起源的時間很早，是亞洲最早的鐵路，1853年從孟買Mumbai 到 Thane 之間通車。但是由於印度原本是為英國的殖民地，1947年印度才獨立建國，所以印度鐵道博物館的建置時間，相對地也比較晚。印度德里的國家鐵道

博物館設置於1977年，展覽面積高達40,000m^{2}尺相當地大，除了寬軌的鐵道車輛之外，還有大型的登山蒸汽機車 Garratt No6594重達235噸，是該館最大的蒸汽火車。並有極少數的米軌1000mm、762mm與610mm山區路線的輕便鐵道等。當然最有名的，就是DHR大吉嶺喜馬拉雅鐵路的 Toy Train 火車，被登錄世界文化遺產。還有全世界最特別的單軌蒸汽火車Patiala State Monorail，這是建造於1907稱為"Ewing System"，號稱全世界最奇怪的蒸汽火車呢！

> **Access 圓夢之路**
> 建議搭火車到德里火車站搭乘計程車或三輪車前往。
> 門票50盧比約20元新台幣。
> 開放時間：上午10:00至下午17:00，星期一休館。
> http://nrmindia.com

147 俄羅斯 聖彼得堡鐵道博物館 Russian Railway Museum

不可諱言的，對於長期接受西方美國文化的台灣，其實我們對俄羅斯的知識是有殘缺的。因此，打開過去共黨鐵幕世界的鐵道神秘面紗，聖彼得堡的前蘇聯的國家鐵道館，真的是非看不可！由於，俄羅斯是全世界領土最大的國家，俄羅斯最早的鐵道起源在西元1837年，當時的首都聖彼得堡到 Puskin 約27公里的鐵路，1851年聖彼得堡至莫斯科之間644公里長的鐵路通車，1862年延伸到了華沙，與歐洲標準軌的鐵道相連。當年1858年建的這個Varshavsky station瓦爾沙夫斯基車站，俄文也稱為華沙火車站。因為這個歷史典故，理所當然地，俄羅斯國家鐵道博物館設址於此。

過去，這個博物館昔日是個管制參觀的祕境之地，直到2017年11月1日，以俄羅斯國家鐵道博物館之名Russian Railway

Museum重新開放。這是一個匯集前蘇聯時代各方鐵道精華，聯合而成的超級鐵道博物館。這裡面不止是鐵道而已，還有很多軍事的元素在裡面，例如俄羅斯鐵道史上曾經出現的列車砲TM-3-12，以及洲際彈道飛彈發射車RT-23 UTTH Molodets，都可說是鎮館之寶。尤其是5動輪的俄製蒸汽機車class Er，數目極多，TEP80柴電機車，曾經創下時速271公里的世界紀錄，為全球柴油機車運行的世界紀錄保持者。我想，聖彼得堡鐵道博物館，可以讓我們去理解西方國家之外，另外一個鐵幕時代的鐵道世界。

> **Access 圓夢之路**
> 搭乘聖彼得堡的地下鐵到Sennaya Ploschad/Sadovaya，也就是Baltiysky Railway station附近再行前往，參閱https://rzd-museum.ru/en。聖彼得堡還有另外一個鐵道資料館，請參閱 http://www.saint-petersburg.com/museums/central-railway-museum.asp

148 澳大利亞 墨爾本鐵道博物館 Railway Museum at Newport

世界上寬軌體系的鐵道博物館，數目真的很少，比較有名的大概有三個。一個是印度德里鐵道博物館，為寬軌1676mm體系，而且是全世界最寬的軌距；第二個是全球最為特別，位於俄羅斯的聖彼得堡的國家鐵道博物館，寬軌1520mm體系；最後一個是位於澳大利亞的維多利亞省Victorian Division，墨爾本鐵道博物館，為寬軌1600mm體系。該館創建於戰後1962年，由澳大利亞的鐵道歷史保存組織 Australian Railway Historical Society 所設立，裡面展示超過15部不同形式的蒸汽機車，堪稱澳大利亞展示內容最為完整的鐵道博物館。

澳大利亞是大洋洲最大的一個國家，它的環境比印度鐵路更為複雜，從南到北包含寬軌為1600mm軌距，標準軌1435mm

軌距，窄軌1067mm軌距都有，鐵道博物館同時擁有歐洲與美國的火車。

此外，又如VR維多利亞省鐵路的電力機車，原型近似於美國的狗頭車 Class F7，這種火車有著濃濃的美國風味；此外，活躍於澳洲與非洲很有名的 Garratt 蒸汽機車，也保存在此地。難以想像一個國家，因為南北廣闊，當時殖民者的不同，而創造如此多元的鐵道環境呢！

> **Access 圓夢之路**
> 要到墨爾本鐵道博物館，建議搭火車到墨爾本的Flinder Street Station，轉搭乘Metro電車，往Williamstown Station方向，然後在Williamstown Station下車即可。票價與周六開放的時間，請參閱Australian Railway Historical Society的官網: https://www.arhsvic.org.au/museum/museo

日本歐洲與美國鐵道周遊券之比較

出國旅行使用 Railpass，是一種方便又經濟的選擇，就三種不同的鐵道周遊券來比較，日本、歐洲以及美國的鐵道周遊券，可說是各有其優缺點，以下就我個人長年的使用經驗，這三者的差異分析如下：

日本的鐵道周遊券使用，在日本鐵道經典之旅的附錄裡面，已經做了相當詳細的說明，此處不再贅述。基本上，日本的鐵道周遊券最大的優點，是可以搭乘新幹線，可以節省相當多的時間與金錢。不過由於一般的傳統鐵路，都是屬於窄軌的火車，速度以130公里為上限居多，在沒有新幹線的地區，產生了大幅度的限制。而日本的鐵道周遊券最大的缺點，是臥鋪夜車比較貴，也就是稱為寢台列車，必須大幅度額外付費。因為寢台列車在日本有觀光列車的性質，雖然已經比當地人便宜很多，但是花費還是相當高，並不適合用來節省住宿費。還有使用JR Pass可以免費劃位，也就是指定券，記得拿票袋收藏起來，並加註日期作為旅行紀念。

歐洲的鐵道周遊券使用，請參閱舊版環遊世界鐵道附錄單元的詳細說明。歐洲與日本都是鐵道非常發達的地區，而且歐洲的傳統鐵路，都是屬於標準軌居多，尤其在德瑞奧法義西地區，城際列車IC的速度可達200公里，相較之下也減少了對於高速鐵路的依賴。而高速鐵路只有ICE不用先訂位，其他TGV等高鐵體系的火車得付3歐元訂位金，或只是微幅額外加價，還算是大方。

不過最方便的，莫過於臥鋪夜車的使用，只需要加一點錢，十幾歐元就可以享用臥鋪火車，除了歐洲臥鋪快車CNL的路網，還有平價的EN與較高檔的HTL可以選擇，對於跨國的旅行非常方便，加上歐洲當地住宿費用很貴，所以很適合用來節省住宿費。

→歐洲臥鋪快車CNL的路網圖。

↑日本鐵道Rail pass validate 的櫃檯與親切的服務人員。

←日本鐵道Rail pass，以山與海的日本畫為封面，右上角還有JR燙金防偽標章。

↓使用JR Pass可以免費劃位，也就是指定券，記得拿票袋收藏起來，並加註日期作為旅行紀念。

↑歐洲鐵道 Rail pass validate 的櫃檯與親切的德鐵服務小姐，露出親切的笑容。

↑歐洲鐵道 Rail pass 有著非常漂亮的封面。左起法國TGVD、瑞士BRB、英國Eurostar，您都搭過了嗎？

至於美國的鐵道周遊券，則是一個比較冷門的議題。因為美國是一個領土遼闊，公路比較發達的國度，汽車成為人們主要代步工具；而且航空發達，機場遍及大城小鎮，成為長途旅行的主要交通工具；使得今日美國鐵路的客運很少，除了東西兩岸以外，區域性的鐵路網實在不太普及，Amtrak 的鐵道長途客運成了旅行觀光業。而且持 Amtrak Pass 不能搭乘華盛頓、紐約、波士頓的高鐵 Acela，還好美國的城際列車，也是標準軌體系，東北走廊的火車速度還算快，一般區間車速度就有些慢，搭乘的人口少，火車甚至會提早開，這點很令人意外。

由於美國當地的火車票價格不菲，尤其是跨州的長途客運價格驚人，從東岸到西岸搭火車需要四天三夜以上，約台幣三萬多元，比飛機票還貴很多。相較之下 Amtrak Pass 實在非常地便宜，淡季15天的東北國鐵票210美元，幾乎只能買一張短途的城際火車票，是自助行必備的選擇。不過注意持 Amtrak Pass 美國鐵道的車票採用「記名檢驗制度」，不但一定要劃位，而且上車查票時一定得簽名確認身份，不過訂位不用錢，車票分兩聯猶如機票一般，車長查完後取走記名聯。還有美國鐵道的客車空間十分寬大，如果不預定臥鋪房間，長途跨夜旅行是可以躺睡在座椅上，十分舒適，只是棉被得自備。完全不用加任何費用，十分地方便呢！

↑美國鐵道 Rail pass validate 的櫃檯 Counter，戒備森嚴最好別擅自對人員拍照。

↑美國鐵道Rail pass，內容就跟一張車票無異，左上角得簽名才能生效。

↑美國鐵道的客車空間十分寬大，如不預定臥鋪房間，長途跨夜旅行是可以躺睡在座椅上，十分舒適，只是棉被得自備。

↑這是芝加哥到華盛頓特區的火車票，分兩聯猶如機票一般。美國鐵道採用「記名檢驗制度」，上車查票時一定得簽名確認身份。不過，訂位完全不用額外付費。

日本、歐洲、美國的鐵道周遊券之比較表

	日本 JR Pass	歐洲 Eurail Pass	美國 Amtrak Pass
臥鋪夜車 Night Train	大幅度額外付費	微幅地額外付費	如果沒有訂房 不用額外付費
高速鐵路 HSR Super Express	Valid ○(Nozomi ✕) 速度很快	Valid○(微幅額外加價) 速度很快	Not Valid ✕ 速度快
城際列車 IC Express	Valid ○ 速度快	Valid ○ 速度快	Valid ○ 速度快
區域快車 Regional Exp.	Valid ○ 速度快	Valid ○ 速度快	Valid ○ 速度慢
通勤區間車 Local Train	Valid ○ 速度慢	Valid ○ 速度慢	Valid ○ 速度慢
地下鐵/電車 Subway/Tram	Not Valid ✕	Not Valid ✕ (Swiss pass Valid ○)	Not Valid ✕
路網 Network	非常普及	非常普及	不太普及
劃位使用規定	免費劃位	訂位金3歐元	訂位免費，但有記名檢驗制度

美國鐵道周遊券 Amtrak Rail Pass 票價表

票種	效期	旺季 大人	淡季 大人
Nationwide Rail Pass 全美國鐵票	15天	477	323
	30天	596	421
Northeastern Rail Pass 東北國鐵票	5天	189	161
	15天	232	210
Eastern Rail Pass 美東國鐵券	15天	351	232
	30天	442	295
Western Rail Pass 中西部國鐵券	15天	351	232
	30天	442	295

旺季：26May - 04Sep06，15Dec06-02Jan07

最新資訊請上網查閱
www.amtrak.com

國家圖書館出版品預行編目資料

環遊世界鐵道之旅新148選
The grand tour of 148 train rides around the word／蘇昭旭著·
第一版·－新北市新店區：人人，2018.11
面；　公分·－（世界鐵道系列；31）
ISBN 978-986-461-169-0(平裝

1.火車旅行 2.世界地理

719　　　　　　　　　　107017932

【世界鐵道系列】

環遊世界鐵道之旅新148選

作者／蘇昭旭

書籍裝幀／詹安妮

發行人／周元白

出版者／人人出版股份有限公司

地址／23145台北縣新店市寶橋路235巷6弄6號7樓

電話／(02)2918-3366 (代表號)

傳真／(02)2914-0000

網址／www.jjp.com.tw

郵政劃撥帳號／16402311人人出版股份有限公司

製版印刷／長城製版印刷股份有限公司

電話／(02)2918-3366(代表號)

經銷商／聯合發行股份有限公司

電話／(02)2917-8022

第一版第一刷／2018年11月

定價／新台幣600元

　　　港幣200元